KANADA
Work & Travel

- ☑ Planung
- ☑ Visum
- ☑ Reisen
- ☑ Arbeit

DANIEL KOVACS

Work and Travel Kanada
Ratgeber zur Planung, Visum, Reisen & Arbeit

DANIEL KOVACS

Für Fragen und Anregungen: info@KanadaBuch.de

1. Auflage 2021 (Anzahl Worte: 74.700)
© 2021 Daniel Kovacs & Working Holiday Kanada;

Das Werk ist in allen seinen Teilen urheberrechtlich geschützt. Jede Verwertung außerhalb der engen Grenzen des Urheberrechtsgesetzes ist ohne Zustimmung von Daniel Kovacs unzulässig. Das gilt insbesondere für Vervielfältigungen, Übersetzungen, Mikroverfilmungen und die Einspeicherung und Verarbeitung in elektronischen Systemen.

DISCLAIMER
Einige Links in diesem E-Book sind Affiliate-Links. Das bedeutet, wenn du dich für diese Produkte über meinen Link entscheidest, erhalte ich eine Provisionszahlung. Das ändert nichts an den Preisen, die du dafür zahlst, ermöglicht mir aber, Working Holiday Kanada weiter am Leben zu halten.

Texte & Titelbild : © Daniel Kovacs
Autor: Daniel Kovacs
Lektorat: Ariane Lambert (www.ariana-lambert.de)
Webseite: www.WorkingHolidayKanada.de
E-Mail: info@KanadaBuch.de

ISBN: 9783753495651
Herstellung und Verlag: BoD- Books on Demand, Norderstedt

Für meine Eltern, die immer hinter mir stehen…

Für meinen Opa, der meine Neugier weckte…

Für meine Omas, die mir das Gefühl gaben alles zu erreichen…

Und für dich, dass du dich traust deinem Herz zu folgen!

Inhalt

Was dich in diesem Buch erwartet ... 1
Eine besondere Einladung ... 2
Über den Autor ... 3

Kapitel 1 | Work and Travel ... **4**
   1.1 | Warum du Work and Travel machen solltest ... 4
   1.2 | Warum du deinen Job kündigen solltest ... 6
   1.3 | Work and Travel selbst planen oder
   mit einem Reiseveranstalter? ... 11
   1.4 | Ein Wort an die Eltern ... 12
   1.5 | Was kostet Work and Travel? ... 13
   1.6 | 9 Tipps zum Sparen für das Auslandsjahr ... 18
   1.7 | Work and Travel in Kanada als Schweizer
   und Österreicher ... 21
   1.8 | Alternativen zum Working Holiday ... 22
   1.9 | Au Pair ... 24

Kapitel 2 | Kanada Allgemein ... **25**
   2.1 | Warum Kanada? ... 25
   2.2 | Meine TOP10 Highlights von Kanada ... 27
   2.3 | 9 Dinge, die in Kanada besser sind
   als im Rest der Welt! ... 31
   2.4 | Informationen über Kanada ... 34
   2.5 | Die kanadische Kultur und Lebensweise ... 37
   2.6 | Kanadische Ausdrücke ... 39
   2.7 | Feiertage in Kanada ... 41

Kapitel 3 | Planung ... **44**
   3.1 | Wichtige Dokumente ... 44
   3.2 | Working Holiday Visum Kanada ... 46
   3.3 | Kreditkarte ... 51
   3.4 | Versicherung ... 52
      3.4.1 | Reiseversicherung ... 53
      3.4.2 | Was passiert mit der
      Krankenversicherung in Deutschland? ... 56
   3.5 | Wo soll ich in Kanada starten? ... 59
   3.6 Flug ... 62

    3.6.1 | Allgemeines zur Flugreise nach Kanada 62
    3.6.2 | Welche Arten von Flugtickets gibt es? 64
    3.6.3 | Gepäckbestimmungen 67
    3.6.4 | Einreisebestimmungen 68
    3.6.5 | 15 Tipps, wie du IMMER günstige Flüge findest 70
    3.6.6 | 8 Tipps, wie du einen Langstreckenflug überstehst 78
    3.6.7 | Top 7 Tipps gegen Jetlag? – So klappt's! 80
3.7 | Organisatorisches in Deutschland 85
    3.7.1 | Sprachkurs 85
    3.7.2 | Arbeitsamt & Arbeitslosmeldung 89
    3.7.3 | Kindergeld 92
    3.7.4 | Rente 95
    3.7.5 | Abmelden in Deutschland 102
    3.7.6 | Versicherungen und Verträge kündigen 103
    3.7.7 | Wohnung 103
    3.7.8 | Arztbesuch 104
3.8 | Packen & Ausrüstung 104
    3.8.1 | Rucksack oder Koffer? 104
    3.8.2 | Tagesrucksack 107
    3.8.3 | Technik 108
    3.8.4 | Nützliche Backpacker Ausrüstung 110
    3.8.5 | 10 Tipps zum Packen 111
    3.8.6 | Welcher Reiseführer Empfehlung? 115
3.9 | Erledigungen vor der Abreise 116

Kapitel 4 | Ankunft in Kanada 118
4.1 | Einreise nach Kanada 118
4.2 | Aktivierung des Working Holiday Visums 119
4.3 | Unterkunft für die ersten Tage 120
4.4 | Social Insurance Number (SIN) beantragen 121
4.5 | Kanadisches Bankkonto eröffnen 123
4.6 | Günstig Geld von Kanada nach Deutschland überweisen? – So geht's! 125
4.7 | Handy SIM Karte in Kanada 130
4.8 | Angst alleine zu sein? So findest du Anschluss! 135

Kapitel 5 | Leben in Kanada 137
5.1 | Wie viel kosten Lebensmittel in Kanada? 137
5.2 | 10 Tipps um günstig in Kanada zu leben 143

5.3 | Verschiedene Unterkunftsmöglichkeiten ... 145
5.4 | Post und Pakete aus Kanada versenden ... 149
5.5 | Reisepartner finden ... 151
5.6 | Fortbewegung in Kanada ... 156
    5.6.1 | Auto & Mietwagen ... 156
    5.6.2 | Hitchhiken ... 156
    5.6.3 | Fernbus ... 158
    5.6.4 | Zug ... 159
    5.6.5 | Fähre ... 159
    5.6.6 | Inlandflüge ... 159
    5.6.7 | Fahrrad ... 160
5.7 | Nationalparks in Kanada ... 160
5.8 | Camping in Kanada ... 162
5.9 | Wandern ... 164
5.10 | Ausflug in die USA ... 165

Kapitel 6 | Arbeiten in Kanada ... **168**
6.1 | Jobeinschränkungen mit dem WHV ... 168
6.2 | Mindestlohn in Kanada ... 168
6.3 | Wie bekommt man in Kanada einen Job? ... 169
6.4 | Verschiedene Jobmöglichkeiten ... 171
    6.4.1 | Hostel ... 172
    6.4.2 | Hospitality Gewerbe ... 172
    6.4.3 | Labour Worker ... 173
    6.4.4 | Farm ... 173
    6.4.5 | Skigebiet ... 175
    6.4.6 | Öl- und Gasindustrie ... 175
    6.4.7 | Filmindustrie ... 176
    6.4.8 | Ungewöhnliche Jobs ... 176
6.5 | Bewerbung ... 178
    6.5.1 | Lebenslauf (Resume) ... 178
    6.5.2 | Anschreiben (Cover Letter) ... 180
    6.5.3 | Vorstellungsgespräch (Interview) ... 180
6.6 | Contractor oder Angestellter? ... 180
6.7 | Gehalt in Kanada ... 181
6.8 | Steuererklärung in Kanada ... 182

Kapitel 7 | Auto & Van Life ... **187**
7.1 | Allgemeines zum Auto ... 187
    7.1.1 | Eigenes Auto kaufen Ja oder Nein? ... 187
    7.1.2 | Führerschein eintauschen Ja/Nein? ... 190

    7.1.3 | Straßenverkehr und Regeln 193
    7.1.4 | Autobegriffe in Englisch 196
  7.2 | Auto kaufen 197
    7.2.1 | So findest du ein Auto 197
    7.2.2 | Bester Zeitpunkt zum Kauf & Verkauf 200
    7.2.3 | Worauf du beim Autokauf achten solltest 201
    7.2.3 | Autobesichtigung 206
    7.2.4 | Der Kaufabschluss 209
    7.2.5 | Kfz-Versicherung in Kanada 210
  7.3 | Im Auto Leben (Vanlife) 212
    7.3.1 | Was ist Vanlife 213
    7.3.2 | Vor und Nachteile des Vanlife 214
    7.3.3 | Tipps fürs Van Life 216
  7.4 | Auto verkaufen 226

Kapitel 8 | Rückkehr und nützliche Tipps **228**
  8.1 | Länger in Kanada bleiben? 228
  8.2 | Rückkehr 229
    8.2.1 | Die letzten Tage in Kanada 229
    8.2.2 | Bankkonto schließen 230
    8.2.3 | Steuererklärung 230
    8.2.4 | Ausreise und Zoll 231
    8.2.5 | Anmelden in Deutschland 231
    8.2.6 | Die Herausforderung, nach einer Langzeitreise nach Hause zurückzukehren 231
  8.3 | Nützliche Tipps 234
    8.3.1 | Negative Erfahrungen und wie du damit umgehst 234
    8.3.2 | Probleme mit der Kreditkarte 237
    8.3.3 | Wichtige Adressen 242

Eine besondere Einladung (Falls du es beim ersten Mal übersprungen bist) 245
Nützliche Links und Videos 247

Was dich in diesem Buch erwartet

Kanada ist das zweitgrößte Land der Welt und bietet jedes Jahr die Möglichkeit, das Land und die Kultur mit dem Working Holiday Visum (WHV) zu bereisen. Bei uns spricht man hierbei von Work and Travel. Denn das Working Holiday Visa ist eine Arbeitserlaubnis, mit der du ein Jahr in Kanada arbeiten und reisen kannst. Es werden jedes Jahr ca. 5.000 kanadische WHV für Deutschland ausgelost.

Das Working Holiday Visum gibt es für viele Länder. Die bekanntesten sind Australien, Neuseeland und Kanada; neben diesen auch in Japan, Südkorea, Argentinien und Chile. Wie der Name schon verrät, finanzierst du dir deine Reise vor Ort selbst. Hierbei hast du eine Vielzahl von Möglichkeiten, völlig unterschiedliche Jobs kennenzulernen.

Ziel des Working Holiday Visums ist es, jungen Menschen die Chance zu geben, die Kultur und Sprache eines fremden Landes kennenzulernen und gleichzeitig wertvolle internationale Arbeitserfahrungen zu sammeln.

Ich habe zwei Jahre in Kanada verbracht. Das erste Jahr mit dem Working Holiday Visum und das zweite mit dem Young Professionals Visum. Beide Visa sind Teil des International Experience Canada (IEC) Program.

In diesem Buch werde ich dich bei deiner Planung für deinen Work and Travel Aufenthalt in Kanada unterstützen. Ich zeige dir, wie du dein Working Holiday Visum beantragst, worauf du alles bei der Planung achten solltest, und wie du dich in Kanada zurechtfindest. Ich werde dir einen Leitfaden für die ersten Tage im Land geben, dich bei der Bewerbung für Jobs unterstützen und zeigen, wie du dir ein Auto in Kanada kaufen kannst.

> **Info**
> In diesem Buch spreche ich immer über CAD (Kanadische Dollar).

Eine besondere Einladung - Work and Travel Kanada Community

Immer mehr Menschen wagen den Schritt in ein anderes Land. Dadurch wird Work and Travel immer beliebter. Das hat einen großen Vorteil für dich. Du kannst deine Reise gemeinsam mit anderen gleichgesinnten Travelern verbringen. Wenn du also nicht allein sein willst, musst du das auch nicht. In Kanada hast du immer die Möglichkeit, in den Aufenthaltsräumen der Hostels auf andere Traveler zu treffen.

Ich habe auf Facebook eine Work and Travel Kanada Community gegründet, damit du dich mit anderen austauschen kannst: eine Gruppe rund um das Thema Work and Travel in Kanada. Hier findest du Antworten auf Fragen zur Planung, Vorbereitung und dem Leben in Kanada. Ich lade dich ein, dieser wundervollen Kanada Community beizutreten. Achtung: Für die Aufnahme musst du ein paar Fragen beantworten. Nur wirkliche Kanada Fans werden in die Gruppe aufgenommen.

Working Holiday Kanada Gruppe
Den Link zur Kanada Gruppe findest du hier: www.Kanadabuch.de/Gruppe.

Bonusmaterial

Da ich dich mit diesem Buch bei deiner Planung unterstützen will, habe ich dir kostenlos noch eine Menge Bonusmaterial bereitgestellt. Quer durchs Buch nenne ich die einzelnen Ressourcen. Wenn du gleich alles kostenlos haben willst, dann findest du das Bonusmaterial unter www.KanadaBuch.de/Bonus.

Über den Autor

Hi, ich bin Daniel und wie du stand ich 2014 vor meiner Entscheidung, ob ich Work and Travel in Kanada mache oder nicht. Vielleicht hast du dich bereits entschieden? Gratulation! Kanada hat mein Leben verändert, und ich bin mir sicher, so wird es auch bei dir sein. Mit diesem Buch erhältst du eine Anleitung für ein unvergessliches Abenteuer in deinen Händen. Meine Kanadareise begann am 24. Juni 2015 in Vancouver. Ich lebte eineinhalb Jahre in einem selbst umgebauten Campervan und verbrachte fast zwei Jahre in Kanada. Das erste Jahr mit dem sogenannten Working Holiday Visum (WHV). Das WHV ist das klassische Work and Travel Visum, von dem du hier im Buch noch einiges lesen wirst. Das zweite Jahr verbrachte ich mit dem Young Professionals Visum (YP). Beide Visa sind Teil des International Experience Canada (IEC) Programms. Meine Reise führte mich entlang der Westküste bis in die USA und in den hohen Norden nach Alaska. Ich arbeitete auf Farmen, in der Küche, als Monteur, Mechaniker und sogar als Designer in der Filmindustrie in Vancouver. Am 2. Oktober 2016 veröffentlichte ich mit meiner damaligen Partnerin in Calgary den ersten Artikel (Working Holiday Visum Guide) auf meinem Kanada Blog: **www.WorkingHolidayKanada.de**

Seit 2016 gibt es das sogenannte Pool-Verfahren, bei dem die Ziehungen zum Working Holiday Visum zufällig über das komplette Jahr verteilt durchgeführt werden. Davor waren die Visa meist schon im Februar vergriffen. Ganz nach dem Motto "Wer zuerst kommt, bekommt zuerst". Was es mit dem Pool-Verfahren genau auf sich hat, wirst du im Kapitel 3 "Planung" zum WHV genauer erfahren.

Ich habe mich damals entschieden, meine Bewerbung zum Visum auf YouTube zu stellen. Das hat den Grundstein für meinen YouTube Kanal "Working Holiday" gebildet. Aus dem anfänglichen Fun-Project verdiene ich heute meinen Lebensunterhalt. Mittlerweile bin ich seit fünf Jahren auf Weltreise, und nach Kanada lebte ich mit dem Working Holiday Visum noch in Neuseeland und Australien. Dieses Buch beinhaltet mein geballtes Work and Travel Wissen. Ich wünsche dir viel Spaß bei der Planung, und bei Fragen kannst du mir immer eine Nachricht auf Instagram schicken: **www.Instagram.com/ex.lima**

Kapitel 1 | Work and Travel

1.1 | Warum du Work and Travel machen solltest

Work and Travel wird immer bekannter, trotzdem haben viele Angst, dass diese "Lücke" im Lebenslauf bei späteren Bewerbungsgesprächen nicht gut ankommt. Das ist völliger Quatsch, da Work and Travel eine Menge positiver Vorteile mit sich bringt. Welche das sind, erkläre ich dir jetzt.

Sprachkenntnisse

In Kanada kommst du rund um die Uhr mit der englischen Sprache in Kontakt und verbesserst so deine Sprachkenntnisse im Handumdrehen. Nach einiger Zeit wirst du wenig bis keine Probleme mehr haben, alles zu verstehen und dich auf Englisch zu verständigen. Die Sprachkenntnisse werden dich dein Leben lang begleiten, und es kommt deiner späteren Bewerbung in Deutschland oder irgendwo auf der Welt zugute. Ob du einen Sprachkurs in Kanada oder in Deutschland machen solltest, dass erfährst du in Kapitel 3 "Sprachkurs".

Arbeitserfahrung

Arbeitstechnisch bietet Work and Travel viele Vorteile. Du hast die Chance, während deiner Zeit in Kanada in unterschiedliche Jobs zu schnuppern. Ich empfehle dir, dass du so viele verschiedene Erfahrungen sammelst, wie du kannst. Du bekommst internationale Arbeitserfahrung. Damit hebst du deine Bewerbung bei zukünftigen Arbeitgebern gegenüber anderen ab. In Kanada ist es außerdem einfacher einen Job zu bekommen und dich dort hochzuarbeiten. Ich bin in Vancouver sogar in der Filmindustrie gelandet. Für dich gibt es nur Vorteile nach Kanada zu gehen.

Bevor ich nach Kanada kam, hatte ich immer Angst vor einem Jobwechsel. Die Wahrheit ist, es gibt nichts, vor dem du dich fürchten musst. Du wirst durch die vielen verschiedenen Jobwechsel in Kanada Selbstvertrauen gewinnen. Du wirst lernen, dich besser zu verkaufen. So gesehen erlernst du in dem Auslandsjahr die Fähigkeit auch den Job deiner Träume in Deutschland zu bekommen. Denk mal darüber nach! Während meiner Work and Travel Zeit habe ich alle möglichen Jobs gemacht. Von Tellerwäscher, Koch, Manager eines Food-Trucks, Farmwork, Bauarbeiter, Monteur bis hin zum Designer in der Filmindustrie.

Jeder einzelne Job, den du machst, kann dir neue Erfahrungen geben. Selbst wenn du denselben Job in Zukunft nie wieder ausübst. Du wirst Dinge lernen, die du in anderen Situationen anwenden kannst. Weil du schon Erfahrung hast, kommst du schneller in diese Jobs rein. Ich weiß heute, wenn ich will, habe ich morgen sofort einen Job, egal wo auf der Welt. Das ist Selbstvertrauen!

Umgang mit Geld

Wenn du in Deutschland noch bei deinen Eltern gewohnt hast, musst du dich in Kanada das erste Mal komplett selbst um deinen Unterhalt kümmern. Du musst Rechnungen bezahlen und dir dein verdientes Geld einteilen, sodass du noch etwas auf die Seite legen kannst. Dir wird bewusst, was es bedeutet, auf eigenen Beinen zu stehen, und wie schwer es sein kann, zurückzustecken, weil sonst das Geld nicht reichen würde. Dadurch lernst du verantwortungsvoll mit deinem Geld umzugehen. Ganz ehrlich: Weil du auf dich selbst vertraust, wirst du dich so sehr weiterentwickeln. Keine Schule der Welt kann dir dieses Wissen lehren. Aber mit Work and Travel bekommst du genau das.

Das Working Holiday Visum

Das Working Holiday Visum wurde eingeführt, um jungen Menschen die Möglichkeit zu geben, Auslandserfahrung zu sammeln. Warum nicht diesen Vorteil nutzen? Das Working Holiday Visum bietet dir Sicherheit. Du kannst dir sofort einen Job suchen, wenn dein Geld knapp wird. Reist du ohne Arbeitsvisum, geht so etwas nicht. Das bedeutet für dich, du musst auch nicht mit vielen tausend Euro auf dem Konto nach Kanada einreisen. Es gibt keine Ausrede, du hättest nicht genug Geld, um Work and Travel zu machen. Reist du mit kleinem Geldbeutel ein, dann kannst du auch direkt anfangen in Kanada zu arbeiten. Mit wieviel Startkapital du einreisen solltest, dass erfährst du in Kapitel 1 "Was kostet Work and Travel?".

Kultur und Leben

Du bekommst die Chance, eine fremde Kultur in einem fremden Land hautnah mitzuerleben. Du kratzt nicht nur an der Oberfläche wie ein Tourist. Du lernst, wie es ist, in Kanada zu leben. Du wirst in den Alltag eintauchen und erfährst neue Lebensweisen. Durch die Gespräche mit anderen erweiterst du deinen Horizont. Kanada ist ein kulturell reiches Land. Das heißt, du hast die Möglichkeit sehr viel über den Rest der Welt zu erfahren.

Persönliche Weiterentwicklung

Das ist mein absolutes Highlight, wenn es um Work and Travel geht. Während deiner Reise wird nicht immer alles einfach sein. Es wird Probleme geben, die du allein meistern musst. Das ist auch völlig okay und soll dich nicht abschrecken. Probleme und Schwierigkeiten im Leben sind sogar wichtig. Denn nur so kannst du dich persönlich weiterentwickeln. Während meines ersten Jahres in Kanada hatte ich eine Menge Autoprobleme. Rückblickend konnte ich dadurch sehr viel über mich selbst lernen, und auch wie ich mit Problemen in Zukunft umgehen werden.

Die persönliche Weiterentwicklung ist natürlich nicht auf negative Erfahrungen limitiert. Auch wenn ich denke, dass wir durch Probleme oft viel mehr lernen. Aber schon dich in einem anderen Land zurechtzufinden oder mit anderen Menschen in Kontakt zu kommen, wird dir helfen dich persönlich weiterzuentwickeln.

Ich denke, nichts ist wertvoller, als unsere Erfahrungen. Alte Menschen bereuen nur die Erfahrungen, denen sie wegen ihrer Angst nicht nachgegangen sind.

Alle Vorteile zusammen führen zu deiner persönlichen Entwicklung. Und wenn du im Leben vor der Frage stehst, ob du etwas machen sollst oder nicht, ziehe immer in Erwägung, was du durch die Erfahrungen lernen kannst.

1.2 | Warum du deinen Job kündigen solltest

Für die meisten kommt Work and Travel nach der Schule oder dem Studium infrage. Denn da hat man noch die wenigsten Verpflichtungen. Es ist einfacher, in die Welt hinauszugehen. Aber den Traum, ins Ausland zu gehen, haben viele Menschen. Warum trauen sich dann viele nicht, Deutschland zu verlassen? Es liegt unter anderem daran, dass wir im Laufe unseres Arbeitslebens mehr Verpflichtungen und Dinge ansammeln, die uns zurückhalten. Ehrlich gesagt hält dich gar nichts zurück. Nur deine eigenen Gedanken und Ängste.

Je länger du wartest Work & Travel zu machen, umso schwerer wird es.

Je weiter du in deinem Leben bist, umso schwerer ist es, den Schritt zu wagen, alles aufzugeben. Daher ist es nach der Uni oder der Schule noch einfach, denn da bist du sowieso an dem Punkt, in einen neuen Lebensabschnitt einzutauchen. Wenn du bereits einen gut bezahlten Job hast, Stabilität, ein Auto, eine schöne Wohnung, Familie, Freunde und Hobbys, dann ist es schwer, das alles für Work and Travel hinter dir zu lassen. Genauso war es auch bei mir, denn ich habe mich erst mit 28 Jahren für das Work and Travel entschieden. Ich war immer am Reisen interessiert und wollte irgendwann auch Work and Travel machen. Übrigens kann es sogar sein, dass dir dein Umfeld das Work and Travel ausreden will. Wenn das der Fall ist, liegt das meistens an zwei Gründen: Erstens haben die Menschen Angst um dich, und zweitens wissen sie selbst nicht wirklich, was Work and Travel bedeutet.

Um zu wachsen, musst du aus deiner Komfortzone heraus

Obwohl ich immer davon geträumt hatte, ins Ausland zu gehen, kam der Alltag. Ich begann meine Technikerschule in Teilzeit. Vier Jahre später arbeitete ich mich die Karriereleiter hoch. Stück für Stück baute ich mir ein schönes und komfortables Leben mit Wohnung, Auto, gutem Job, Freunden, Familie und Hobbys auf. Aber irgendetwas hatte gefehlt. Um ehrlich zu sein, war der Job gar nicht so gut wie ich dachte. Ich habe mich oft gelangweilt und unterfordert gefühlt. Aber ich war zu bequem, um den Job zu wechseln. Außerdem lebte ich in einer überteuerten Mietwohnung, aber auch hier war ich zu bequem, nach etwas Günstigerem zu schauen.

Genauso geht es vielen Menschen. Vielleicht auch dir. Es ist nicht einfach, den Schritt aus unserer Komfortzone zu machen. Dabei kommen Veränderung und Wachstum nur, wenn wir uns außerhalb unserer Komfortzone befinden.

Anders ist es, wenn du dich in einem Job befindest, den du nicht leiden kannst. Der Schmerz wird irgendwann so groß, dass du ganz von allein raus willst. Die meisten führen dann die Veränderung selbst herbei. Die Gefahr liegt also darin, wenn der Schmerz nicht groß genug ist, bist du zwar teilweise unzufrieden, aber du gibst dich dann mit der Situation zufrieden, du findest dich ab. Das ist auch der Grund, warum viele Menschen nicht ihr wahres Potential ausleben. Sie bleiben stehen. Genauso war es bei mir. Ich verbrachte weitere zwei Jahre im selben Job. Erst als ich mich für Work and Travel in

Kanada entschied, veränderte ich mich.

Angst ist völlig normal

Obwohl ich mich für Work and Travel entschieden habe, fiel es mir nicht leicht. Denn ich hatte Angst. Um ehrlich zu sein, ich hatte eine Menge Angst. Mir schwirrten eine Menge Gedanken durch den Kopf:

- "Was, wenn ich in Kanada ganz allein sein werde?"
- "Was, wenn mir in Kanada das Geld ausgeht und ich keinen Job finde?"
- "Was, wenn mir in Kanada irgendetwas zustößt?"
- "Was, wenn ich in Deutschland nie wieder so einen guten Job bekomme?"
- "Was, wenn ich meine Freunde in Deutschland verliere?"

Dass wir Angst haben, ist völlig normal. Vor allem haben wir Angst vor dem Ungewissen, den Dingen, die wir noch nie gemacht haben. Im nächsten Abschnitt beim Thema "Work and Travel selbst planen oder mit einem Reiseveranstalter?" gehe ich auf die Angst vor dem Ungewissen genauer ein. Es ist die primäre Angst, die dazu führt, dass Organisationen ihr Geld mit Work and Travelern verdienen. Kurz: Wenn wir uns nie unserer Angst stellen, dann können wir nicht wachsen. Stell dir mal vor, du hättest wegen deiner Angst nicht Fahrradfahren oder Laufen gelernt. Als Kind denken wir nicht so sehr über die Angst nach. Wir machen es einfach und lernen. Fallen wir hin, stehen wir einfach wieder auf und probieren es nochmal. Genauso lernen wir. Also trau dich, denn du kannst nur gewinnen!

Was ist ein Sabbatjahr?

Weil ich Angst hatte, meinen Job zu verlieren, schlug ich meinem Chef ein Sabbatjahr vor. Bei einem Sabbatjahr bleibst du bei deinem Arbeitgeber angestellt und verdienst während deiner Zeit im Ausland weiter dein Geld. Üblicherweise verzichtest du ein bis zwei Jahre vor der Auslandszeit auf einen Teil deines Gehalts. Dieser Betrag wird dir dann während deines Sabbatjahrs ausgezahlt. Das klingt auf den ersten Blick interessant, und es hat auch ein paar Vorteile:

1. Du erhältst weiter dein Einkommen auch im Ausland.
2. Du zahlst weiter in die Rente und Sozialversicherung ein.
3. Deine monatliche Steuerbelastung sinkt, da du ein geringeres Gehalt bekommst.

Normalerweise entscheidet man sich für ein Sabbatjahr wegen der Sicherheit. Du willst deinen Job nicht verlieren. Oder wenn du bereits zu alt für das Working Holiday Visum bist. Wie genau der Ablauf eines Sabbatjahres aussieht, musst du mit dem jeweiligen

Arbeitgeber aushandeln. Manche Verträge binden dich nach der Rückkehr für weitere Jahre.

Deutschland hat die größten Sicherheitsängste

Ich hatte Angst, pleite zurück nach Deutschland zu kommen. Werde ich je wieder einen guten Job finden? Schwachsinn ... so gut war mein Job nicht. Warum hatte ich dann so eine Angst davor?

In kurz: Es liegt daran, dass wir vor allem in Deutschland ein sehr hohes Angst-Level und Sicherheitsdenken haben. Das ist mir erst durch meine fünf Jahre Weltreise bewusst geworden. Kaum ein anderes Land auf der Welt legt die Messlatte zu diesem Thema so hoch wie Deutschland. Wir brauchen für alles Absicherungen und Sicherheit. Wir lassen uns zu oft von der Angst leiten. Bei mir kam noch hinzu, dass ich keinerlei Erfahrungen mit einem Jobwechsel hatte. Und wie schon erwähnt, ist es völlig normal, dass wir uns vor dem fürchten, was wir noch nicht kennen oder womit wir wenig Erfahrung gesammelt haben.

Glücklicherweise kam es bei mir nicht zum Sabbatjahr. Mein Chef meinte: "Nein, so etwas machen wir hier nicht!" In diesem Moment wurde ich wütend und wollte mir meinen Traum nicht von ihm und meinem Job kaputtmachen lassen. Heute bin ich meinem Chef dankbar. Denn anderenfalls wäre ich wahrscheinlich auf einen Deal eingegangen und hätte mich meiner Angst nicht gestellt.

Nutze Work and Travel, um zu wachsen!

Wenn du Work and Travel nutzt, wirst du sehr viel über dich lernen und dein Selbstbewusstsein steigern. Weil du viele verschiedene Jobs machst, lernst du dich zu verkaufen. Du legst die Angst vor einem Jobwechsel ab und merkst, dass die Angst, die du noch in Deutschland hattest, völlig unberechtigt ist. Mal ehrlich: Was ist der worst case, wenn du dich für Work and Travel entscheidest?

Im schlimmsten Falle kehrst du pleite zurück nach Deutschland und musst ein paar Minijobs machen, bis du einen guten Job findest. Und? Bricht dann die Welt zusammen? Im Gegenteil: Selbst in diesem Falle wirst du zurückkehren und eine Menge über dich und die Welt gelernt haben. Du wirst nicht auf der Straße leben müssen und kommst sicherlich bei Freunden oder Familie unter. Spoiler: Du wirst nicht pleite zurückkommen. Dazu steckt viel mehr in dir, als du denkst. Kommen Probleme? Yeah! Daran wächst du und kommst als stärkere Person zurück. Genau das soll dich Work and Travel lehren. Dinge, die im Leben passieren, schaffst du dann problemlos.

Wenn wir unsere Ängste ablegen, sind wir frei, alles zu tun, was wir wollen. Elon Musk sagte, ihm sei klar geworden, dass es nichts gäbe, wovor er Angst haben müsse, solange er überall auf der Welt für einen Dollar essen könnte, denn überall gäbe es Ein-Dollar-Asia-Noodles. Heute ist er einer der führenden Entrepreneurs: Tesla, PayPal, Space X und die Boring Company.

Nichts ist wichtiger, als Erfahrungen im Leben zu sammeln. Wenn man alte Menschen fragt, was sie in ihrem Leben bereuen, antworten die meisten, dass es die Erfahrungen sind, die sie nicht gemacht haben. Als ich mich damals fragte, ob ich Work and Travel machen soll, wollte ich nicht bereuen, es nicht gemacht zu haben.

Die Nachteile des Sabbatjahrs

Egal in welcher Situation du steckst, lass dir deine Träume nicht durch deine Ängste kaputt machen! Kommen wir zurück zum Sabbatjahr. Denn es hat auch ein paar Nachteile:

1. Wenn du Auslandserfahrung sammelst, bekommst du in Deutschland in der Regel bis zu 20 Prozent mehr Gehalt im selben Job, als andere ohne die Auslandserfahrung. Wenn du dich also an deine Firma bindest, wirst du garantiert nicht mehr Geld bekommen.
2. Wenn du jeden Monat Geld bekommst und dich in Sicherheit fühlst, wirst du weniger Erfahrungen machen, die mit einem Jobwechsel und deinem Wachstum einhergehen. Das wiederum hat Auswirkungen darauf, wie du dich später verkaufen kannst. Das wird dazu führen, dass deine künftigen Jobs nicht so gut bezahlt sind.
3. Während deiner Auslandszeit verändert sich auch dein Bewusstsein. Vielleicht willst du gar nicht mehr in demselben Job arbeiten. Dir stehen viel mehr Möglichkeiten offen.
4. Was, wenn du deine Auslandszeit verlängern willst oder du noch in ein anderes Land reisen willst? Ich hatte ursprünglich nur ein Jahr in Kanada geplant. Tja ... am Ende sind es fünf Jahre geworden. Nachdem ich den Job in der Filmindustrie in Vancouver bekam, wollte ich länger in Kanada bleiben und anschließend nach Neuseeland und Australien gehen. Deshalb: Löse dich von allem, das dich in Deutschland bindet! Job, Haus, Versicherung etc.

Schuldgefühle?

Vielleicht hast du sogar Schuldgefühle, deinen Arbeitgeber zu verlassen, weil er viel in dich investiert hat: Ausbildung, Kurse und Schulungen. So habe ich mich damals gefühlt. Es kostet deinen Arbeitgeber Aufwand, jemanden neu einzustellen. Das sollte aber niemals der Grund sein, warum du dein Leben hintenanstellst.

Erstens bringst du immer einen Mehrwert in ein Unternehmen. Allein schon in der Form der Arbeit, die du absolvierst. Du opferst einen Großteil deiner eigenen Zeit für die Firma. Du erhältst dafür Lohn, aber du bringst deinen eigenen Stil und dein Wissen. Außerdem werden sie keine Probleme haben, dich gehen zu lassen, wenn die Firma in Problemen steckt oder sich die Wirtschaft ändert und sie dich loswerden müssen. Wichtig ist hier einfach zu verstehen, dass Jobwechsel in unserer modernen Welt dazu gehören. Du musst dich nicht schuldig fühlen. Dieser Schritt wird um einiges einfacher, wenn du verstehst, dass du einen enormen Wert in ein Unternehmen bringst.

Vorteile des Work and Travel

Work and Travel bietet eine Vielzahl an Vorteilen. Unabhängig davon, in welchem Job du steckst. Ich habe sogar meinen Job als Designer in der Filmindustrie aufgegeben, um weiter persönlich zu wachsen und weiter Work and Travel zu unternehmen. Ich bereue es keinen Tag. Die anderen Vorteile habe ich in dem Abschnitt "Warum du Work and Travel machen solltest" bereits erwähnt. Wenn du dir noch nicht sicher bist, dann lies die Vorteile erneut. Du kannst auch eine Liste mit all den Vor- und Nachteilen für dich aufschreiben und daraufhin entscheiden.

Work and Travel war die beste Entscheidung

Für mich war die Entscheidung, Deutschland zu verlassen und mein eigenes Work and Travel in Kanada zu starten, die beste Entscheidung meines Lebens. Gefühlt, habe ich mich seit dem Beginn meiner Weltreise 2015 schneller entwickelt, als es in Deutschland jemals der Fall gewesen wäre. Für jeden ist diese Reise natürlich völlig anders. Ich bin als schüchterner und unerfahrener Mensch in mein Abenteuer gestartet, und heute habe ich keine Ängste mehr, wenn es um Jobwechsel, Pläne und Änderungen im Leben geht. Ich habe mein Englisch verbessert, sodass heute kaum noch jemand merkt, dass ich aus Deutschland komme, und ich habe mich selbstständig gemacht. Das war für mich der logische nächste Schritt auf dem Weg der Selbstverwirklichung und meinem persönlichen Wachstum. Und weil ich überzeugt davon bin, dass auch du durch Reisen wachsen wirst, habe ich dieses Buch und meine Webseiten ins Leben gerufen. Damit auch du das Leben deiner Träume leben kannst.

1.3 | Work and Travel selbst planen oder mit einem Reiseveranstalter?

Am Anfang deiner Planung stellt sich die Frage, ob du deine Reise mit oder ohne Reiseveranstalter durchziehst. Ganz ehrlich? Weil du dieses Buch bereits in deinen Händen hältst, ist damit ein Paket von einem Reiseveranstalter nicht mehr nötig. Du bist mit der Frage dennoch nicht allein. Jeder Work and Traveler stellt sich diese Frage. Vor allem wenn es die erste große Reise ist, und wenn besorgte Eltern mit im Spiel sind.

Die Ursache für die Frage liegt in der Angst der Ungewissheit. Wir alle teilen dieselben Sorgen und Ängste, wenn es um die Dinge geht, die wir noch nicht kennen.

Jeder der Work and Travel schon einmal unternommen hat, wird dir bestätigen, dass es nicht kompliziert ist, wie es am Anfang scheint. Viele sagen sogar später, dass sie sich eine professionelle Hilfe getrost sparen hätten können. So ging es auch mir.

Die Menge an Geld, die du für ein Paket einer Organisation zahlst, ist es nicht wert. Für dein Work and Travel in Kanada benötigst du ein Working Holiday Visum. Viele denken, mit der Zusammenarbeit eines Reiseveranstalters bekommen sie das Visum schneller oder einfacher. Das ist so aber nicht richtig. Denn egal, ob du deine Reise mit oder ohne Reiseveranstalters planst, musst du dich immer selbst um die Beantragung des Working Holiday Visums kümmern. Der Prozess und die Ziehung aus dem IEC Pool für das Visum kann nicht beschleunigt werden.

Ein Reiseveranstalter solltest du viel mehr als eine seelische Unterstützung sehen. Wenn du dich alleine nicht traust, nach Kanada zu gehen und die Vorbereitungen zu treffen. Bei den Vorteilen zu Work and Travel habe ich schon darüber gesprochen, dass du dich persönlich weiterentwickeln wirst. Warum damit nicht schon bei der Planung starten? Das Jahr ist dazu da, dich selbstbewusster und eigenständiger zu machen. Warum also nicht schon bei der Planung damit anfangen? Und wie bereits erwähnt: Die ganze Planung ist wirklich nicht kompliziert.

1.4 | Ein Wort an die Eltern

Auch für deine Eltern ist Work and Travel eine aufregende Zeit, und diese werden leider bei dem Thema oft vergessen. Deswegen möchte ich hier auf sie eingehen. Obwohl Work and Travel immer beliebter wird, gibt es einige Eltern (vielleicht auch deine), die dem Schritt skeptisch gegenüberstehen. Ihren Kindern diese Erfahrung unter Umständen verbieten. Oft entstehen dann aus angeregten Diskussionen heftige Streits, die beiden Parteien einiges an Kraft rauben. Die Eltern fühlen sich vom Kind missverstanden und das Kind von seinen Eltern. Aber warum ist das so? Warum haben vielleicht auch deine Eltern so viel Angst, dich gehen zu lassen?

Erstmal musst du verstehen: Nicht nur für dich ist Work and Travel ein großer Schritt, sondern auch für deine Eltern. Du möchtest deine Koffer packen und in die große, von

Gefahren überhäufte Welt hinaus. Und das alleine und für eine längere Zeit. Sie sind verunsichert, weil du einen Weg einschlägst, den sie nicht kennen. Einen Weg, bei dem sie dich nicht beschützen können. Sie haben Angst, dass dir etwas passiert und sie nicht da sein können, um dir zu helfen. Und sie sind traurig, weil sie dich auf eine gewisse Art und Weise verlieren. Dabei spielt es keine Rolle, ob du 18 oder 30 Jahre alt bist.

Die größten Ängste der Eltern

Durch eine Umfrage mit Eltern, deren Kinder mit Work and Travel reisten, konnte ich zwei große Ängste herausfinden:

1. Die Angst dich zu verlieren.
2. Die Angst, dass dir etwas zustößt.

Diese Ängste spiegeln sich in den verschiedensten Aussagen wieder. "Du musst erst einen richtigen Beruf erlernen", oder "Das ist viel zu gefährlich." Mit diesen Ängsten sind deine Eltern nicht allein. Viele fühlen sich am Anfang so. Wenn du deine Eltern danach fragst, werden sie dir vermutlich Ähnliches erzählen. Die Ängste werden nicht vollständig verschwinden, wenn du in Kanada bist. Aber deine Eltern werden lernen, mit dieser Situation umzugehen. Die Sorgen werden verblassen und Platz für ein neues Gefühl schaffen: Stolz!

Deine Eltern werden stolz auf dich sein, dass du einen großen Schritt gewagt hast und am anderen Ende der Welt allein zurechtkommst. Oft wird die Angst der Eltern am Anfang durch eine Unwissenheit über Work and Travel gestärkt. Viele Eltern haben noch nie etwas davon gehört und sind verunsichert, worauf du dich einlässt. Sollte das bei deinen Eltern der Fall sein, dann lese ihnen Kapitel 1 vor.

Wenn du verstehst, wie sich deine Eltern fühlen oder warum sie reagieren wie sie es tun, dann kannst du dich in Gesprächen mehr auf sie einstellen und kannst Streitigkeiten vermeiden. Deine Eltern geraten beim Thema Work and Travel leider in den Hintergrund. Dabei sind sie diejenigen, die am meisten mitfiebern, wenn du die Rocky Mountains unsicher machst, liegen nachts wach, solltest du dich nicht melden und vermissen dich unheimlich.

1.5 | Was kostet Work and Travel?

Ein Jahr Work and Travel in Kanada ist natürlich mit Kosten verbunden. In diesem Abschnitt gebe ich dir einen Überblick über die Kosten die auf dich zukommen werden. Du musst nicht alles vorher ansparen. Schließlich heißt es Work and Travel. Du finanzierst dir deine Reise vor Ort.

Ich werde oft gefragt, mit wieviel Geld man das Work and Travel in Kanada starten sollte. Die Antwort darauf hängt in erster Linie von dir ab. Was möchtest du zuerst machen? Ich bin im Sommer in Vancouver angekommen und habe das gute Wetter gleich für einen Road Trip genutzt. Deshalb war ich froh, ein bisschen mehr Geld dabeizuhaben. Vorgeschrieben sind durch das Working Holiday Visum CAD 2.500 (ca. 1.700 €). Zusätzlich sind entweder die Vorlage eines Rückflugtickets oder ausreichend finanzielle Mittel, um ein Rückflugticket kaufen zu können, vorgeschrieben.

Wichtig
Du brauchst kein Rückflugticket, aber genügend Geld um dir ein Rückflugticket leisten zu können. Da hier keine genaue Zahl genannt wird, nimm nochmal CAD 1.000 mehr mit. Das wird zusätzlich zu den geforderten CAD 2.500 gefordert. Also ca. CAD 3.500.

Je weniger Startkapital dir zur Verfügung steht, desto schneller musst du arbeiten gehen. Meiner Erfahrung nach genügt es, wenn du ausreichend Geld bei dir führst, um zwei bis drei Monate über die Runden zu kommen.

Folgende Kostenpunkte kommen vor der Reise auf dich zu:

a. Kosten eines Reiseveranstalters (Optional)
b. Flugticket nach Kanada
c. Working Holiday Visum Gebühr
d. Polizeiliches Führungszeugnis
e. Auslandskrankenversicherung
f. Ausreichende finanzielle Mittel
g. Unterkunft für die ersten Tage
h. Internationaler Führerschein
i. Sonstige Ausgaben

a. Kosten eines Reiseveranstalters (Optional)

Wenn du den Abschnitt „Work and Travel selbst planen oder mit einem Reiseveranstalter?" gelesen hast, dann weißt du, dass ich dich ermutige, die Reise eigenständig zu planen. Es ist nicht so kompliziert, wie du am Anfang vielleicht denkst. Die Work and Travel Pakete kosten zwischen 300 und 1.200 €. Das ist eine Menge Geld. Stecke dieses lieber in Aktivitäten vor Ort oder in dein Leben. Mit 1.200 € - wenn du sparsam bist - kannst du zwei Monate Road Trip finanzieren. Das bedeutet auch, du kannst zwei Monate weniger arbeiten und hast mehr Zeit für dich. Da ich dich in diesem Buch durch alle Punkte leite, brauchst du keinen Reiseveranstalter. Wenn du natürlich mit einem Reiseveranstalter buchst, dann musst du diese Kosten zu deinem Budget dazurechnen.

b. Flugticket nach Kanada
Einer der größten Kostenpunkte ist der Flug. Dieser Preis hängt von verschiedenen Faktoren ab. So spielt es eine Rolle, zu welcher Jahreszeit du fliegst, was dein Start und Zielort ist, wie weit im Voraus du deinen Flug buchst, ob du einen Direktflug wählst. Wie du an günstige Flüge kommst, das verrate ich dir im Kapitel 3 "Flug". Da die Preise stark abweichen, rechne zwischen 500 und 1.000 € für den Hinflug. Wenn du meine Tipps verwendest, kannst du Flüge unter 500 € finden. Ich bin damals von Frankfurt nach Vancouver für 350 € mit Condor geflogen.

c. Working Holiday Visum Gebühr
Die Gebühr für das Working Holiday Visum beträgt einmalig CAD 341 (ca. 227 €, Stand 2021) und muss schon bei der Beantragung bezahlt werden.

Wichtig
Wenn du wegen falscher Angaben abgelehnt wirst, wird dir die Visagebühr nicht zurückerstattet. Mehr Informationen rund um das Working Holiday Visa für Kanada findest du im Kapitel 3 "Working Holiday Visum".

Zum Bezahlen benötigst du eine Kreditkarte. Für das Working Holiday Visum kannst du aber auch die Kreditkarte deiner Eltern oder Freunde verwenden. Für Kanada selbst brauchst du aber eine eigene Kreditkarte. Welche am besten für Work and Traveler geeignet sind, findest du im Kapitel 3 "Kreditkarte". Da die Beantragung von Kreditkarten bis zu sechs Wochen dauern kann, kümmere dich rechtzeitig darum.

Für das Working Holiday Visum musst du deine Biometrics abgeben. Was das ist und wo du dies erledigen kannst, erfährst du ebenfalls im Kapitel über das WHV. In Deutschland gibt es aktuell (Stand 2020) nur die Möglichkeiten, die Biometrics in Düsseldorf oder Berlin abzugeben. Zusätzlich zur Gebühr musst du die Transportkosten dorthin rechnen.

d. Polizeiliches Führungszeugnis
Bei der Bewerbung für das Working Holiday Visum wird ein polizeiliches Führungszeugnis verlangt. Es kostet 13 €. Du kannst es entweder direkt bei deiner Meldebehörde beantragen und bezahlen oder online und per Überweisung bezahlen. Das polizeiliche Führungszeugnis muss übersetzt und beglaubigt sein. Du kannst die Übersetzung über das Online Portal LingoKing übersetzen lassen.

Info

> Trotz der Vorgabe, dass dein polizeiliches Führungszeugnis beglaubigt übersetzt werden muss, drücken die Behörden oft ein Auge zu, wenn du Keine Einträge hast.

e. Auslandskrankenversicherung

Eine Auslandskrankenversicherung ist eine Voraussetzung für das Working Holiday Visum und muss bereits im Voraus für deine komplette Zeit bezahlt sein.

> **Achtung**
> Wenn deine Versicherung zum Beispiel nur für drei Monate bezahlt ist, wird dein Working Holiday Visum auch nur für drei Monate ausgestellt. Eine Verlängerung des Working Holiday Visums ist nachträglich nicht mehr möglich. Überprüfe deshalb dein Visum auf Richtigkeit und schließe die Versicherung immer für mindestens ein Jahr ab.

Wenn du früher zurück nach Deutschland kommst, kannst du den Restbetrag für die Versicherung zurückfordern. Außerdem unterscheiden die Versicherer eine Auslandskrankenversicherung inklusive der USA und Kanada oder ohne. Inklusive der USA und Kanada ist es teurer, deckt dich aber dafür in ganz Nordamerika ab. Das liegt daran, weil die Arztkosten in Nordamerika um einiges höher sind als im Rest der Welt. Achte also darauf, dass Kanada in deiner Versicherung abgedeckt ist! Mehr Infos zum Thema Versicherung und welche Versicherung meiner Meinung nach die beste für dein Work and Travel in Kanada ist findest du im Kapitel 3 "Reiseversicherung". Für ein Jahr Versicherung musst du zwischen 420 und 1.200 € rechnen.

f. Ausreichende finanzielle Mittel

Ein weiteres Kriterium für das Working Holiday Visum ist der Nachweis finanzieller Mittel. Um in Kanada einreisen zu dürfen, benötigst du CAD 2.500 (ca. 1.700 €). Damit möchte die kanadische Regierung sichergehen, dass du die Zeit überbrücken kannst, bis du einen Job gefunden hast. Das Geld musst du bei der Einreise durch einen Kontoauszug nachweisen, der nicht älter als eine Woche ist. Besitzt du noch kein Rückflugticket und reist nur mit einem Hinflugticket ein, musst du zusätzlich genügend finanzielle Mittel nachweisen, von denen du dir ein Rückflugticket kaufen könntest. Damit soll sichergestellt werden, dass du dir auch in Notfällen einen Rückflug leisten kannst. Da hier keine genaue Zahl genannt wird, empfehle ich CAD 1.000 zusätzlich.

g. Unterkunft für die ersten Tage

Damit du in Kanada in Ruhe ankommst, buch dir bereits vor der Einreise die ersten Nächte in einem Hostel. Hier kannst du Webseiten wie Booking.com oder Hostelworld.com verwenden. Es muss natürlich kein Hostel sein, aber Hostels sind unter Backpackern am beliebtesten, weil du so gleich zu Beginn deiner Reise Anschluss findest. Die Hostelpreise variieren je nach Saison, Ort und können zwischen CAD 30 und

50 (ca. 20-35 €) pro Nacht betragen. Mehr Infos zu den Unterkünften gibt es im Kapitel 5 "Verschiedene Unterkunftsmöglichkeiten".

h. Internationaler Führerschein

Diesen benötigst du in Kanada, da der europäische Führerschein nicht anerkannt wird. Allerdings ist er nur im Zusammenhang mit deinem europäischen Führerschein gültig, und du musst beide mitnehmen. Den internationalen Führerschein bekommst du auf der Führerscheinstelle und er kostet um die 15 €. Außerdem musst du in Kanada je nach Provinz deinen Führerschein gegen einen kanadischen Führerschein eintauschen. Ab wann du das musst und wieviel das kostet, erfährst du im Kapitel 7 "Führerschein Eintauschen Ja/Nein?".

i. Sonstige Ausgaben

Unter sonstigen Ausgaben verstehe ich all diejenigen, die du für dich persönlich brauchst. Wie zum Beispiel für einen Rucksack oder Koffer. Ein Backpack für deine Reise kann dich ebenfalls 100 – 200 € kosten. Da diese Kosten sehr individuell sind, werde ich sie in meiner Rechnung nicht berücksichtigen. Wenn du deine eigene Kalkulation machst, rechne einfach alles noch drauf, was du für dich speziell noch ausgegeben hast.

Bonus
Ich habe für dich eine Packliste erstellt. Lade sie dir kostenlos zusammen mit dem anderen Bonusmaterial auf www.KanadaBuch.de/Bonus herunter.

Wie hoch sollte dein Startkapital sein?

Durch das Working Holiday Visum in Kanada wird das minimale Kapital bereits vorgegeben. Du musst CAD 2.500 als ausreichende finanzielle Mittel bei der Einreise nachweisen. Außerdem benötigst du entweder ein Rückflugticket oder ausreichend Geld, um dir davon ein Ticket kaufen zu können. Hier empfehle ich dir mindestens CAD 1.000 zusätzlich mitzunehmen. Du benötigst also mindestens CAD 3.500. Je mehr Geld du hast, desto länger kannst du am Anfang reisen, ohne dir einen Job suchen zu müssen. Ich kam damals mit 7.000 € in Kanada an und kaufte mir davon ein Auto. Außerdem reiste ich im Sommer ein und wollte sofort einen Road Trip starten. Mein Geld hat mir die ersten vier Monate gereicht. Damit ich sparsam leben konnte, baute ich mein Auto in einen Campervan um. So sparte ich die Mietkosten. Mehr dazu im Kapitel 7 „Im Auto Leben (Vanlife)".

Wie hoch sind die Lebenskosten in Kanada? (Richtwert)

Ich lebte zusammen mit meiner damaligen Freundin im Auto. Wir konnten uns einige

Kosten teilen. Wenn du ein Auto besitzt, kannst du dir zwar Unterkunftkosten sparen, musst aber Reparaturen, Benzin und erhöhten Verschleiß mit einrechnen. Als Richtwert kamen wir auf etwa CAD 1.000 pro Monat und Person. In dieser Summe war alles mit eingerechnet. Das entspricht ca. CAD 33 pro Tag. Du kannst in Kanada mit CAD 25 bis 50 pro Tag rechnen. Wenn du richtig sparsam lebst und günstig kochst und nicht ausgehst, kannst du zwar auch noch weniger ausgeben, aber es kann dennoch schnell passieren, dass du über dein Budget kommst. Ein Kaffee hier, Muffin dort, Burger am Abend und schon bist du über dem Budget.

Pro Tipp
Schreibe deine Ausgaben auf. So bekommst du ein besseres Gefühl, wo und wieviel Geld du brauchst. Mach das vor allem, wenn du das vorher noch nie ausprobiert hast. Bist du auf einem Road Trip zusammen mit anderen, kannst du die kostenlose App **Tricount** (www.kanadabuch.de/tricount) verwenden. Die App rechnet für alle die exakten kosten aus. Sehr cool!

Soll ich CAD schon aus Deutschland mitnehmen?

Ich besitze eine Kreditkarte, mit der ich kostenlos weltweit Bargeld abheben kann ohne dafür zusätzliche Gebühren zu zahlen. Ich bekomme also Bargeld immer zum aktuellen Wechselkurs. Wenn du in Deutschland bereits Geld wechselst, wird das immer zu einem viel schlechteren Kurs passieren. Ganz einfach, die Bank macht genau dadurch ihren Gewinn. Daher habe ich aus Deutschland kein Bargeld mitgenommen. Am Flughafen in Vancouver habe ich meine ersten CAD 100 abgehoben. Kanada ist aber auch ein Vorreiter im bargeldlosem Geldverkehr. Da meine Kreditkarte auch weltweites kostenloses Bezahlen anbietet, hätte ich auch alles mit meiner Karte zahlen können. Wie du, fühle ich mich immer etwas sicherer, wenn ich ein bisschen Bargeld in meinem Geldbeutel habe. Wenn du dich sicherer fühlst und in Deutschland schon CAD besorgen willst, dann wechsele nur einen kleinen Teil. Ist das notwendig? Nein. Du kannst auch mit Euro ankommen und es dir in Kanada in einer Wechselstube (currency exchange) wechseln lassen.

Achtung
Nimm nicht zu viel Bargeld mit! Wenn dir Bargeld gestohlen wird, ist es weg. Eine Kreditkarte kannst du sperren lassen.

Welche Kreditkarten am besten für dein Work and Travel geeignet sind, das erfährst du im Kapitel 3 "Kreditkarte"

1.6 | 9 Tipps zum Sparen für das Auslandsjahr

Das Sparen für dein Work and Travel Abenteuer fängst du am besten so früh wie möglich an, um genug Geld zur Verfügung zu haben. Wieviel Geld du sparen kannst, hängt natürlich von deiner persönlichen Lebenssituation ab. So spielen viele Faktoren eine Rolle, wie deine Wohnsituation, finanzielle Unterstützung der Eltern oder dein Einkommen. Um erfolgreich zu sparen, muss sich auch dein Mindset ändern. Du brauchst ein bestimmtes und klares Ziel, warum du sparen möchtest. In deinem Fall ist es, dir dein Work and Travel Abenteuer zu finanzieren. Wenn du dir dieses Ziel immer wieder vor Augen hältst, wird es einfacher auf gewisse Dinge zu verzichten. In diesem Abschnitt zeige ich dir 9 Tipps, wie du Geld für dein Work and Travel Abenteuer sparen kannst.

Tipp 1: Ausgaben und Konsumverhalten analysieren

Bevor du mit dem Sparen beginnst, solltest du dir im Klaren darüber sein, wie hoch überhaupt deine monatlichen Ausgaben sind. Schreib deine monatlichen Kosten auf! Neben deinen fixen Ausgaben solltest du auch deine Ausgaben für Freizeitaktivitäten, Essen und so weiter auflisten und ehrlich zu dir selbst sein. So siehst du schwarz auf weiß, wieviel Geld du pro Monat ausgibst und wo du sparen kannst. Dadurch wird dir bewusst werden, dass du für manche Dinge mehr Geld ausgibt, als du es im Gefühl hattest.

Tipp 2: Verträge und Abos kündigen

Oft sind wir in Verträgen und Abos gebunden, die wir irgendwann einmal abgeschlossen haben. Frage dich, welche von denen du wirklich brauchst, und welche du kündigen kannst. Oder schaue nach billigeren Alternativen. Das kann vom Video Stream Service, über KFZ-Versicherungen bis hin zum Fitnessstudio alles sein. Auch bei deinem Handyvertrag kannst du eine Menge sparen, indem du auf eine Prepaid SIM Karte umsteigst. Auch hier musst du dich fragen, ob du alle Features brauchst, die dir dein aktueller Vertrag bietet, oder ob du dich mit weniger zufrieden geben kannst.
Bonus-Tipp: Wenn du dich in Deutschland abgemeldet hast, hast du bei vielen Verträgen Sonderkündigungsrechte. Ich habe mich von allen monatlichen Kosten getrennt, bevor ich nach Kanada geflogen bin.

Tipp 3: Minimalistisch leben

Im Alltag kannst du Geld sparen, indem du minimalistisch lebst. Aktivitäten wie Essengehen und Feiern solltest du auf ein Minimum reduzieren. Vor allem beim Alkohol lässt sich eine Menge sparen. Du kannst dir auch überlegen, wie oft du wirklich mit dem Auto oder den öffentlichen Verkehrsmitteln fahren musst, oder ob du manche Strecken mit dem Fahrrad zurücklegen kannst. So sparst du nicht nur, sondern tust auch deiner Gesundheit und der Umwelt etwas Gutes.

Tipp 4: Weniger Miete zahlen

Wenn du noch bei deinen Eltern wohnst, ist dieser Tipp irrelevant. Ansonsten kannst du bei der Miete viel Geld sparen, indem du in eine billigere Wohnung oder sogar in eine WG ziehst. Denn alleine die Miete ist einer der größten Kostenfaktoren. Ich bin für sechs Monate vor meinem Flug nach Kanada in eine WG gezogen. Ob ein Umzug für dich zeitlich Sinn macht, dass musst du entscheiden.

Tipp 5: Selbst kochen

Vor allem wenn du hungrig bist, ist es sehr verlockend in das nächste Fast Food Restaurant zu gehen. Oder du bist wie ich und brauchst früh deinen Kaffee. Den holt man sich gern "To Go" beim Bäcker. Und weil es so gut schmeckt, gibt es noch ein Brötchen dazu. Gerade beim Essen kannst du eine Menge Geld sparen, wenn du dich selbst darum kümmerst. Koche zu Hause und bereite das Essen rechtzeitig vor. Wenn du schon hungrig bist, wird es viel schwieriger daheim zu kochen. Wenn du weißt wie du tickst, kannst du sogar vorkochen und "Meal Prepping" praktizieren. So sparst du Zeit, denn du musst nicht jeden Tag kochen und es wird günstiger. Damit du nur die Lebensmittel kaufst, die du wirklich brauchst, solltest du immer mit einer Einkaufsliste einkaufen. Vermeide es, hungrig einkaufen zu gehen. Du glaubst nicht, welchen Schrott ich immer kaufe, wenn ich hungrig bin.

Tipp 6: Vermeide Impulskäufe

Geld ist ein emotionales Gut. Wir tätigen Einkäufe aus Emotionen heraus und erklären sie uns mit logischen Gründen. Da du bei deiner Reise nur begrenzt Platz in deinem Rucksack hast, solltest du dich vor jedem Kauf fragen, ob du den Gegenstand auf deinem Work and Travel Abenteuer wirklich brauchst. Nimm dir für teure Einkäufe mindestens 30 Tage Zeit zum Überlegen. Bist du danach noch überzeugt, dann kaufe. Aber bedenke: Alles was du nach Kanada mitnimmst, musst du auch tragen!

Tipp 7: Widerspreche aktiv dem Sparen

Wenn es dir schwer fällt, aktiv Geld zu sparen und dir monatlich etwas auf die Seite zu legen, dann versuche es anders herum. Richte dir einen Dauerauftrag ein, der dir jeden Monatsanfang einen bestimmten Betrag auf ein separates Konto bucht. Dieses Konto wird dein Sparkonto und du rührst es nicht an. Durch den Dauerauftrag musst du nicht aktiv etwas tun, um zu sparen, denn das Geld wird automatisch umgebucht. Allerdings sollte der Betrag so hoch sein, dass du genug Geld für den Monat übrig hast.

Tipp 8: Dinge verkaufen

Work and Travel ist die perfekte Gelegenheit, dein Zimmer oder deine Wohnung auszumisten und dich von den Sachen zu trennen, die du nicht brauchst. Durch den Verkauf einiger deiner Besitztümer kannst du eine kleine Summe zusammensparen. Egal ob deine geliebte Spielekosnsole oder deine Klamotten. Außerdem bereitet dich dies mental auf deine bevorstehende Reise vor.

Tipp 9: Arbeiten

Die beste Möglichkeit um mehr Geld für deine Reise zu haben, ist, mehr zu verdienen. Wenn du zur Schule gehst, kannst du dir einen Nebenjob suchen. Aber auch wenn du Vollzeit arbeitest, kannst du abends oder am Wochenende arbeiten. Das ist zwar anstrengend, aber es ist nur für einen begrenzten Zeitraum. Wenn du ein Ziel vor Augen hast, wirst du dich auch durch diese Zeit kämpfen. Übrigens, wenn du mehr arbeitest hast du weniger Zeit Geld auszugeben. Du gewinnst doppelt.

1.7 | Work and Travel in Kanada als Schweizer und Österreicher

Working Holiday für Österreich

Seit 2018 gibt es das kanadische Working Holiday Visum auch für Österreich. Davor hatten Kanada und Österreich noch kein Working-Holiday-Abkommen. Leider ist die Anzahl noch stark begrenzt. 2020 gab es nur 100 Visa unter der Kategorie Working Holiday für Österreich. Manchen Reiseveranstalter wie AIFS wurde ein Kontingent von 25 Visa bewilligt. Wenn du über diese Organisation ein Working Holiday Programm buchst (teuer), hast du die Möglichkeit, ebenfalls das Working Holiday Visum zu bekommen. Es gibt hier einige Einschränkungen und Voraussetzungen. Lies dir diese am besten bei diesen Reiseveranstaltern genau durch! Ich habe keine Erfahrung mit diesen zusätzlichen Angeboten gemacht. Beim Young Professionals Visum brauchst du bereits vorab einen Arbeitgeber in Kanada und du kannst diesen innerhalb des Jahres nicht wechseln. 2020 gab es unter dieser Kategorie 60 Visa für Österreich. Beim International Co-op (Internship) kannst du als Teil eines Studiums ein Praktikum oder Arbeitserfahrung im Ausland absolvieren. 2020 gab es für diese Kategorie nur 20 Visa für

Österreich.

Working Holiday für die Schweizer

Ein Work and Travel in Kanada mit dem Working Holiday Visum ist für Schweizer leider noch nicht möglich. Dies liegt daran, dass Kanada und die Schweiz noch kein Working-Holiday-Abkommen haben. Wenn du als Schweizer trotzdem nach Kanada willst, gibt es die Möglichkeit entweder an einer der beiden anderen Kategorien des IEC (International Experience Canada) Programms teilzunehmen, Young Professionals oder International Co-op (Internship). Beim Young Professionals Visum brauchst du bereits vorab einen Arbeitgeber in Kanada und du kannst den Arbeitgeber innerhalb des Jahres nicht wechseln. 2020 gab es unter dieser Kategorie 200 Visa für die Schweiz. Beim International Co-op (Internship) kannst als Teil eines Studiums ein Praktikum oder Arbeitserfahrung im Ausland machen. 2020 gab es für diese Kategorie nur 50 Visa.

1.8 | Alternativen zum Working Holiday

Auslandspraktika und Freiwilligenarbeit

Die Tatsache, dass du kein Working Holiday Visum beantragen kannst, ist kein Grund, deine Pläne vom Reisen und Arbeiten in Kanada auf Eis zu legen. Es gibt weitere Möglichkeiten: Auslandspraktika oder Freiwilligenarbeit. Für diese beiden Tätigkeiten benötigst du in den meisten Fällen auch ein Visum, jedoch handelt es sich dabei um andere Visa-Typen als das Working Holiday Visum.

Wwoofing

Eine weitere Alternative ist das sogenannte "*Wwoofing*". Wwoofing wird abgeleitet von WWOOF, was für "*World Wide Opportunities on Organic Farms*" steht. Dieses Programm ermöglicht dir auf einer Farm zu leben und dort gegen Kost und Logis ein paar Stunden am Tag bei der täglichen Arbeit anzupacken. Hierzu musst du dich auf der Webseite wwoof.ca registrieren. Als "Wwoofer" hast du somit die Möglichkeit, alle Ecken in Kanada ausgiebig zu erkunden, während du in der Land- oder Viehwirtschaft oder auch beim Obstanbau hilfst. Authentischer wirst du Kanada kaum kennenlernen können.

Touristenvisum

Du hast immer die Möglichkeit mit einem Touristenvisum nach Kanada einzureisen.

Hierzu brauchst du die eTA (elektronische Einreisegenehmigung), und an der Grenze bekommst du einen Stempel in deinen Pass und darfst dich bis zu sechs Monate in Kanada aufhalten. Hierbei gilt das Datum, welches im Stempel hinterlegt ist. Ist kein Datum eingetragen, dann gelten die sechs Monate ab dem Tag der Einreise. Wenn du es vorher online beantragst, kannst du das Touristenvisum sogar bis zu ein Jahr erhalten. Es kostet CAD 100, aber du musst dich nicht weiter um eine Verlängerung des Visums kümmern, falls du länger als sechs Monate in Kanada bleiben willst. Mit dem Touristenvisum darfst du nicht offiziell arbeiten, kannst aber Freiwilligenarbeit und Wwoofing im begrenzten Rahmen machen.

Um am Wwoofing teilnehmen zu können, muss man in Kanada zunächst grundsätzlich ein Working Holiday Visum oder ein Arbeitsvisum besitzen. Während in Australien beispielsweise das Wwoofen als Freiwilligenarbeit angesehen wird, ist das in Kanada anders. Kanada unterscheidet in kommerzielle und nichtkommerzielle Wwoofing Farmen. Die Arbeit auf nichtkommerziellen Wwoofing Farmen, das sind ca. 80 Prozent aller Wwoofing Farmen, fällt offiziell in die Kategorie „Freiwilligenarbeit" und ist somit auch ohne Working Holiday Visum erlaubt. Für alle anderen Wwoofing Farmen benötigst du ein WHV. Wenn du dir vor der Wahl der Farm nicht sicher bist, frage bei der gewünschten Farm nach. Mehr Informationen zum Thema Wwoofing und eine genauere Unterscheidung zwischen kommerziellen und nichtkommerziellen Farmen findest du im Kapitel 6 "Farm".

Arbeitsvisum

Du hast außerdem die Möglichkeit, dich für ein reguläres Arbeitsvisum zu bewerben. Hierbei bietet Kanada unterschiedliche Möglichkeiten, ein Arbeitsvisum zu erhalten. Wenn du einen Studienabschluss hast, kannst du über das Skilled Worker Program in Kombination mit einem Arbeitgeber ein Arbeitsvisum bekommen. Über das Provincial Nominee Program fördert Kanada den Zuwachs der Bevölkerung in bestimmten Regionen. Es gibt eine Vielzahl von verschiedenen Möglichkeiten, um an ein Arbeitsvisum zu kommen. Schau dir hierzu am besten die offizielle Webseite der Einwanderungsbehörde in Kanada an: www.canada.ca. Der Nachteil dieser Möglichkeiten ist ein höherer Aufwand; es dauert in der Regel länger als ein Working Holiday Visum. Von Vorteil ist dagegen, dass dies der erste Schritt sein könnte, falls du nach Kanada auswandern möchtest.

Sabbatjahr

Bei einem Sabbatjahr bleibst du bei deinem Arbeitgeber angestellt und erhältst während deiner Zeit im Ausland weiter deinen Lohn. Üblicherweise verzichtest du ein bis zwei Jahre vor der Auslandszeit auf einen Teil deines Gehalts. Dieser Betrag wird dir während deines Sabbatjahres ausgezahlt. Das klingt auf den ersten Blick interessant, und es hat auch ein paar Vorteile:

- Du erhältst weiter ein Einkommen, auch im Ausland.
- Du zahlst weiter in die Renten- und Sozialversicherung ein.
- Deine monatliche Steuerbelastung sinkt, da du einen geringeres Gehalt bekommst.

Normalerweise entscheidet man sich für ein Sabbatjahr wegen der Sicherheit. Du willst deinen Job nicht verlieren, und wenn du bereits zu alt bist, um ein Working Holiday Visum zu bekommen. Das WHV in Kanada kannst du bis einschließlich 35 Jahre beantragen.

Work and Travel in Europa

Alternativ hast du die Möglichkeit, woanders Work and Travel zu unternehmen. Wenn du dich zum Beispiel für Work and Travel innerhalb der Europäischen Union interessierst, genügt es, einen gültigen Reisepass oder eine Identitätskarte zu haben.

1.9 | Au Pair

Eine weitere Alternative zum klassischen Work and Travel ist das Au Pair. Als Au Pair in Kanada lebst du in einer Gastfamilie und unterstützt sie bei der Kinderbetreuung sowie leichten Hausarbeiten. Du kannst als Au Pair die Kultur des Landes kennenlernen, indem du als neues Mitglied in eine Gastfamilie aufgenommen wirst und viele schöne Momente mit ihnen teilst. Der Vorteil von Au Pair ist die enorme Tiefe, in die du in die kanadische Kultur eintauchst. Um einen Au Pair Platz zu bekommen, kannst du entweder über Organisationen an einem Au Pair Programm teilnehmen oder dir selbst die Familie suchen. Mittlerweile werden Au Pair sogar über Facebook Gruppen gesucht. Für das Au Pair in Kanada benötigst du das Working Holiday Visum. Im Rahmen des Visums kannst du dich insgesamt zwölf Monate in Kanada aufhalten.

Wichtig
Für Kanada gibt es kein spezielles Visum für Au Pair. Es ist dasselbe Visum wie für das Work and Travel.   **Tipp**: Falls du dich für die USA interessierst, hast du mit dem den J1 und J2 Visa die Möglichkeit Au Pair zu machen. Leider gibt es für die USA kein Work and Travel Visum

Kapitel 2 | Kanada Allgemein

Spirit Island im Maligne Lake (Jasper-Nationalpark, Alberta)

2.1 | Warum Kanada?

Die Landschaft und Natur

Kanada ist das zweitgrößte Land der Erde und hat nur 37,5 Millionen Einwohner (Stand 2019). Zum Vergleich, Deutschland hat 83 Millionen Einwohner (Stand 2019). Kaum ein anderes Land hat so viel unberührte Natur. Auf dem Weg in Richtung Alaska sah ich eine Bärenfamilie an der Leitplanke spielen. Ich holte meine Karte, raus um zu sehen, wo wir sind (Hwy 97). In diesem Moment wurden mir die enormen Entfernungen erst richtig bewusst. Egal in welche Richtung ich zeigte, es waren immer etwa 500 km bis zur nächsten Zivilisation. Kanada begeistert mit einer atemberaubenden Landschaft, unglaublich schönen Skigebieten und einer Menge Möglichkeiten für viele Outdoor Aktivitäten. Du findest alles, was dein Naturherz höher schlagen lässt. Meine persönlichen Highlights sind der Jasper Nationalpark und die kanadischen Rocky Mountains.

Die Kanadier

Kanadier sind einfach andere Menschen. Du wirst du merken, wie freundlich und hilfsbereit sie sind. Rempelst du im Supermarkt jemanden an, wird sich der andere bei dir entschuldigen. Wenn du den Bus verlässt, bedankst du dich beim Busfahrer. Wovon wir uns in Deutschland eine Scheibe abschneiden könnten, ist das Anstellen an Kassen im Supermarkt oder dem Bus: wird eine neue Kasse aufgemacht, werden die Leute zuerst bedient, die schon am längsten gewartet haben. Das Einsteigen in den Bus geht ordentlich und gesittet ab. Fairerweise ist Kanada hier nicht allein. Auch in Australien, Neuseeland, Malaysia, Indonesien und Thailand habe ich das ordentliche Einsteigen erlebt. Nur in Deutschland scheint man nicht selten den Anstand verloren zu haben. In Kanada spielt es außerdem keine Rolle, woher du kommst. Schon nach drei Monaten wirst du als Kanadier akzeptiert. Wenn du dich einmal an die kanadische Kultur gewöhnt hast, wird es dir schwerfallen diese wieder abzulegen.

Ab in die USA

Road Trip durch die USA

Für mich ist der Nachbar die USA eines der Hauptgründe, weshalb ich mich für Kanada entschied. Die USA haben kein klassisches Working Holiday Visum. Wenn du aber trotzdem Zeit in den USA verbringen willst, dann kannst du das problemlos von Kanada aus tun. Die USA bieten viele schöne Nationalparks. Ich empfehle dir einen Road Trip entlang der Westküste.

Englische Sprache

Meiner Meinung nach sprechen die Kanadier ein sehr gutes Englisch. Nicht so vom Slang geprägt wie in den USA. Außerdem sind die Working Holiday Visa pro Jahr auf 5.000 Stück für Deutschland begrenzt. Du wirst also nicht viele Deutsche treffen, wie es in Australien oder Neuseeland der Fall ist. Ob das nun ein Vorteil oder Nachteil ist, liegt an dir. Kanada bietet dir eine Menge Möglichkeiten, deine Englischkenntnisse aufzubessern. Ob du einen Sprachkurs machen solltest, das erfährst du im Kapitel 3: Sprachkurs.

2.2 | Meine TOP 10 Highlights von Kanada

Moraine Lake in den Rocky Mountains (Banff-Nationalpark, Alberta)

Top 1: Banff National Park

Der Banff National Park liegt im Herzen der Rocky Mountains in der Provinz Alberta. Der 1885 gegründete Nationalpark ist der älteste seiner Art. Er beeindruckt mit einer Vielzahl von Naturerlebnissen, darunter türkisgrünen Seen, schneebedeckten Gipfeln und Gletschern. Außerdem beherbergt er über 53 Säugetierarten, von denen Elche und Grizzlybären die beeindruckendsten sind. Zu den Juwelen des Parks zählen der Lake Louise und der Moraine Lake, in deren grüntürkisfarbenem Wasser sich die umliegenden Berge spiegeln. Als Besucher kann man problemlos auf den Pfaden um die Ufer wandern. Der Moraine Lake zählt zu den meist fotografierten Motiven Kanadas. Er schaffte es sogar auf die Zwanzigdollarnote.

Die smaragdgrüne Farbe wird durch Gesteinsmehl erzeugt, welches durch das Schmelzwasser aus den umliegenden Gletschern in die Seen getragen wird. Sobald es sich in stehendem Gewässer befindet, reflektiert es die blaugrünen Anteile des Lichts. Am südlichen Ende des Parks befindet sich die schöne Kleinstadt Banff, die alle Arten von Unterkünften, Einkaufsmöglichkeiten und Restaurants bietet. Im Winter ist Banff ein wichtiger Wintersportplatz und beherbergt zwei der bedeutendsten Skiregionen Kanadas:

- Lake Louise Ski Resort
- Sunshine Village.

Top 2: Jasper National Park und Icefields Parkwy

Ohne den Jasper National Park ist eine Reise zu den kanadischen Rockies nicht komplett. Meine zweite Empfehlung schließt gleich an die Tour durch den Banff National Park an. Der berühmte Highway 93 Richtung Norden durch den Icefields Parkway gehört zu den schönsten Routen der Welt. Die 232 km lange Strecke führt dich an über hundert uralten Gletschern, Wasserfällen und türkisfarbenen Seen vorbei. Der Jasper National Park wurde 1907 als sechster kanadischer Nationalpark gegründet und gehört zu den größten Naturreservaten in den Rocky Mountains. Hier lohnt es sich Zeit mitzubringen und zum Wandern aufzubrechen.

Mit etwas Glück kannst du ein Trio Jungbären zusammen mit ihrer Mutter sehen. Ein Anblick, der hier nicht selten ist. Eines der spektakulärsten Highlights ist das Columbia Icefield. Der Gletscher befindet sich direkt neben dem Highway und ist zu Fuß erreichbar. Einfacher kann man einen Gletscher nicht besichtigen. Die jährlich über zwei Millionen Besucher können sich nicht irren. Der Jasper National Park gehört zu den schönsten Orten in Kanada.

Top 3: Vancouver und Vancouver Island

Vancouver liegt in der Provinz British Columbia an der Westküste und gehört zu den schönsten Städten der Welt. Die Perle am Pazifik, wie Vancouver gerne genannt wird, ist die drittgrößte Metropolregion Kanadas. Benannt wurde die Stadt nach dem britischen

Kapitän George Vancouver, der 1792 das Gebiet um Vancouver und Vancouver Island erforschte. Typisch für kanadische Städte, erscheint das Stadtbild im Einklang mit der Natur. Im Norden von Downtown befindet sich der berühmte Stanley Park, der mit 400 Hektar der größte Stadtpark Kanadas ist. Das entspricht der Größe von ganz Downtown. Vancouver ist auch das Zentrum für viele Traveler und Backpacker. Der Winter ist milder als im Rest von Kanada und es ist einfacher einen Job zu bekommen. Von hier kann man außerdem in viele verschiedene Abenteuer starten. Vancouver ist das Portal zur Wildnis. Nach Los Angeles und New York gehört die Stadt zu den wichtigsten Standorten der nordamerikanischen Filmindustrie und hat daher auch den Beinamen Hollywood North erhalten. Wenn man von Vancouver Richtung Norden auf dem Sea to Sky Highway 99 fährt, gelangt man nach Whistler, einem der größten Skigebiete Nordamerikas. Wer hier über die Wintermonate einen Job haben will, muss sich schon rechtzeitig darauf bewerben.

Mein persönliches Highlight ist Vancouver Island. Die Insel hat mich mit ihrer unfassbaren Schönheit verzaubert. Sie ist dünn besiedelt und liegt vor der Küste Vancouvers. Die Insel ist ein wahres Paradies für Naturliebhaber. Sie besitzt eines der vielfältigsten Ökosysteme der Welt: Regenwälder, Sümpfe, Wiesen, Strände, Berge, Ozeane, Flüsse und Seen schaffen Lebensräume für viele Tierarten. Von Tofino, einem idyllischem Fischerdorf, lassen sich verschiedene Aktivitäten starten, wie zum Beispiel Walbeobachtungen auf dem Meer. Außerdem verläuft auf der Insel auch der West-Coast-Trail von Port Renfrew nach Bamfield, einer der berühmtesten Trails überhaupt. Dazu später mehr. Die Schönheit und die Ruhe dieser Region ist seit Langem ein Magnet für Künstler und Handwerker. Kunstgalerien, Studios und Läden verkaufen hier einzigartige Kunstwerke. Vor allem Victoria, die Hauptstadt von British Columbia, ist ein schöner Kontrast zu dem hektischen Stadtleben Vancouvers.

Top 4: West Cost Trail

Der West Cost Trail an der Westseite von Vancouver Island ist so beeindruckend, dass er in der Liste der Highlights gesondert zu erwähnen ist. Der insgesamt 75 km lange, wilde Trail ist in einer sechstägigen Wanderung zu schaffen. Es gibt keinen Mobilempfang oder Kontakt zur Zivilisation. Der Trail führt entlang der unglaublich schönen Küste und Wälder. Dieser Trail ist nichts für Anfänger und du solltest wissen, was du tust. Du musst Flüsse, Seilbahnen und über hundert Leitern überqueren. Diese Wanderung ist ein intensives Erlebnis in der Natur und dafür solltest du gut vorbereitet sein und das richtige Equipment besitzen. Leider gibt es eine hohe Park- und Weggebühr (Overnight Use Permit). Mehr Infos findest du auf der Webseite von Parks Canada: Pacific Rim National Park Reserve.

Top 5: Niagara Falls

Die Niagara Fälle sind Kanadas berühmtestes Naturschauspiel. Um sie zu bewundern, kommen jedes Jahr Millionen von Besuchern in das Land. Sie befinden sich an der Grenze zur USA und nur knapp eine Autostunde von Toronto entfernt. Das Wasser stürzt hier etwa 57 Meter in die Tiefe. Die Besucher können dies hautnah vom Rand aus beobachten oder mit dem Boot direkt an die Fälle fahren. Es ist sogar möglich, durch einen Tunnel direkt hinter die Wasserfälle zu gelangen. In den letzten zwei Jahrhunderten versuchten zahlreiche Menschen, mit verschiedenen hausgemachten Booten und Fässern, die Fälle hinabzustürzen. Dies führte in der angrenzenden Stadt Niagara Falls, zu einem karnevalähnlichen Fest, welches noch heute gefeiert wird.

Top 6: Northern Lights

Ein Spektakel, das du mindestens einmal in deinem Leben gesehen haben musst. Nur in sehr weit nördlichen Regionen lassen sich die sogenannten Aurora Borealis (Northern Lights oder Polarlichter) beobachten. Orte im Nirgendwo, wie die Prärie Saskatchewans oder die Küste Labradors bis hin zu seinen arktischen Dörfern, mögen tagsüber langweilig erscheinen, doch in der Nacht findet die Show statt. Vorhänge in Grün, Gelb, Aqua, Violett und anderen polychromatischen Farbtönen erhellen den dunklen Himmel. Die Formen flackern und tanzen und ziehen den Himmel in ihren Bann.

Tipp
Besorg dir die App **My Aurora Forecast & Alerts**, mit der du voraussagen siehst, wann und wo du Polarlichter sehen kannst.

Top 7: Indian Summer

Im Herbst verwandelt sich der Osten Kanadas zum schönsten Gemälde der Welt; ganz nach dem Motto "Kanada brennt in allen Farben". In allen Herbstfarben erstrahlt fast das gesamte Land, was nicht verwundert, da Kanada zur Hälfte mit Wald bedeckt ist. Besonders schön und in allen Orangefarben zeigen sich die Laurentian Mountains von Québec. Bedeckt mit den Zuckerahornbäumen, aus denen der berühmte Mapel Syrup hergestellt wird. Cape Breton und Nova Scotia strahlen so schön, dass sie sogar ein Fest, The Celtic Colours, Mitte Oktober zu Ehren des Laubwerks veranstalten. Auch Fundy Coast in New Brunswick und das Gebiet der Muskoka Lakes in Ontario ziehen Fotografen in dieser Jahreszeit an.

Top 8: Toronto und CN Tower

Toronto ist die größte Stadt Kanadas. Sie befindet sich am Ontariosee (Lake Ontario) und zieht jedes Jahr Millionen von Touristen an. Gerade im Osten ist Toronto ein beliebter Startpunkt für viele Work and Traveler. Für Adrenalinjunkies sollte der CN Tower nicht fehlen. Auf einer Höhe von 353 Metern kannst du hier einen 360 Grad Spaziergang im Freien machen. Gesichert wirst du durch ein Klettergeschirr und ein Drahtseil. Wer mutig ist, lehnt sich hier über die einen Meter breite, geländerlose Plattform. Der Edge Walk ist der weltweit höchste freihändige Panorama-Spaziergang seiner Art und der CN Tower an sich eines der größten Gebäude der Welt. Außerdem gibt es etwa auf der gleichen Höhe wie der Edge Walk ein 360 Grad Restaurant, von welchem aus du in sicherer Umgebung einen tollen Ausblick über die Stadt hast. Allerdings ist das Restaurant nicht gerade preiswert. In der Nacht wird der Turm in verschiedenen Farben beleuchtet und bietet ein tolles Fotomotiv.

Top 9: Bay of Fundy

Die Bay of Fundy ist keine gewöhnliche Bucht, obwohl sie von Leuchttürmen, Fischerdörfern und anderen maritimen Kulissen umgeben ist. Die Geographie der Bay führt zu den extremsten Gezeiten der Welt. Diese sorgen für eine Menge Nahrung für Wale. Finnwale, Buckelwale, vom Aussterben bedrohte nordatlantische Glattwale und Blauwale schwimmen und ernähren sich hier. Damit ist die Bay of Fundy eines der besten und einzigartigsten Whalewatching Plätze auf der ganzen Welt.

Top 10: Cape Breton Highlands National Park (Nova Scotia)
Der Cape Breton Highlands Nationalpark liegt in der Provinz Nova Scotia auf der Insel Cape Breton. Der Park zeichnet sich durch tiefe Wälder, weiße lange Sandstrände und eine atemberaubende Küste aus und bietet eine Vielzahl an Outdoor Aktivitäten. Vor allem im Herbst, wenn die Zeit des Indian Summer beginnt und sich die Blätter bunt färben, zeigt sich Cape Breton von seiner schönsten Seite. Auch für einen Roadtrip ist der Nationalpark perfekt, denn der sogenannte Carbot Trail, eine ca. 300 km lange Straße, führt dich vorbei an den schönsten Aussichtspunkten und Attraktionen. Hier liegt auch der Skyline Trail, ein etwa zwei- bis dreistündiger Hike. Er verläuft direkt an der Küste und bietet atemberaubende Blicke über den Ozean und Sonnenuntergänge.

2.3 | 9 Dinge, die in Kanada besser sind als im Rest der Welt!

Wer würde nicht großartiges vom zweitgrößten Land der Welt erwarten? Kanada besitzt genügend Wohlstand, Naturschönheiten und Ahorn Sirup Reserven, um damit einer Bevölkerung zu dienen, die hundert Mal so groß wäre. Aber Kanada ist mehr als viel Platz, gute Straßen, angesehene Banken, Werbeposter von Mounties (die lokalen Polizisten zu Pferd) und atemberaubende Ausblicke auf die Niagarafälle. Kanada gehört zu den Ländern der Welt mit den besten Ausbildungsmöglichkeiten. Dieses Land könnte mit allem prahlen, was es wirklich auszeichnet. Doch selbstbewusste Bescheidenheit ist eine der bezauberndsten kanadischen Tugenden.

1. Entschuldigen

Es ist nicht einfach, in den meisten Teilen der Welt, eine einfache Entschuldigung zu bekommen. In Indien gestoßen werden, in Griechenland den Fuß treten lassen. In Kanada kommt es ständig zu Entschuldigungen. "Sorry", die von allen Seiten herumfliegen wie Schwärme von Killerbienen. Dabei entschuldigt man sich sogar, wenn derjenige nicht schuld war. Eine Umfrage der Queen's University mit dem Titel "Sorry … I'm Canadian" ergab, dass sich 90 Prozent der Kanadier im Alter von 18 bis 25 Jahren sofort entschuldigen, wenn ein Fremder ihn anrempelt.

2. Haus am See

Kanada hat mehr Seen als jedes andere Land. Rund drei Millionen sind es. Allein in der Provinz Ontario befindet sich etwa ein Drittel des gesamten Süßwassers der Welt, verteilt auf 250.000 Seen. Es überrascht nicht, dass "heading up to the lake" mehr als nur ein beliebter nationaler Ausdruck ist. Es ist ein Ritual für die Seele Zeit in den „Cottages" – Häusern am See zu verbringen. Ein hervorragendes Reiseziel ist die Region Muskoka in Ontario. Dieser erstklassige Seebezirk ist ein Traum im Sommer.

3. Ein Besuch berühmter Filmschauplätze

Selbst wenn du noch nie in Vancouver, Halifax oder der Handvoll Städte dazwischen warst, hast du sie bereits oft gesehen, ohne es zu wissen. Warum? Vor allem Vancouver wird an der Westküste auch als Hollywood des Nordens bezeichnet. Unmengen an Filmen und TV-Serien werden hier jedes Jahr gedreht. Das liegt unter anderem an zwei Gründen. Erstens ist der kanadische Dollar im Vergleich zum amerikanischen schwächer. Es ist günstiger die Arbeit nach Kanada zu verlegen. Zweitens bietet Kanada Zugang zu vielen verschiedenen Schauplätzen, die in der Form in Los Angeles nicht vorzufinden sind.

- In **„The Revenant"** überquert Leonardo DiCaprio die atemberaubende Landschaft von Fortress Mountain in Alberta.
- **"Twilight"** Fans werden auch liebevoll „Twihards" genannt, wenn sie in Vancouver die Drehorte abfahren.
- Wenn du "The Incredible Hulk" gesehen hast, hast du auch die Yonge Street in Toronto besucht.
- **"Brokeback Mountain"** - Das ist nicht der amerikanische Westen. Es ist das

felsige Gebirgsland im Süden von Alberta.
- **"Die Eisprinzen"** Montreal – Musst du einfach gesehen haben!
- **"Titanic"** - Ein Großteil davon wurde vor der Küste von Halifax gedreht.

Info
Filme, produziert in Vancouver: Deadpool 1&2, Man of Steel, Fifty Shades of Grey, X-Men Origins: Wolverine, Final Destination… – Eine ausführlichere Auflistung findest du auf Wikipedia. **TV-Serien, produziert in Vancouver**: Supernatural, Super Girl, Continuum, Star Gate, Eureka, Lost in Space… – Eine ausführlichere Auflistung findest du auf Wikipedia.

4. Luft

Kanada überzeugt nicht nur durch die gigantische Vielfalt der Natur. Kanada wird auch zu den lebenswertesten Ländern der Welt gezählt. Die Luftqualität ist hier höher als in den meisten Ländern unseres Planeten.

5. Humor

Kanadier sind komisch. Manchmal sogar absichtlich. Unverhältnismäßig viele Komödienschauspieler wie Jim Carrey, John Candy, Eugene Levy, Catherine O'Hara, Dan Aykroyd, Seth Rogen, Mike Myers, Phil Hartman, Michael Cera, Leslie Nielsen und viele andere haben dies im Laufe der Jahre bestätigt.

Was macht Kanadier so witzig? Das Thema haben sogar soziologische Studien ins Leben gerufen. Leider ist von diesen keine lustig. Das „Just for Laughs Festival" in Montreal ist das größte Comedy - Festival der Welt. Wenn es eine Sache gibt, die Kanadier zu Hause oder im Ausland können, dann ist es, aus jeder Situation zu lachen.

6. Schokolade

Es gibt ein paar Großkonzerne, die die meisten Schokoriegel der Welt produzieren. Aber nicht immer mit dem gleichen Rezept. Kanadische Schokolade hat einen höheren Fettgehalt und eine höhere Partikelgröße, habe ich in einem Artikel über der National Post gelesen. Hershey (Süßwarenproduzent aus den USA) besitzt sogar ein separates Rezept für den anspruchsvollen kanadischen Schokoladengaumen.

7. Skifahren

An der Grenze der Skigebiete von Colorado, Utah, Wyoming und Vermont zu liegen, wäre für die meisten anderen Länder der Welt einschüchternd. Nicht für Kanada. Es bietet die besten Ski- und Snowboardgebiete der Welt. Im Westen gibt es den Lake Louise, der direkt im wunderschönen Banff National Park liegt. Dort findest du einen regelrechten Ring von Pisten, die den gesamten östlichen Bereich von British Columbia entlang liegen. Whistler Blackcomb ist eines der weltweit führenden Skigebiete und wurde vom SKI Magazin mit dem Titel "Best in North America" ausgezeichnet. Im Osten gibt es Quebecs Bierlokale – wo Après-Ski keine Übersetzung braucht. Beim „Heli-Skiing" wirst du mit einem Helikopter zu einem Gipfel geflogen. Das begann in den kanadischen Bugaboos, welche immer noch zu den besten Orten gehört, das auszuprobieren. In Kapitel 6 Ski-Gebiet findest du mehr Infos, wie du an einen Job im Skigebiet kommst.

8. Nation Branding

Kein nationales Symbol ist so allgegenwärtig wie das kanadische Ahornblatt. Von Neufundland bis Victoria ist es überall zu entdecken, wo du hinschaust. Eine stolze, unnachgiebige Erinnerung daran, wo du dich befindest. Nicht die Vereinigten Staaten. Nicht Australien. Nicht Nigeria. Kanada! Die obsessivste Blattaktivität findet im Ausland statt, wo Generationen von kanadischen Rucksacktouristen die Flaggen tragen. Sie nähen sogar Ahornblatt-Aufnäher an ihre Tasche, um sicherzustellen, dass alle auf einen Blick wissen, woher sie kommen. Nicht amerikanisch. Nicht deutsch. Nicht französisch. Kanadisch! Siehst du das Blatt? Kanadisch.

9. Autobahnessen

Bei Road Trips dreht sich alles ums Essen. Zumindest an Orten wie Alberta oder Manitoba, an denen nichts mehr Appetit erzeugt als stundenlanges Sitzen. Die längsten, geraden Straßen, die du dir vorstellen kannst. Du tust nichts anderes als Petro-Canada Tankstellen zu zählen und Zwischenstopps an Rastplätzen mit dem besten Komfortessen zu erhalten. Tim Hortons. Harvey's. Swiss Chalet … Wenn dir diese Namen nicht sagen, dann ist es Zeit, über den Tellerrand zu schauen und nach Kanada zu reisen. Nichts schmeckt besser auf dem Trans-Canada Highway als ein Peameal (Kassler) und natürlich geräucherter Bacon Speck Burger oder ein halbes Hähnchen mit Schweizer Chalet-Sauce oder eine Schachtel Timbits mit einem doppelten Espresso. Vergiss nicht auch einen Butterkuchen und die Nanaimo-Bar auszuprobieren. Es ist ein langer Weg von Red Deer nach Flin Flon.

2.4 | Informationen über Kanada

Übersicht Kanada	
Hauptstadt: Ottawa	
Einwohner: 37,59 Millionen (2019)	
Fläche: 9.984.670 km²	
Sprache: Englisch, Französisch	
Staatsform: Parlamentarische Monarchie	
Regierungssystem: Parlamentarische Demokratie	
Währung: Kanadischer Dollar (CAD)	
Kfz-Kennzeichen: CDN	
Zeitzone: UTC-3:30 bis UTC-8	

Kanada ist ein nordamerikanisches Land, das im Süden an die USA grenzt und im Norden bis über den Polarkreis reicht. Zu den größten Städten gehören neben der Metropole Toronto das Filmzentrum Vancouver an der Westküste, die französischsprachigen Städte Montreal und Quebec City und die Hauptstadt Ottawa. Daneben besitzt Kanada ausgedehnte Wildnisregionen, etwa den für seine zahlreichen Seen bekannten Nationalpark Banff in den Rocky Mountains. Eine weitere Hauptsehenswürdigkeit sind die Niagarafälle an der Grenze zu den USA.

Adressen der Botschaft
Botschaft von Kanada in Deutschland
Leipziger Platz 17

10117 Berlin
Tel.: 030-20 31 20
berlin-pa@international.gc.ca
www.kanada-info.de

Deutsche Botschaft in Kanada
1 Waverley Street
Ottawa, Ontario, K2P 0T8
Tel.: + 1 613 232 1101
www.ottawa.diplo.de
www.kanada.diplo.de

Generalkonsulat Vancouver
Suite 704 – World Trade Centre
999 Canada Place Vancouver,
B.C. V6C 3E1
Tel. : + 1 604 684 8377
Öffnungszeiten: Mo-Fr 9-12 Uhr
www.vancouver.diplo.de

Provinzen und Zeitzonen

Kanada besteht aus zehn Provinzen (British Columbia, Alberta, Manitoba, Neufundland & Labrador, New Brunswick, Nova Scotia, Ontario, Prince Edward Island, Québec und Saskatchewan) und drei Territorien (Nunavut, Yukon, und die Nordwest Territorien). Außerdem ist das Land in sechs verschiedene Zeitzonen eingeteilt.

Klima

Aufgrund der Größe findest du in Kanada verschiedene Klimazonen, und die Durchschnittstemperatur kann im Winter auf bis zu -30 Grad fallen. Dafür wird es im Sommer gerne bis zu 30 Grad warm. Allerdings gibt es auch Ausnahmen. Durch die Einflüsse des Pazifiks ist die Westküste um Vancouver herum im Winter relativ mild. Hier fallen die Temperaturen selten unter den Gefrierpunkt. Dafür ist der Winter im Rest des Landes kalt und mit Schnee bedeckt. In Gebieten, wie den Rocky Mountains, beginnt der Sommer dafür etwas später. Seen, wie der berühmte Lake Louise, tauen erst im Juni auf. Aber auch der Frühling und der Herbst sind in Kanada ein echtes Erlebnis. So findet zum Beispiel im Herbst der Indian Summer statt. Das ist eine Periode kurz vor dem Winter, die sich oft durch schönes Wetter und milde Temperaturen auszeichnet. Das Hauptmerkmal sind die wunderschön gefärbten Blätter der Bäume, die zu dieser Zeit in allen möglichen

Rot-, Orange- und Gelbtönen leuchten. Der Indian Summer kann in ganz Kanada betrachtet werden, ist aber in den östlichen Provinzen am spektakulärsten.

Entfernungen

Aus Deutschland bist du es gewohnt, dass alle paar Minuten ein neues Dorf kommt. Das ist in Kanada anders. Hier sind die Entfernungen groß, sodass du von einer Großstadt zur nächsten einen Tag Fahrzeit einplanen musst. Von Vancouver nach Calgary sind es um die 10 bis 12 Stunden Fahrt. Diese großen Entfernungen zwischen den Reisezielen werden oft unterschätzt, vor allem weil in Kanada auch noch eine Geschwindigkeitsbegrenzung von 100 - 120 km/h auf den Highways besteht. Um dir ein besseres Gefühl für die Entfernungen zu geben: Prince George ist die letzte Großstadt im Norden von British Columbia, bevor man in den Yukon kommt. Bis nach Whitehorse, der Hauptstadt vom Yukon, sind es circa 1.700 km. Wir sind jeden Tag zwischen 400 - 500 km (etwa sechs bis sieben Stunden Fahrt täglich) gefahren und haben vier Tage für die Strecke gebraucht. Es kommt zwar alle 500 km ein Dorf, aber ansonsten ist dort außer meilenweit reichender Natur nichts. Bewegst du dich durch das Landesinnere, hast du teilweise kilometerweite gerade Strecken. So gibt es einen Witz, nach dem du in Saskatchewan deinen Hund noch nach zwei Tagen sehen kannst, wenn er weggelaufen ist. Die Entfernungen in Kanada sind groß, aber dafür gibt es viel zu sehen, und so wird auch eine lange Fahrt zu einem echten Erlebnis.

Währung

Die Währung ist der kanadische Dollar, umgangssprachlich auch "Buck" genannt. Die kanadische Ein-Dollar-Münze wird liebevoll "Loonie" genannt und die Zwei-Dollar-Münze "Toonie". Seit ein paar Jahren gibt es in Kanada keine 1- und 2-Cent-Stücke mehr und beim Bezahlen wird alles automatisch auf- oder abgerundet. Bargeld wird zwar in Kanada überall akzeptiert, allerdings ist es Mode, mit der Debit- oder Kreditkarte zu zahlen. Selbst für den Kaffee beim Starbucks benutzt man das kleine Stück Plastik. Den aktuellen Wechselkurs von Euro zu CAD (kanadischer Dollar) kannst du dir online anzeigen lassen.

2.5 | Die kanadische Kultur und Lebensweise

Es ist schwierig, eine kanadische Kultur zu definieren, da das Land nicht um eine ethnische Gruppe gebildet ist. Von Anfang an konkurrierten in Kanada zwei europäische Kulturen miteinander: die britische und die französische. Hinzu kommen weitere Kulturen, wie die Kulturen der First Nations oder der Inuits und natürlich die Einwanderer aus verschiedenen anderen Ländern. Trotzdem gibt es einige Merkmale, die Kanada gemeinsam vereinen, wie die Leidenschaft zum Hockey, die Abneigung gegenüber den USA und das allgemein herrschende positive Lebensgefühl.

Freundlichkeit und Höflichkeit

Die Kanadier sind ein sehr zuvorkommendes Volk und immer bereit zu helfen. Betrittst du einen Laden, wirst du mit einem freundlichen "Hi, how are you?" begrüßt. Auch wenn das eher als eine höfliche Floskel betrachtet wird und du nicht darauf antworten musst, ist es ein schönes Gefühl, so herzlich begrüßt zu werden. Auch in Warteschlangen sind die Kanadier ein Vorbild. Egal ob an Bushaltestellen oder in Supermärkten, jeder stellt sich brav hintereinander an. Übrigens wird dir in Kanada dein Einkauf von dem Kassierer eingepackt. Kanadier entschuldigen sich für alles. Sogar wenn es gar nicht ihre Schuld war. Trotzdem bekommst du von ihnen ein "Sorry" zu hören. Das ist auf der einen Seite witzig, und es gibt auch viele YouTube Videos, in denen Kanadier damit veralbert werden. Aber ich finde, das macht sie nur umso liebenswerter. Auch sind die Kanadier sehr offen Fremden gegenüber und gerne zu einer Plauderei bereit. Mir ist es oft passiert, dass ich angesprochen wurde und nette Gespräche entstanden sind.

Entspanntheit und Lebensqualität

Kanada verfügt über eine sehr hohe Lebensqualität. Man merkt es sogar bei der Arbeit. Es gilt zwar auch eine 40 Stunden Woche. Außerdem hat man nur etwa zwei Wochen Urlaub im Jahr. Trotzdem fühlt sich die Arbeit anders an, als in Deutschland. Die Arbeitsatmosphäre ist viel entspannter. Ich wurde schon oft von Kanadiern gefragt, ob wir in Deutschland so etwas wie ein Leben hätten, oder ob wir nur arbeiten. Ein weiterer Unterschied ist, dass man in Kanada immer gratis Leitungswasser bekommt, egal ob im Café oder in Restaurants. Das kannte ich aus Deutschland nicht. Wenn ich in Deutschland nach Leitungswasser frage, wurde ich schon mal schief angeschaut. Du glaubst gar nicht, wieviel Geld du sparen kannst, wenn du dein Wasser immer kostenlos bekommst. Allgemein wirken die Menschen in Kanada entspannter und fröhlicher. Oft sieht man, wie sich zwei fremde Menschen in der U-Bahn unterhalten oder du wirst auf der Straße freundlich begrüßt.

Hockey

Hockey und vor allem Eishockey war lange Zeit das verbindende Element der Kanadier und ist auch heute noch sehr beliebt. Kanada ist sehr multikulturell, wodurch Eishockey langsam an Bedeutung verliert. Bei der jüngeren Generation sind Sportarten wie Fußball oder Basketball zunehmend beliebter. Trotzdem ist es ein außergewöhnliches Erlebnis, ein Eishockeyspiel zu besuchen und mit den Kanadiern mitzufiebern.

Das richtige Trinkgeld

In Kanada gehört es zum guten Ton, Trinkgeld zu geben, egal wie gut der Service war. Denn das Trinkgeld ist ein nicht unwesentlicher Bestandteil des Gehalts. Du gibst das Tip Bedienungen, Taxifahrern und Hotelangestellten. Üblich sind zwischen 15 und 20 Prozent, wenn der Service in Ordnung war, mehr, wenn der Service sehr gut war. Wenn du kein Trinkgeld gibst, gilt das als unhöflich. Das habe ich sehr selten gemacht, meist nur, wenn ich wirklich völlig unzufrieden war.

2.6 | Kanadische Ausdrücke

Typisch kanadische Ausdrücke:
- **Eh?** – Am Ende eines Satzes benutzt, bedeutet dieser Ausdruck im Allgemeinen „Nicht wahr?" "That movie was great, eh?" (Der Film war klasse, nicht wahr?)
- **Book off work** – Sich von der Arbeit freistellen. "I'm going to book off work next week." (Ich nehme mir nächste Woche von der Arbeit frei.)

Vokabeln, die nur in Kanada benutzt werden:
- **Poutine** – Ein leckeres kanadisches Gericht aus Pommes, quietschenden Käsestücken und Bratensauce. "This poutine is amazing!" (Diese Poutine schmeckt fantastisch!)
- **Double-double** – Diesen Ausdruck verwendet man, wenn man einen Kaffee mit doppelt Sahne und zwei Stücken Zucker bestellt. "I could really use a double-double right now." (Ich könnte jetzt echt einen Kaffee mit doppelt Sahne und Zucker gebrauchen.)
- **Loonie** – Eine kanadische Ein-Dollar-Münze. "Can you lend me a loonie?" (Kannst du mir einen Dollar leihen?)
- **Back-bacon** – In den USA wird es als "Canadian bacon" (kanadischer Schinken) bezeichnet. Es handelt sich um dünn geschnittene und geräucherte Schinkenstreifen. "I eat eggs and back-bacon for breakfast every day." (Ich esse jeden Tag zum Frühstück Eier und dünne, geräucherte Schinkenstreifen.)

Wörter, die Gegenstücke im amerikanischen oder britischen Englisch haben:
- **Washroom** – Badezimmer oder Toilette. "Where's your washroom?" (Wo ist die Toilette?)
- **Runners** – Turnschuhe. "I wear runners when I exercise." (Ich trage beim Training Turnschuhe.)
- **Housecoat** – ein Bademantel. "Where's my housecoat when I need it?" (Wo ist mein Bademantel, wenn ich ihn brauche?)
- **Toque** – Dieses Wort wird wie „Touk" ausgesprochen und bezeichnet eine Ski- oder Wollmütze. "It's too hot outside for a toque." (Es ist zu heiß draußen für eine Wollmütze.)

Typisch für die Altantik-Provinzen:
- **Caper** – Eine Person von der Kap-Breton-Insel. "My boyfriend's a caper." (Mein Freund ist von der Kap-Breton-Insel.)
- **Hollywood North** – Ein anderer Ausdruck für Vancouver und Toronto, da beide Städte für ihre Filmproduktion bekannt sind. "I'm heading to Hollywood North this weekend for the film festival." (Ich fahre dieses Wochenende auf das Filmfestival nach Toronto.)
- **The Rock** – Ein Kosename für Neufundland. "I'm going back to the Rock for Christmas." (Weihnachten fahre ich zurück nach Neufundland.)
- **Maritimer** – Eine Person aus den Atlantikprovinz. "Everyone in my extended family is a Maritimer." (Jedes Mitglied meiner erweiterten Familie stammt aus den Atlantik-Provinzen.)

Verwendet in Zentralkanada:
- **Serviette** – Das französische Wort kommt dir sicher bekannt vor, denn wir benutzen es auch. Im Englischen heißt es „napkin". "May I have a serviette, please?" (Kann ich bitte eine Serviette bekommen?)
- **Jam buster** – Ein Donut mit Geleefüllung. "I'd like a jam buster, please." (Ich hätte gerne einen Donut mit Geleefüllung, bitte.)
- **Takitish** – Dies bedeutet "nimm es locker" oder "bis später". "Takitish, John!" (Bis später, John!)
- **Lines** – Kleine, alte Landstraßen, die normalerweise in die Kolonialzeit zurückdatieren. "Which line should I take back to the farm?" (Welche Straße soll ich zurück zur Farm nehmen?)

Slang aus den Prärie-Provinzen:
- **Gitch** – Dieser Ausdruck wird auch „gotch" genannt und bezeichnet die Unterwäsche eines Mannes oder einer Frau. "It's laundry day; time to wash my gitch." (Heute ist Waschtag. Zeit, meine Unterwäsche zu waschen.)
- **Kitty-corner** – Schräg gegenüber von etwas. "The drugstore is kitty-cornered to the movie theater." (Die Apotheke ist schräg gegenüber vom Kino.)
- **Hey** – Wird in den Prärien anstatt „eh" verwendet, um nach Zustimmung zu fragen. "That was a great dinner, hey?" (Das war ein leckeres Abendessen, nicht wahr?)
- **Bunny-hug** – Kapuzenpullover. "I love your new bunny-hug!" (Ich liebe deinen neuen Kapuzenpullover.)

Umgangssprache aus British Columbia:
- **Squatch** – Ein großer, haariger, ungepflegter Mann. "If you don't start shaving and showering more you'll look like a squatch." (Wenn du dich nicht bald rasierst und duschst, siehst du aus wie ein Squatch.)

- **Terminal City** – Ein anderer Name für Vancouver, BC. "I'm headed to Terminal City, wish me luck!" (Ich fahre nach Vancouver, wünsch mir Glück!)
- **Whale's Tail** – Dieses Dessert wird auch Beaver Tail oder Elephant ear genannt und besteht aus gebackenem Teig, Zitronensaft, Zucker und Zimt. "This Whale's Tail is delicious!" (Dieser Whale's Tail ist köstlich!)

Slang aus den nördlichen Provinzen:
- **Masi** – Dies bedeutet "Danke" und stammt von dem französischen Wort „Merci." "Masi! Have a good night." (Danke! Gute Nacht!)
- **Twofer** – Dieser Begriff wird auch als Two-Four bezeichnet und wird für eine Kiste mit 24 Bierflaschen benutzt. "Let's pick up a twofer for the party tonight!" (Lasst uns eine Kiste Bier für die Party heute Abend holen!)
- **Mucking down** – Sich Essen in den Mund schaufeln. "Stop mucking down and get dressed, we're late!" (Hör auf zu schlingen und zieh dich an, wir sind spät dran!)

2.7 | Feiertage in Kanada

Es schadet nicht, sich mit den kanadischen Feiertagen vertraut zu machen. Ich war damals am Canada Day in Vancouver und es gab ein großes Fest und einen Umzug. Super Highlight. Außerdem kann es sein, dass viele Hostels und Unterkünfte an Feiertagen ausgebucht sind. Daher lohnt es sich, rechtzeitig um eine Unterkunft zu kümmern. Hier siehst du alle Feiertage auf einen Blick. Alle nicht gesetzlichen Feiertage sind grau dargestellt.

Feste Feiertage

Feiertag	Lokaler Name	Datum
Neujahrstag	New Year's Day	01. Jan
Heilige Drei Könige	Holy Three Kings	06. Jan
Murmeltiertag	Groundhog Day	02. Feb
Familientag	Family Day	16. Feb
Gedenktag des Bischofs Patrick	St. Patrick's Day	17. Mrz
Tag der Ureinwohner	National Aboriginal Day	21. Jun
Entdeckung von	Discovery Day	22. Jun

Neufundland und Labrador (nur regional)		
Saint-Jean-Baptiste (nur Quebec)	St. Jean Baptiste Day	24. Jun
Nationalfeiertag	Canada Day	01. Jul
Regionalfeiertag in Nunavut	Nunavut Day	09. Jul
Neufundland und Labrador	Orangemen's Day	31. Jul
Gedenktag der Kriegsopfer	Remembrance Day	11. Nov
Heiligabend	Christmas Eve	24. Dez
1. Weihnachtstag	Christmas Day	25. Dez
2. Weihnachtstag	Boxing Day	26. Dez
Silvester	New Year's Eve	31. Dez

*Nicht gesetzliche Feiertage sind grau dargestellt.

Bewegliche Feiertage in Kanada

Feiertag	Lokaler Name	2020	2021	2022	2023	2024
Gedenktag Louis Riel (nur in Manitoba)	Louis Riel Day	17. Feb	15. Feb	21. Feb	20. Feb	19. Feb
Tag der Insulaner (nur in Prince Edward)	Islander Day	17. Feb	15. Feb	21. Feb	20. Feb	19. Feb
Aschermittwoch	Ash Wednesday	26. Feb	17. Feb	02. Mrz	22. Feb	14. Feb
Karfreitag	Good Friday	10. Apr	02. Apr	15. Apr	07. Apr	29. Mrz
Ostersonntag	Easter Sunday	12. Apr	04. Apr	17. Apr	09. Apr	31. Mrz
Ostermontag	Easter Monday	13. Apr	05. Apr	18. Apr	10. Apr	01. Apr
Muttertag	Mother's Day	10. Mai	09. Mai	08. Mai	14. Mai	12. Mai
Geburtstag des	Victoria Day	18.	24.	23.	22.	20.

Monarchen		Mai	Mai	Mai	Mai	Mai
Tag der Patrioten (nur Quebec)	National Patriots' Day	18. Mai	24. Mai	23. Mai	22. Mai	20. Mai
Christi Himmelfahrt	Ascension Day	21. Mai	13. Mai	26. Mai	18. Mai	09. Mai
Pfingstsonntag	Whit Sunday	31. Mai	23. Mai	05. Jun	28. Mai	19. Mai
Pfingstmontag	Whit Monday	01. Jun	24. Mai	06. Jun	29. Mai	20. Mai
Vatertag	Father's Day	21. Jun	20. Jun	19. Jun	18. Jun	16. Jun
Augustfeiertag	Civic Holiday	03. Aug	02. Aug	01. Aug	07. Aug	05. Aug
Entdeckung Yukons (nur Yukon)	Discovery Day	03. Aug	02. Aug	01. Aug	07. Aug	05. Aug
Tag der Arbeit	Labour Day	07. Sep	06. Sep	05. Sep	04. Sep	02. Sep
Erntedankfest	Thanksgiving	26. Nov	25. Nov	24. Nov	23. Nov	28. Nov

*Nicht gesetzliche Feiertage sind grau dargestellt.

Victoria Day

Kanada gehört zum Commonwealth of Nations und ist als britische Kolonie entstanden. Deshalb ist noch heute der Montag vor dem 25. Mai ein gesetzlicher und arbeitsfreier Feiertag zu Ehren der britischen Königin Victoria (Geburtstag 24. Mai 1819). Außerdem ist Kanada das einzige Land, das nicht den Geburtstag der jeweils aktuellen Königin feiert, sondern der Könige, die das Britische Empire aufgebaut haben. Deshalb wird der Victoria Day nicht im ganzen Land gefeiert. Am gleichen Montag gibt es regional unterschiedlich einen ebenso regionalen Feiertag. Während man in Ontario die britische Königin ehrt, wird im benachbarten Bundesstaat Quebec der National Patriots Day gefeiert. So hat ganz Kanada an diesem Tag einen gesetzlichen Feiertag. Im ganzen Land werden am Victoria Day Paraden, Konzerte und Reitturniere abgehalten. Familien treffen sich angesichts der wärmeren Jahreszeit zum Picknick im Park. Schulen, Post, Büchereien und Behörden sind im ganzen Land geschlossen, trotzdem haben viele Geschäfte zumindest stundenweise geöffnet. Ab besten meidest du an diesem langen Wochenende eine Reise, denn die Straßen und Fähren sind total überfüllt, da jeder irgendwohin fährt.

Kapitel 3 | Planung

3.1 | Wichtige Dokumente

- Reisepass
- Internationaler Führerschein
- Internationaler Studentenausweis [Optional]
- Polizeiliches Führungszeugnis
- Tipp: Dokumentenmappe

Reisepass

Der Reisepass ist dein wichtigstes Dokument. Ohne ihn, kannst du dich nicht einmal für das Visum bewerben. Wenn du noch keinen Reisepass hast, kannst du ihn für ca. 35 € im Bürgeramt deiner Stadt beantragen. Die Bearbeitungszeit dauert mindestens drei bis vier Wochen. Beantrage ihn deshalb rechtzeitig. Wenn du bereits einen Reisepass hast, überprüfe das Gültigkeitsdatum. Dein Pass sollte mindestens solange gültig sein, wie du in Kanada bleiben willst. Am besten ist er länger gültig, so kannst du nach deinem Work and Travel als Tourist in Kanada bleiben.

Achtung
Wenn du nach der Beantragung für das Working Holiday Visum einen neuen Reisepass erhältst, musst du auch eine neue eTA Kanada (Electronic Travel Authority – Mehr Infos dazu später beim Flug) beantragen. Denn die eTA ist

> an deine Passnummer gekoppelt. Ansonsten ist das eTA bereits in der Visumsbestätigung (2. Seite des POE-Letters) enthalten und muss vorher nicht separat beantragt werden. Nimm bei der Einreise auch eine Kopie deines alten Reisepasses, zusammen mit dem neuen mit. So kannst du beweisen, dass du dieselbe Person bist.

Internationaler Führerschein

Besorge dir auch einen internationalen Führerschein. Du kannst ihn für 14 € im Bürgeramt beantragen. In zwei Jahren in Kanada habe ich meinen internationalen Führerschein nicht ein einziges Mal gebraucht. Aber für den Fall der Fälle würde ich ihn trotzdem mitnehmen.

> **Gut zu wissen**
> Der internationale Führerschein ist nur zusammen mit deinem EU-Führerschein gültig. Er ist also eine beglaubigte Übersetzung.

Muss ich meinen Führerschein gegen einen kanadischen Führerschein eintauschen? Mehr Infos dazu im Kapitel 7 „Führerschein eintauschen Ja/Nein?"

Internationaler Studentenausweis [Optional]

Wenn du noch berechtigt bist, einen internationalen Studentenausweis zu besitzen, dann kann es sich für einige Sehenswürdigkeiten und Nationalparks lohnen, ihn mitzuführen, um einige Vergünstigung zu erhalten.

Weitere Dokumente

Alle weiteren Dokumente, die du für die Einreise und auch für die Visumbeantragung benötigst, liste ich dir zu den einzelnen Punkten hier im Buch auf. Außerdem habe ich dir eine Dokumentencheckliste erstellt, damit du bei der Einreise nach Kanada auch wirklich nichts vergisst. Du findest die Dokumentencheckliste als kostenlosen Download auf: www.kanadabuch.de/Bonus

> **Tipp Dokumentenmappe**
> Besorg dir am besten auch eine Dokumentenmappe für all deine wichtigen Unterlagen. Es gibt sogar RFID-Schutzhüllen für deinen Reisepass. So kann niemand deine persönlichen Daten mit einem RFID-Lesegerät auslesen. Eine praktische Mappe und weitere wichtige Ausrüstung für dein Work and Travel

> findest du in unserem Work & Travel Shop: www.WorkingHoliday.shop

3.2 | Working Holiday Visum Kanada

Deine Planung sollte mit der Beantragung des Working Holiday Visums (WHV) beginnen. Denn das Verfahren zum WHV ist ein Losverfahren und es kann dauern, bis du die Bestätigung erhältst.

Info
Um dir die Beantragung des Working Holiday Visums zu erleichtern, habe ich den kompletten Ablauf bis zum Erhalt des Visums als Video erstellt. Da Bilder bekanntlich mehr als tausend Wörter sagen, werde ich dir hier einen groben Überblick geben. Alle Details findest du in meinem Blog und den Videos: • WHV: dein ultimativer Guide (www.kanadabuch.de/visum) • WHV FAQ: die häufigsten Fragen! (www.kanadabuch.de/visumfaq) Außerdem habe ich dir eine Checkliste zum Visum als Bonus erstellt: www.KanadaBuch.de/Bonus

Allgemeine Informationen zum Working Holiday Visum

Das Working Holiday Visum (WHV) ist eines von drei verschiedenen Visa-Kategorien, für die du dich über das International Experience Canada (IEC) Programm direkt auf der kanadischen Regierungswebseite www.cic.gc.ca bewerben kannst.

Mit dem WHV darfst du bis zu ein Jahr in Kanada arbeiten und reisen. Du bist dabei weder an denselben Arbeitgeber noch an einen bestimmten Ort gebunden. Das Visum wird dir einmal im Leben ausgestellt. Trittst du deine Reise nicht an, verfällt dein Anspruch auf ein weiteres WHV. Im Vergleich zu Australien und Neuseeland ist die Visumsvergabe in Kanada auf ein jährliches Kontingent begrenzt. Für Deutschland wurden in den letzten Jahren immer etwa 5.000 Plätze zur Verfügung gestellt. Die Visumsvergabe erfolgt über ein sogenanntes Pool System, aus dem in regelmäßigen Abständen Kandidaten gezogen werden. Wenn du gezogen wirst, erhältst du eine Einladung, um deinen Antrag abzuschließen. Nachdem du alle wichtigen Schritte erledigt hast und die Gebühr für das WHV gezahlt hast, wird dein Antrag bearbeitet. Als Letztes musst du noch deine biometrischen Daten (Fingerabdrücke und ein Passbild) abgeben. Wenn du für das WHV geeignet bist, erhältst du den sogenannten Port of Entry Letter

(POE).

Port of Entry (POE)
Die Bestätigung (POE) ist nicht das Visum, berechtigt dich aber, das Visum an der kanadischen Grenze zu erhalten. Mit dieser Bestätigung hast du ein Jahr Zeit nach Kanada einzureisen. Das WHV wird an der Grenze aktiviert. Und du erhältst ein Open Work Permit (Offene Arbeitsgenehmigung). Das WHV Jahr startet erst, sobald du dein Visum an der Grenze bekommst. Du hast also ein Jahr Zeit nach Kanada einzureisen, bevor dein Jahr in Kanada beginnt.

Da die Ziehungen willkürlich stattfinden, kann dir niemand sagen, wann du dein Visum erhältst. Deswegen sollte deine Planung mit dem Working Holiday Visum beginnen. Trage dich so früh wie möglich in den Pool ein.

Wie lange dauert es bis du das Visum hast?
Im Durchschnitt musst du für die komplette Bewerbung mit acht Wochen bis drei Monate rechnen. Wie schnell du dein Visum wirklich erhältst, hängt von vielen Faktoren ab. Jedes Jahr beginnt die neue Runde für die WHV im November/Dezember. Je früher du dich bewirbst, desto höher sind deine Chancen. Denn gerade zu Beginn einer neuen Runde sind noch nicht viele Kandidaten im Pool. Bewirbst du dich erst im August, werden mehr Kandidaten im Pool und weniger Plätze verfügbar sein. Da es sich aber um zufällige Ziehungen handelt, ist es durchaus möglich, dass du dich im August bewirbst und schon zwei Wochen später die Einladung bekommst. Die aktuellen Bearbeitungszeiten für alle IEC Programme findest du hier: www.kanadabuch.de/visumzeit

Voraussetzungen für das Working Holiday Visum Kanada

Das Working Holiday Visum (WHV) ist eines von drei Unterkategorien des International Experience Canada (IEC) Programms. Mit diesem darfst du bis zu ein Jahr in Kanada arbeiten und reisen. Du bist dabei weder an denselben Arbeitgeber noch an einen bestimmten Ort gebunden. Das Visum wird dir nur einmal im Leben ausgestellt. Es gibt aber als deutscher Staatsbürger die Möglichkeit, ein zweites Mal mit einem der anderen beiden Kategorien, Young Professionals oder International Co-op Internship, am IEC Programm teilzunehmen.

Hier findest du die Voraussetzungen für das Working Holiday Visum Kanada:

- **Deutsche Staatsbürgerschaft**
- **Alter: 18 - 35 Jahre** - Das zulässige Alter, welches bei der Beantragung nicht

unter- oder überschritten sein darf.
- **Gültiger Reisepass** - Dein Reisepass muss bei der Beantragung und während des gesamten Jahres gültig sein. Dein Visum wird sonst nur für die Zeit ausgestellt, in der dein Pass gültig ist.
- **Polizeiliches Führungszeugnis** - Übersetzte und beglaubigte Kopie. Das Führungszeugnis sollte ohne Einträge sein, sonst kann der Antrag abgewiesen werden. Du benötigst ein Führungszeugnis aus jedem Land, in dem du dich länger als sechs Monate seit deinem 18. Geburtstag aufgehalten hast. (Zum Übersetzen empfehle ich **lingoking:** www.kanadabuch.de/lingoking)
- **Auslandskrankenversicherung** - Eine Krankenversicherung muss bei Einreise vorgelegt werden.
- **CAD 2.500** - Der Nachweis ausreichender finanzieller Mittel muss bei der Einreise vorgelegt werden. Ein aktueller Kontoauszug deines Girokontos genügt. Damit will die kanadische Regierung sichergehen, dass du die erste Zeit ohne Job überbrücken kannst.
- **Rückflugticket und/oder ausreichend finanzielle Mittel** - Der Nachweis eines Rückflugtickets muss bei der Einreise vorgelegt werden. Das tatsächliche Flugticket ist nicht notwendig und wird nur selten bei der Einreise verlangt. Wenn du keines besitzt, genügen ausreichende finanzielle Mittel, um dir davon eines kaufen zu können.
- **Du wirst von keinem Angehörigen begleitet**. Das Visum berechtigt nur dich nach Kanada zu reisen. Nicht etwa deine Freundin oder Familie. Wenn ihr als Pärchen nach Kanada wollt, müsst ihr euch beide separat auf das WHV bewerben.
- **Kreditkarte für die Anmeldegebühr von CAD 341** (CAD 256 IEC Fee + CAD 85 Biometrics) Eine Kreditkarte wird für die Bearbeitungsgebühr benötig. Du solltest dir für die Reise auf jeden Fall eine Kreditkarte zulegen. Kreditkarten werden fast überall akzeptiert. Wohingegen du mit Girokarten Probleme und hohe Gebühren haben kannst.

Empfehlungen
Krankenversicherung: Die beste Versicherung für dein Work and Travel Jahr findest du bei der ReisePolice24 (www.kanadabuch.de/Versicherung). Dort gibt es besondere Angebote für Work and Traveler. Ich selbst bin drei Jahre mit dieser Versicherung durch die Welt gereist. Im Abschnitt "Reiseversicherung" findest du alle wichtigen Infos zu deiner Krankenversicherung für Kanada. **Kreditkarte**: Die beste kostenlose Kreditkarte bekommst du mit der DKB Visa Card (www.kanadabuch.de/dkb). Kostenlos weltweit Bezahlen und Geld abheben. Mehr Infos, und worauf du bei der Wahl der Kreditkarte achten solltest, findest du im Abschnitt "Kreditkarte".

Beantragung deines Working Holiday Visums Kanada

Wie bereits erwähnt findest du eine genaue Schritt für Schritt Anleitung und Videos auf meiner Webseite: www.kanadabuch.de/visum. Außerdem bekam ich in den letzten Jahren so viele Fragen zum Visum, sodass es auch ein FAQ zum Visum gibt: www.kanadabuch.de/visumfaq. Mit beiden Artikeln sollte es für dich kein Problem sein, dein Visum selbst zu beantragen.

Die wichtigsten Schritte im Überblick:
1. Fülle den Fragebogen zur Ermittlung des richtigen Visums auf der kanadischen Regierungswebseite aus. Du erhältst anschließend einen Reference Code. (Speicher dir diesen!)
2. Erstelle deinen IEC Account/Profil.
3. Registriere dich für den IEC-Pool unter der Kategorie "Working Holiday" (Hier brauchst du den Reference Code, ansonsten musst du den Fragebogen wiederholen.)!
4. Warte bis du die Einladung aus dem IEC-Pool erhältst!
5. Schließe den Antrag ab und fülle die wichtigen Dokumente aus bzw. lade sie hoch!
6. Zahle die Bearbeitungsgebühr! (Nur mit Kreditkarte möglich)
7. Du erhältst ein Schreiben mit Informationen zur Abgabe deiner biometrischen Daten in einem Visa Application Centre (VAC).
8. Bei der Einreise nach Kanada erhältst du dein Work Permit. (Arbeitsvisum).

Wichtig
Nach dem Erhalt der Einladung hast du nur 10 Tage Zeit diese anzunehmen. Alle Nachrichten findest du im Nachrichtenbereich deines IEC Profils auf der kanadischen Regierungswebseite. Du erhältst zwar auch eine E-Mail, verlasse dich aber nicht auf diese, da es schon öfter vorkam, dass die E-Mail nicht ankam. Nach dem Akzeptieren deiner Einladung hast du weitere 20 Tage Zeit, um deinen Antrag zu vervollständigen und einzureichen.
Aber keine Angst, das einzige zeitrelevante Dokument ist das polizeiliche Führungszeugnis. Du kannst es schon beantragen, während du im Pool wartest. Selbst wenn es dir fehlt und du eine Einladung bekommst, gibt es die Möglichkeit, es nachzureichen. Hierzu musst du lediglich eine Kopie der Beantragung des Führungszeugnisses uploaden.

Welche Dokumente brauchst du um den Antrag abzuschließen?

- **Reisepass**
- **polizeiliches Führungszeugnis**
- **Passbild**
- **Lebenslauf** (eine einfache Vorlage auf Englisch findest du im Bonusmaterial)
- **IMM5707** – Formular zur Familieninformation (Anleitung zum Ausfüllen findest du hier: www.kanadabuch.de/imm5707e

Abgabe der biometrischen Daten

Seit dem 31.07.2018 musst du für das Working Holiday Visum in Kanada zusätzlich deine biometrischen Daten (Fingerabdrücke und ein Passbild) abgeben. Dies kannst du in jedem Visa Application Centre (VAC) erledigen. In Deutschland gibt es aktuell eines in Berlin und in Düsseldorf. Eine genaue Liste mit Ländern und verfügbaren VAC findest du hier www.kanadabuch.de/vac. Nach dem Bezahlen deines IEC Antrags bekommst du innerhalb von 24 Stunden ein Schreiben (im Nachrichtenbereich des IEC Profil) mit einer Anleitung für die Abgabe der biometrischen Daten. Du hast 30 Tage Zeit, diese abzugeben.

Einreise nach Kanada und Erhalt deines Working Holiday Visums

Wenn du in Kanada am Flughafen ankommst, lässt du dir im "Immigration Office" das Arbeitsvisum ausstellen. Du benötigst folgende Unterlagen:

- **POE-Letter**
- **gültiger Reisepass**
- **Auslandskrankenversicherung** (Dein Visum wird nur solange ausgestellt wie deine Versicherung gültig ist)
- **Nachweis finanzieller Mittel CAD 2.500** (Es reicht ein aktueller Screenshot von deinem Online-Banking.)
- Rückflugticket oder **ausreichend Geld für ein Flugticket**
- OPTIONAL: Nimm Kopien der Dokumente deiner Bewerbung für das WHV mit! Du brauchst für die Einreise kein neues polizeiliches Führungszeugnis beantragen.

Wichtig
Überprüfe nach dem Erhalt deines Work Permit (Arbeitsvisum), dass alle Angaben richtig sind, und lasse es wenn nötig gleich ändern. Denn es kam schon vor, dass anstelle der 12 Monate nur 3 Monate eingetragen wurden. Du kannst dein Work Permit nachträglich nicht mehr ändern

> lassen.

3.3 | Kreditkarte

Bei deiner Planung ist die Auswahl der richtigen Reisekreditkarte ein unvermeidbarer Punkt. Allein um das Working Holiday Visum Kanada zu beantragen, brauchst du eine Kreditkarte. Außerdem wird sie dein treuer Begleiter in Sachen Bezahlung und Geld abheben, aber auch dein Auffangnetz, wenn die Dinge einmal schieflaufen. Das Angebot von Kreditkarten ist umfangreich und sie kosten oft Gebühren. Egal ob eine Jahresgebühr oder beim Geld abheben und bezahlen im Ausland. Diese Gebühren sind nicht zu unterschätzen. Schnell summieren sich die Beträge auf. Doch es gibt auch kostenlose Reisekreditkarten. Damit du dich für eine geeignete entscheiden kannst, stelle ich dir kostenlose Kreditkarten für dein Work and Travel in Kanada vor.

Brauchst du in Kanada eine Kreditkarte?

Ja! Der bargeldlose Zahlungsverkehr gehört in Nordamerika mittlerweile zum Lebensstandard. Seitdem ich in Kanada war, zahle ich fast ausschließlich mit meinen Geldkarten. Deine EC-Karte wird in Kanada allerdings nicht funktionieren. Außerdem wirst du mit den Kreditkarten der "üblichen" deutschen Banken, beim Abheben und Bezahlen im Ausland hohe Gebühren bezahlen. Mit deinem Reisepass und einer oder besser gleich zwei Kreditkarten bist du auf der sicheren Seite. Online-Buchungen für Unterkünfte und Mietwagen sind ohnehin nur mit einer gültigen Kreditkarte möglich. Eine Kreditkarte zum Reisen ist nicht nur praktisch, sondern schont außerdem deine Reisekasse und Nerven.

Die Vorteile einer guten Reisekreditkarte

Als Work and Traveler willst du möglichst viel Geld sparen. Sicherheit während deiner Auslandszeit ist wichtig, weltweiter Zugang zu deinem Geld ebenso, immerhin führt dich deine Reise an das andere Ende der Welt. Wer Work and Travel in Kanada macht, hat andere Ansprüche an seine Kreditkarte als jemand, der diese nur zum Shoppen oder Tanken in Deutschland verwendet. Eine gute Kreditkarte für Backpacker kann all das vereinen:

- **Keine Auslandsgebühren**. Wenn du etwas in einer anderen Währung bezahlst, solltest du keine Gebühren an die Bank zahlen müssen.
- **Keine Gebühren beim Abheben von Bargeld im In- und Ausland**. Bei guten Reisekreditkarten ist das Abheben im Ausland meist kostenlos oder sehr günstig

möglich.
- **Komplett kostenlos ohne Jahresgebühr.** Keine Kosten für Kontoführung oder sonstige versteckte Kosten. Das heißt auch wenn du die Kreditkarte nie verwenden würdest, fallen keine Gebühren an.
- **Guter Kundenservice, der rund um die Uhr für dich da ist** (z.B. bei unrechtmäßigen Abbuchungen und Kartenverlust)

Welches ist die beste kostenlose Kreditkarte auf Reisen?

Testsieger: Die beste kostenlose Kreditkarte für Work and Travel in Kanada ist die DKB Visa-Card (www.kanadabuch.de/dkb).

Die DKB Visa Card nutze ich selbst mittlerweile seit 2008. Als Aktivkunde erhält man, neben der kostenlosen Kontoführung und der kostenlosen Visa Card, auch noch das weltweite kostenlose Bargeldabheben und das weltweite kostenlose Bezahlen via Kreditkarte.

Tipp
Übrigens ist es eine gute Idee, bei deiner Work and Travel Reise zwei Kreditkarten mitzunehmen. Die eine bleibt stets gut verstaut im Schließfach in der Unterkunft, die andere trägst du bei dir. So hast Du immer eine Reservekarte. Ich empfehle neben der DKB Visa Card die Visa Kreditkarte von Barclaycard (www.kanadabuch.de/Barclaycard). Ebenfalls kostenlos und weltweit kostenlos Geld abheben.

Ein Vergleich der Kreditkarten lohnt sich. Auch wenn viele kostenlos sind, gibt es Unterschiede bei den Zusatzleistungen. Oft bekommst du eine kostenlose Kreditkarte in Verbindung mit einem Girokonto. Bei einigen Direktbanken ist dies kostenlos. Bei anderen musst du nicht einmal ein Konto eröffnen, sondern erhältst kostenlos eine Visakarte. Bei der Auswahl der besten Kreditkarten legte ich außerdem Wert darauf, dass die Karten speziell für Work and Traveler sind. Dabei spielt auch der Service der Bank eine wichtige Rolle. Die Wahl der richtigen Kreditkarte hat auch etwas mit deinen eigenen Vorlieben und deinem Nutzungsverhalten zu tun.

Um den Rahmen hier im Buch nicht zu sprengen, findest du in meinem Blog auch einen aktuellen Kreditkarten-Vergleich: www.kanadabuch.de/kreditkartevergleich

Probleme mit der Kreditkarte beim Reisen?
Du findest mehr Infos hierzu im Kapitel 8 "Probleme mit der Kreditkarte"

3.4 | Versicherung

In diesem Abschnitt zeige ich dir welche verschiedenen Versicherungsarten es gibt. Welche du davon benötigst und welche du weglassen kannst oder optional dazu abschließen kannst.

3.4.1 | Reiseversicherung

Da das Thema Versicherungen ein wichtiger und notwendiger Punkt für deine Planung ist, fasse ich dir hier alles Wichtige zusammen. Schließlich möchtest du dich in Kanada auf die guten und schönen Erfahrungen konzentrieren. Welche Versicherungen du dabei weglassen kannst, oder wann sich welche Versicherungen lohnen, erfährst du hier. So bist du in Kanada gegen böse Überraschungen gewappnet.

Krankenversicherung

Im Prinzip gibt es nur eine Versicherung, auf die du für dein Work and Travel in Kanada nicht verzichten kannst: deine Krankenversicherung. Diese ist für deine Zeit in Kanada NOTWENDIG und wird für das Working Holiday Visum in Kanada ohnehin gefordert. Hierbei ist wichtig zu wissen, dass die deutschen gesetzlichen Krankenkassen dich in Kanada nicht schützen und du eine spezielle Krankenversicherung für deine Auslandszeit benötigst.

Empfehlung Auslandskrankenversicherung
Ich empfehle dir die Versicherung von der ReisePolice24 (www.kanadabuch.de/Versicherung). Dort findest du Tarife mit einem starken Preis-Leistungsverhältnis, die zudem die USA und Kanada abdecken. Mehr Informationen über die Auslandskrankenversicherung, und warum die ReisePolice24 die beste für Kanada und USA ist, findest du auf meinem Blog: www.kanadabuch.de/besteversicherung

Haftpflichtversicherung

Wie auch in Deutschland schützt dich eine Haftpflichtversicherung auf der Reise, wenn es zu Schäden kommt, die du verursacht hast. Ein Moment der Unachtsamkeit und du kannst unabsichtlich einen Unfall verursachen. Die Haftpflichtversicherung kommt in solchen Fällen für Personen-, Sach- oder Vermögensschäden anderer Personen auf.

Achtung

> Nicht zu verwechseln mit der KFZ- Haftpflichtversicherung. Wenn du in Kanada ein Auto kaufst, musst du es vor Ort separat versichern. Dazu mehr im Kapitel 7 "Kfz-Versicherung in Kanada".

Die Haftpflichtversicherung wird nicht gefordert für Kanada, ist aber ebenso sinnvoll wie in Deutschland. Die meisten Haftpflichtversicherungen gelten weltweit. Wenn du also schon eine in Deutschland abgeschlossen hast, erkundige dich bei der Versicherung, ob dich diese auch in Kanada abdeckt. Bist du über deine Eltern versichert? – Bis zum 25. Lebensjahr ist es möglich, über seine Eltern versichert zu sein. Auch hier kann es sein, dass die Haftpflichtversicherung in Kanada gilt. Erkundige dich bei deiner Versicherung! Wenn du bei der Versicherung nachfragst, stell auch klar, dass es sich bei deiner Reise um einen Langzeitaufenthalt und das Arbeiten im Ausland handelt. Manche Versicherungen decken das nicht ab. Wenn du noch keine Versicherung hast, dann schließe eine Haftpflichtversicherung in Deutschland ab, die auch Langzeitaufenthalte und das Jobben im Ausland abdeckt. Du findest bei der "Reisepolice24" auch passende Haftpflichtversicherungen für das Work and Travel in Kanada.

> **Info**
> Die meisten Versicherungen bieten die Haftpflichtversicherung und die Langzeit Krankenversicherung in einem Paket an.

Unfallversicherung

Viele Unfallversicherungen decken dich weltweit ab. Wenn du bereits eine Unfallversicherung hast, kläre vor deiner Reise ab, ob sie auch bei einem Langzeitaufenthalt in Kanada gilt. Wie der Name es verrät, schützt diese Versicherung dich bei unmittelbaren und längerfristigen Folgen eines Unfalls. Was genau abgedeckt wird, hängt von der Versicherung und den Leistungen ab.

> **Info-Faustregel**
> Je teurer eine Versicherung desto mehr Leistung hat sie meistens!

Die Unfallversicherung ist keine Pflicht und bei den meisten Arbeitsstellen bist du dort bei Unfällen am Arbeitsplatz versichert.

Wann lohnt sich diese Versicherung?
Ich hatte für meine Reise keine abgeschlossen. Im Extremfall hast du einen Unfall außerhalb deiner Arbeitszeit. Dann zahlt die Unfallversicherung deines Arbeitgebers ohnehin nicht. Einige Versicherungen zahlen bei „Extremsportarten" wie Surfen, Klettern oder Paragliding nicht. Informiere dich vor deiner Reise direkt bei der Versicherung.

Überlege auch, was du in Kanada machen willst, und ob sich die Versicherung für dich lohnt. Im Zweifelsfall lass dich von der Versicherung beraten.

Reiserücktritts- und Reiseabbruchsversicherung

Diese beiden Versicherungen werden oft im Paket angeboten. Die Reiserücktrittsversicherung schützt dich, wenn du die Reise aus unvorhergesehenen Gründen nicht antreten kannst; die Reiseabbruchsversicherung, wenn du sie frühzeitig beenden musst. Die Versicherungen greifen nur in den Fällen, die abgedeckt sind. Informiere dich hierzu am besten direkt bei der Versicherung!

Wann lohnt sich diese Versicherung?
Auf diese Versicherung kannst du als Work and Traveler in den meisten Fällen verzichten. Sie lohnt sich nur, wenn du vorab schon teure Touren gebucht hast. Mach das nicht! Du kannst alles super einfach vor Ort und günstiger selber planen.

Also verbleiben nur die Kosten für den Flug. Frage dich: Brauchst du eine Reiserücktrittsversicherung für die Kosten des Fluges?
Die Storno- bzw. Umbuchungsgebühr bei den meisten Airlines liegt bei 50 – 100 Euro. Soviel zahlst du meist auch für die Reiserücktrittsversicherung.

Info
Falls sich für dich trotzdem eine Reiserücktrittsversicherung lohnt, findest du bei der Reisepolice24 auch eine Reiserücktrittsversicherung ohne Selbstbehalt.

Reisegepäckversicherung

Die Theorie ist: Mit dieser Versicherung schützt du dein Gepäck gegen Verlust, Beschädigung, Raub und Zerstörung durch Feuer oder Wasser oder durch eine Entschädigungszahlung bei verspäteter Zustellung deines Reisegepäcks.

Die Praxis ist: Je Wertvoller dein Gepäck, desto teurer der Monatsbeitrag (10 € – 160 € pro Monat). Außerdem musst du dein Gepäck besonders im Auge behalten. Ansonsten zahlt die Versicherung nicht. Die Forderungen an den Versicherten sind sehr hoch und unrealistisch. Gepäck neben dir abstellen? Nein, du musst es immer zwischen die Beine klemmen. Fotoapparate, Laptops oder Handys sind außerdem vom Versicherungsschutz ausgeschlossen, auch Bargeld, Kreditkarten und Wertpapiere sind grundsätzlich nicht versichert.

Brauchst du eine Reisegepäckversicherung? Nein.

Fazit Versicherung

Nur die Krankenversicherung ist als Work and Travel Kanada Versicherung wirklich notwendig. Da diese sogar Voraussetzung für das Working Holiday Visum in Kanada ist. Die Haftpflichtversicherung wird von vielen Work and Travelern gleich als Paket mit der Krankenversicherung abgeschlossen.

Meine Empfehlung ist die Reisepolice24 (www.kanadabuch.de/Versicherung)

3.4.2 | Was passiert mit der Krankenversicherung in Deutschland?

Seit der Gesundheitsreform 2007 gilt in Deutschland eine generelle Versicherungspflicht. Da die deutsche Krankenversicherung aber keine Ausgaben für Arztbesuche, Krankenhausaufenthalte und Zahnbehandlungen im außereuropäischen Ausland zahlt, macht es Sinn, dich von der Krankenversicherung in Deutschland abzumelden. Theoretisch sollte es keine Probleme geben, dich bei deiner gesetzlichen Krankenkasse abzumelden und bei der Rückkehr von derselben oder einer anderen Krankenkasse wieder aufgenommen zu werden. Ob du die Krankenversicherung in Deutschland überhaupt abmelden musst, hängt auch davon ab, wie alt du bist und welche Art von Versicherung du hast.

Info
Auch wenn die deutschen Krankenkassen gesetzlich verpflichtet sind, dich wieder aufzunehmen, entscheidet die Krankenkasse selbst, ob sie dies tut oder nicht. Daher informiere dich bereits vor der Abmeldung in Deutschland, zu welchen Bedingungen die eigene oder eine andere gesetzliche Krankenkasse den Wiedereintritt nach der Rückkehr aus Kanada behandelt.

Familienversicherung

Wenn du noch unter 22 Jahre alt bist und während deiner Kanadareise nicht 23 Jahre alt wirst (Vollendung des 23. Lebensjahres!), dann bist du unter Umständen noch familienversichert und zahlst keine eigenen Beiträge. Die Kosten werden von deinen Eltern getragen. In diesem Fall musst du die Krankenversicherung in Deutschland nicht kündigen. Voraussetzung ist, dass du dich während des Auslandsaufenthalts in keinem Ausbildungs- oder Arbeitsverhältnis in Deutschland befindest. Wenn du bei deiner Rückkehr immer noch die Voraussetzungen erfüllst, bleibst du weiter versichert.

Ansonsten kannst du der gesetzlichen oder privaten Krankenversicherungen beitreten.

Achtung
Auch wenn du weiterhin familienversichert bist, benötigst du trotzdem für Kanada eine spezielle Langzeit Auslandskrankenversicherung, denn die Familienversicherung übernimmt keine Kosten in Kanada. Meine Empfehlung ist die Reisepolice24 (www.kanadabuch.de/Versicherung)

Studenten

Wenn du während deines Work and Travel in Kanada weiter in einer deutschen Universität oder anderen Bildungseinrichtung immatrikuliert bleibst, musst du für die Zeit weiterhin den Beitrag zur speziellen Studenten-Krankenversicherung zahlen. Auch, wenn du Urlaub von der Uni nimmst. Das gilt für alle Studenten ab 25 Jahren, die nicht mehr familienversichert sind. Wenn du jünger als 25 Jahre und nicht erwerbstätig bist, kannst du während deines Auslandsaufenthalts weiterhin familienversichert bleiben.

Achtung
Auch wenn du weiterhin die spezielle Studenten-Krankenversicherung zahlen musst, benötigst du für Kanada eine spezielle Langzeit Auslandskrankenversicherung, denn die Studentenversicherung übernimmt keine Kosten in Kanada. Meine Empfehlung ist die Reisepolice24 (www.kanadabuch.de/Versicherung)

Anwartschaft

Viele Krankenversicherungen in Deutschland empfehlen dir für deine Auslandszeit eine sogenannte Anwartschaft. Bei einer Anwartschaft zahlst du nur 10 bis 30 Prozent des Beitrags. Dafür garantiert dir die Versicherung, dich zu denselben Konditionen nach der Rückkehr aufzunehmen. Es gilt zwar in Deutschland eine allgemeine Versicherungspflicht, das bedeutet aber nicht, dass du für die Zeit im Ausland weiter in die deutsche Krankenkasse zahlen musst. Im Gegenteil, es bedeutet, dass jeder deutsche Staatsbürger von einer Krankenversicherung aufgenommen werden muss. Die Versicherungen dürfen also niemandem eine Aufnahme verweigern, egal wie alt oder krank er ist. Wenn deine bisherige gesetzliche Krankenkasse nach der Rückkehr Probleme macht, dann such dir einfach eine andere, denn du darfst zwischen den verschiedenen Anbietern wählen.

Wann macht eine Anwartschaft Sinn?
Im Prinzip nur bei privaten Versicherungen. Denn anderes als bei den gesetzliche Kassen

prüfen diese deinen Gesundheitsstand. Daher kann es passieren, dass sich die Beiträge nach deiner Rückkehr erhöhen. In diesem Fall kann eine Anwartschaft Sinn machen. Überlege dir das genau!

Was benötigst du, um dich bei der deutschen Krankenversicherung abzumelden?

Um den Prozess zu vereinfachen, verwende die Abmeldebescheinigung vom Einwohnermeldeamt, wenn du dich von deinem Wohnsitz in Deutschland abmeldest. Hierzu reichen in der Regel die Vorlage deines Flugtickets und deines Visums beim zuständigen Amt. (Bei mir wollten sie damals nichts davon sehen).

Folgende Dokumente brauchst du für die Abmeldung bei der deutschen Krankenkasse:

- Abmeldebescheinigung vom Einwohnermeldeamt
- Flugticket
- Nachweis einer abgeschlossenen Langzeit Auslandskrankenversicherung.

Was benötige ich, um mich bei einer Krankenkasse anzumelden?

Nach der Rückkehr aus deinem Work and Travel musst du dich umgehend wieder bei einer Krankenkasse melden. Als Nachweis reicht hier die Vorlage des Rückflugtickets oder deiner Meldebescheinigung vom Einwohnermeldeamt. Damit lässt sich genau feststellen, ab wann du wieder versichert sein musst.

Fazit

Da die Krankenversicherung in Deutschland nicht für die Arztkosten in Kanada aufkommt, solltest du dich von der Krankenkasse abmelden, egal ob gesetzlich oder privat. Wenn du noch unter 23 Jahre alt bist, bist du familienversichert, dann musst du dich nicht abmelden. Ausnahmen gelten für Studenten, die weiterhin ihre Versicherung zahlen müssen. Eine Anwartschaft macht nur Sinn, wenn du dir bei der Wiederaufnahme dieselben Konditionen sichern willst, die du vorher gezahlt hattest. Wenn du gesetzlich versichert bist, kommt das für dich nicht in Frage.

Wichtig
Du benötigst für Kanada eine spezielle Langzeit Auslandskrankenversicherung, denn keine der Krankenversicherungen in Deutschland übernimmt die Kosten in Kanada. Meine Empfehlung ist die

Reisepolice24 (www.kanadabuch.de/Versicherung)

3.5 | Wo soll ich in Kanada starten?

Im Prinzip gibt es keine Regeln. Es ist dein Work and Travel und du kannst hingehen, wohin du willst. Gefällt es dir nicht, dann reise weiter. Natürlich bieten bestimmte Orte Vorteile. Gerade für den Start eignet sich der Aufenthalt in einer Stadt. Denn in den ersten Tagen bist du mit einigen Formalitäten beschäftigt. Du musst die SIN Nummer (Social Insurance Number) beantragen oder das kanadische Bankkonto eröffnen. Mehr Infos dazu findest du im Kapitel 4 "Ankunft in Kanada". In einer Stadt findest du schnell Anschluss. Du triffst auf andere Backpacker und Traveler. Willst du gleich mit einem Job starten, dann ist es in einer Stadt einfacher, schnell einen zu finden. Brauchst du ein Auto, gibt es in Städten eine größere Auswahl. Wo du startest, entscheidest DU! Mir ist es hier wichtig, dass du auf dein eigenes Gefühl hörst. Es ist dein Work and Travel. Es ist deine Erfahrung. Wenn du also den Drang hast, direkt in den hohen Norden in der Provinz Yukon zu starten, dann folge deinem Herzen und schau, was passiert.

> **Info**
>
> Was für den einen unangenehm ist, kann für den anderen genau das sein, woran er sich ein Leben lang erinnert. Der Start auf dem Land oder in einer Kleinstadt ist schwieriger, aber so lernst du Freunde fürs Leben kennen oder bekommst eine zweite Familie. Wenn ich auf meiner Reise eines gelernt habe, dann, dass Schwierigkeiten dich immer auch weiterbringen. Zieht es dich aufs Land? Eine Farm? Folge deinem Herzen!

Kanada ist das zweitgrößte Land der Welt. Es bietet viel, sodass dir ein Jahr nicht ausreichen wird, um alles zu erkunden. Die meisten Work and Traveler starten ihre Reise entweder im Westen in der Stadt Vancouver oder im Osten in den Städten Toronto oder Montreal. Das liegt daran, dass diese Städte die besten Flugverbindungen haben. Die Flüge in den Osten sind günstiger als in den Westen. Aber wenn du dich rechtzeitig um deinen Flug kümmerst und die Tipps aus diesem Buch verwendest, findest du auch erschwingliche Flüge nach Vancouver. Mein Flug nach Vancouver kostete mich damals 350 € (One Way).

Willst du Geld sparen, dann nimm einen Flug in den Osten. Das sollte aber nicht dein Hauptgrund sein. Wenn du während deiner Zeit in Kanada von Ost nach West, oder umgekehrt von West nach Ost reist, kommt es am Ende mit dem Rückflug sowieso wieder aufs gleiche Geld raus. Ich lege mich vorher nie fest. Daher fliege ich immer mit One-Way Tickets. Höre auf dein Herz!

Sprache: Englisch oder Französisch?

Kanada hat zwei Nationalsprachen: Englisch und Französisch. Wobei Französisch hauptsächlich in der Provinz Quebec gesprochen wird. Willst du also dein Französisch verbessern, dann starte in Montreal.

> **Achtung**
> Auch wenn in Montreal zwar beide Sprachen gesprochen werden, ist die Stadt hauptsächlich Französisch. Dasselbe gilt andersherum für den Rest in Kanada. Dort wird hauptsächlich nur Englisch gesprochen.

Klima und Jahreszeit?

Unterschätze diesen Punkt nicht. Denn Kanada ist bekannt für seine harten Winter. Vor allem im Osten kann es im Winter auch mal -30°C kalt werden. Die Sommer dagegen sind angenehmen. Der Winter eignet sich besser zum Arbeiten. Vancouver bekommt durch sein mildes Klima im Winter meistens keinen Schnee und wird liebevoll Raincouver genannt. Im Winter kannst du auch in einem der beliebten Skigebiete arbeiten. Hierfür musst du dich schon rechtzeitig um einen Job kümmern. Ich bin damals im Juli nach Kanada gekommen und hatte den Sommer vor mir. Beachte die Jahreszeit und was du als erstes machen möchtest. Ich würde dir nicht empfehlen im Winter in Kanada anzukommen. Die Kälte und der viele Regen können dich depressiv werden lassen. Damit du deinen Start nicht schwieriger machst, komme im Frühling an. So hast du den wunderschönen Sommer vor dir und bist bereits eingelebt, wenn der Winter kommt.

Stadt oder direkt aufs Land?

Möchtest du gleich aufs Land? Dann brauchst du wahrscheinlich einen Gabel-Flug oder eine Weiterfahrt mit dem Bus. Das wird zwar teurer, aber dafür wirst du all deine ersten Eindrücke aus Kanada in dem Ort deiner Wahl erleben. Das ist eine völlig andere Erfahrung, als den Ort später auf einem Road Trip zu besuchen. Zur Bequemlichkeit würde ich dir empfehlen, die ersten Tage in einer Stadt zu verbringen. Kümmere dich dort um all die wichtigen Formalitäten. Du kannst von dort auch nach einer Gastfamilie oder einem Job oder einer Farm suchen. Hast du das bereits in der Tasche, ist es einfacher, auf dem Land zu starten. Wenn du willst, kannst du das schon von Deutschland aus machen. Ich kenne Work and Traveler, die so glücklich in ihr Work and Travel gestartet sind. Andere dagegen hätten lieber eine Stadt bevorzugt. Wenn du noch unentschlossen bist, rate ich dir, in einer Stadt zu starten. Lass dich dort von anderen Backpackern inspirieren. Unternehme dein erstes Abenteuer zusammen mit anderen Work and Travelern, die ebenfalls frisch in Kanada ankommen.

Wenn du deine Farm schon von Deutschland aus suchen willst, hast du zwei Möglichkeiten, diese zu finden. Du kannst auf eigene Faust nach einer Farm suchen oder du nimmst eines der Farm-Pakete der Organisationen. Ich würde die Pakete meiden, denn du arbeitest auf einer Farm gegen Kost und Logis (Essen und Unterkunft, kein Lohn). Bei dem Paket zahlst du aber einen hohen Preis, nur um auf die Farm zu kommen. Oft findest du dieselbe Farm auch über das Wwoofing Portal www.Wwoof.ca und musst nichts dafür zahlen. Du musst dich allenfalls selbst um die Anfahrt kümmern, das ist aber nur ein Bruchteil von dem, was du an eine Organisation zahlst. Mehr Infos zum Wwoofing und dem Arbeiten auf einer Farm findest du im Kapitel 6: Farm.

Muss ich einen Job bereits aus Deutschland suchen?

Solltest du dir einen Job oder eine Farm bereits aus Deutschland suchen? Nein. Das ist überhaupt nicht nötig. Es hängt von dir ab, was du willst. Hast du schon eine grobe Vorstellung, was du in deiner Zeit in Kanada machen willst? Dann spricht nichts dagegen, schon von Deutschland aus einen Plan zu schmieden. Musst du aber schon alles planen? Überhaupt nicht. Ich würde sogar das Gegenteil tun. Plane nur das Notwendige und lasse dich durch die Ereignisse vor Ort leiten. Vor allem, wenn du noch keine klare Vorstellung für dein Work and Travel hast, musst du nicht nur wegen der Angst, keinen Job zu finden, auf eine Farm gehen. Es gibt kein Richtig oder Falsch. Jede Entscheidung wird dich zu ganz eigenen Erfahrungen führen.

Die 3 großen Städte in der Übersicht:

Montreal
Provinz: Québec Einwohner: ca. 1.7 Millionen Zeitzone: Eastern Time (UTC−5) Gründung: 1642

Montreal befindet sich im Osten von Kanada in der Provinz Quebec. Montreal überzeugt durch seine Lebensfreude, die Musik und die vielen Festivals. Außerdem ist Montreal die günstigste Stadt zum Leben und ist bilingual. Es wird zwar Englisch und Französisch gesprochen, doch ist die dominierende Sprache Französisch. Wenn du dein Französisch verbessern willst, ist das genau die richtige Stadt für dich.

Toronto
Provinz: Ontario Einwohner: ca. 2.7 Millionen Zeitzone: Eastern Time (UTC−5) Gründung: 1793 (als York)

Toronto befindet sich in der Provinz Ontario und ist eine der beliebtesten Metropole im Osten von Kanada. Außerdem erreichst du die Niagarafälle und die Grenze der USA in nur eineinhalb Stunden vom Stadtzentrum Torontos. Weil die Flüge nach Toronto günstig sind, machst du mit dieser Stadt nichts falsch. Vor allem wenn du dich für den Osten von Kanada interessierst.

Vancouver
Provinz: British Columbia
Einwohner: ca. 650.000 (2.5 Mil. Metropolregion)
Zeitzone: Pacific (UTC-8/-7)
Gründung: 1886

Mein persönlicher Favorit ist Vancouver. Ich selbst habe mein Work and Travel Abenteuer hier gestartet. Die Stadt befindet sich an der Westküste Kanadas in der wunderschönen Provinz British Columbia (BC). BC wird von vielen als die schönste aller Provinzen bezeichnet. Hier beginnen auch die kanadischen Rocky Mountains und du kannst auf einen unvergesslichen Road Trip an die Westküste der USA starten. Vancouver ist die schönste Großstadt Kanadas und die Lage - umringt von den Bergen und dem Meer mit dem milden Klima - ist einzigartig. Vancouver ist eine hervorragende Stadt, um gut Anschluss zu finden. Du findest hier schnell einen Job und viele andere Backpacker und Traveler.

3.6 | Flug

Der Flugpreis kann einen erheblichen Anteil deiner Start-Kosten ausmachen. Such am besten selbst online nach einem Flug. Wie du dabei die günstigsten Flüge findest, und auf was es beim Thema Flug alles zu achten gibt, dass zeige ich dir in diesem Abschnitt.

3.6.1 | Allgemeines zur Flugreise nach Kanada

Flugdauer Direktflug
Frankfurt - Toronto = ca. 8,5h
Frankfurt - Vancouver= ca. 10h
Kosten Hinflug = ca. 350 € bis 1.000 €

Wann solltest du dein Flugticket buchen und welche Kosten werden auf dich zukommen? Vielleicht ist das dein erster Langstreckenflug? Vielleicht ist es dein erster Flug überhaupt oder du bist schon einige Mal geflogen? Egal wie erfahren du bist, auf den nächsten Seiten gebe ich dir all mein Wissen, das ich in den letzten Jahren auf meiner Weltreise über das Flugbuchen gelernt habe. Dabei gibt es viele Möglichkeiten, wie du günstige Flüge finden kannst. Dabei verfolge ich eine einzige Regel:

Regel
Je mehr Geld du bei deinem Flug sparen kannst, desto mehr Geld bleibt dir in Kanada von deinem Ersparten.

Ich gebe dir meine 15 besten Tipps, mit denen du immer günstige Flüge findest. Für Kanada hängt es außerdem davon ab, zu welchem Zeitpunkt du fliegen willst. Wieviel Zeit hast du noch bis zur Abreise? Von wo willst du wohin fliegen? Die Sommermonate Juli und August sind die teuersten Monate. Die Flüge von Frankfurt sind meistens die günstigsten. Außerdem ist es billiger, die Städte im kanadischen Osten wie Toronto und Montreal anzufliegen als Vancouver im Westen. Wo du in Kanada starten sollst, hängt dabei völlig von dir selbst ab. Bist du dir noch unsicher dann lies nochmal "Wo soll ich in Kanada starten?". Generell gilt bei der Flugsuche: Flexibilität. Je flexibler du mit deinen Daten und den Orten bist, umso mehr Geld kannst du sparen. Mehr zu den günstigen Flügen findest du im Abschnitt "15 Tipps, wie du IMMER günstige Flüge findest". Ich gebe dir auch Informationen zu den verschiedenen Flugtickets, den Einreisebestimmungen in Kanada und den Gepäckbestimmungen.

Flug buchen mit einer Reiseveranstalter?

Ich hoffe, dass ich dich mit meinem Buch dabei unterstütze, deine Reise selbst zu planen. Solltest du aber trotzdem eine Organisation nehmen, hängt es vom gewählten Paket ab, ob der Flug mit inbegriffen ist oder nicht. Dabei decken die Reiseveranstalter in der Regel die An- und Abreise ab. Du solltest wissen, dass die Flüge über die Organisation meistens teurer sind, als würdest du die Flüge selbst buchen. Zudem kann es sein, dass die Organisation nur Partner-Airlines verwendet. Also sind nicht alle günstigen Flüge über die Organisation verfügbar. Ich zeige dir in diesem Buch viele Möglichkeiten, günstige Flüge zu buchen, sodass du wegen des Fluges sicher auf einen Reiseveranstalter verzichten kannst.

ETA Kanada, ESTA und ein Flug über die USA

Für eine Reise nach Kanada brauchst du das eTA Kanada (electronic Travel Authorization). Das ist die elektronische Einreisegenehmigung für Kanada. Es ist nicht das Visum, sondern soll die Sicherheit der Flugreisen verbessern. Ohne eine gültige eTA darfst du nicht in Kanada einreisen. Wenn du ein Working Holiday Visum hast, also den POE-Letter, dann findest du deine eTA Nummer auf der zweiten Seite. Du musst also keine eTA beantragen, wenn du ein WHV hast.

> **Achtung**
>
> Wenn deine Passnummer nicht mehr identisch zur Nummer ist, die du für dein Antrag des WHV verwendet hast, musst du eine neue eTA Kanada beantragen. Wenn du als Tourist (ohne WHV) nach Kanada einreist, brauchst du ebenfalls eine eTA Kanada. Wann und wie du das eTA beantragst und wie hoch die Kosten sind, beantworte ich im Artikel "eTA Kanada FAQ: Die häufigsten Fragen beantwortet" - www.kanadabuch.de/eta.

Ähnlich wie das eTA in Kanada gibt es das ESTA (Electronic System for Travel Authorization) zu deutsch das elektronische Reisegenehmigungssystem für die USA. Du brauchst das ESTA wenn du in die USA fliegen willst.

> **Achtung**
>
> Das ESTA ist auch erforderlich, wenn du nur einen Zwischenstopp in den USA einlegst und dann weiter nach Kanada fliegst. Das Umsteigen in den USA ist immer mit erhöhten Sicherheitskontrollen verbunden. Plane genügend Zeit für das Umsteigen ein. Ich empfehle mindestens drei Stunden. Wann und wie du das ESTA beantragst und wie hoch die Kosten sind, beantworte ich im Artikel "ESTA USA FAQ: Die häufigsten Fragen beantwortet" - www.kanadabuch.de/esta.

3.6.2 | Welche Arten von Flugtickets gibt es?

Bei der Wahl deines Flugtickets kannst du zwischen einem klassischen Hin- und Rückflug Ticket, einem One-Way Ticket (nur Hinflug) und dem Rückflug Ticket mit der Option auf ein variables Rückflugdatum (auch flexi Ticket oder Open Return Ticket genannt) wählen. Da du bei der Einreise nach Kanada mit dem Working Holiday Visum kein Rückflugticket benötigst, hast du also die Möglichkeit, deinen Rückflug später zu buchen.

> **Achtung**
>
> Du brauchst zwar kein Rückflugticket, aber bei der Einreise mit dem WHV musst du ausreichend finanzielle Mittel nachweisen, um dir davon ein Rückflugticket kaufen zu können. Da hier keine exakte Zahl genannt wird, empfehle ich immer etwa CAD 1.000 mehr mitzunehmen. Diese CAD 1.000 musst du zusätzlich zu den geforderten CAD 2.500 für das Working Holiday Visum vorzeigen. Dein Startkapital sollte mindestens 3.500 CAD betragen. Was genau du bei der Einreise in Kanada alles brauchst, das findest du Kapitel 3: Working Holiday Visum Kanada.

> **Wichtig**: Wenn du nur als Tourist einreist, dann ist ein Rückflugticket notwendig.

Hin- und Rückflug Ticket

Das Hin - und Rückflug Ticket ist die klassische Variante eines Tickets.

Der Vorteil ist, dass du den Rückflug meist günstiger bekommst, als wenn du den Rückflug einzeln buchst. Dieser Unterschied kann einiges an Geld ausmachen. Kürzlich habe ich einen Flug von München nach Barcelona für 190 € gebucht. Den Rückflug gab es dann für nur 50 € mehr. Beide Ticket einzeln würden 380 € kosten. Kombiniert zahlte ich aber nur 240 €. Das ist nicht immer der Fall, kann aber den Preis um einiges senken. Deshalb ist es wichtig, dass du deine eigene Recherche zu den Flugpreisen machst. Die Preise können sehr stark vom Ort und der Zeit abhängen!

Der Nachteil des Hin- und Rückflugtickets ist die eingeschränkte Flexibilität. Wenn du Work and Travel in Kanada machst, ist es praktisch, wenn du deine Pläne offen lässt. Vielleicht befindest du dich nach einem Jahr nicht mehr an dem Ort, für welchen du ursprünglich dein Rückflugticket gebucht hast. Außerdem kostet dich eine zeitliche Umbuchung oft einiges mehr. Ob der Ort überhaupt verändert werden kann, hängt ebenfalls von der Airline ab. Am Ende wird das Ticket dann teurer, als wenn du dein Rückflug einzeln gebucht hättest. Kanada ist das zweitgrößte Land der Welt. Sagen wir du hast ein Rückflugticket von Vancouver, merkst aber während deiner Reise, dass es dir in Toronto besser gefällt. Von hier sind die Flüge nach Europa auch billiger als von Vancouver. Es würde dich viel Zeit und Geld kosten, wegen des gebuchten Rückfluges das ganze Land wieder zu durchqueren. Oder nehmen wir an, du entscheidest dich während deiner Reise, länger in Kanada zu bleiben. Ursprünglich hatte ich ein Jahr in Kanada geplant. Mir hat es dann so gut gefallen, dass ich mich entschieden habe, ein weiteres Jahr anzuhängen. Was ist, wenn du am Ende noch einen dreimonatigen Road Trip durch die USA machen willst? Rückflug von New York? Abstecher nach Hawaii, Island oder sonst wo in der Welt? Ein Jahr ist eine sehr lange Zeit und deine Pläne können sich ändern.

One Way Ticket

One Way Ticket bedeutet nichts anderes, als dass du nur den Hinflug nach Kanada buchst. Dadurch bekommt deine Reise mehr Flexibilität. Du entscheidest vor Ort, wann und wo du als nächstes hingehst. Bei einem One Way Ticket musst du zwar das Rückflugticket separat buchen und eventuell etwas mehr zahlen, als wenn du ein Hin- und Rückflug Ticket zusammen gekauft hättest. Wie jedoch bereits erwähnt, ist ein Jahr eine lange Zeit, und Pläne können sich schnell ändern. Daher ist das meine bevorzugte

Art zu reisen.

Open Return Ticket (flexi Ticket)

Es gibt noch eine dritte Möglichkeit: Was wenn du dich mit einem Rückflugticket sicherer fühlst, aber deinen Rückflug flexibel ändern könntest? Klingt doch hervorragend, nicht wahr? Und ja, genau solche Tickets existieren. Es gibt zum Beispiel das reguläre Ticket mit der Option, für einen Aufpreis von etwa 80 € dein Datum frei wählen zu können. Leider bietet das nicht jede Airline an und viele von ihnen beschränken die Flexibilität auf dieselbe Flugroute. Du kannst dann zwar das Datum ändern, aber nicht einen anderen Abflugort wählen. Eine weitere Option sind die flexi Tickets oder Open Return Tickets. Hier darfst du auch den Ort noch frei wählen. Leider sind diese Tickets oft um einiges teurer und ebenfalls auf bestimmte Airlines begrenzt. Außerdem sind auch sie zeitlich begrenzt. Du musst dich oft innerhalb eines Jahres um den Rückflug kümmern. Wenn du deine Reise also verlängern willst, verlierst du das Ticket. Zusätzlich musst du auch das Kleingedruckte verstehen. Ich habe schon öfter von frustrierten Travelern gehört, deren Open Return Ticket am Ende nicht so flexibel war, wie sie es dachten. Einige Daten sind nicht möglich zu buchen oder nur mit einem Aufpreis. Da auch die Auswahl bisher noch stark begrenzt ist, kann ich die Open Return Tickets nicht hundertprozentig empfehlen. Ob es sich also für dich lohnt, musst du für dich selbst entscheiden.

Gibt es einen Fall, in dem das Open Return Ticket Sinn macht?
Sagen wir, du fliegst zuerst in die USA. Denn hier brauchst du ein Rückflugticket. Dein Rückflugticket ist ein flexibles, und du kannst es dem Beamten an der Grenze vorzeigen. Ob sich das dann lohnt, oder ob ein normales Hin- und Rückflugticket mit Umbuchungsgebühr trotzdem günstiger ist, musst du für jeden Einzelfall überprüfen.

Was sind sogenannte Fake Tickets?

Fake Ticket steht für gefälschtes Ticket. Gleich vorweg: ich habe diese Variante noch nicht probiert und würde es dir auch nicht empfehlen. Entscheide dich für eine der obigen Lösungen. Um dir aber alle Optionen zu nennen, führe ich dir die Möglichkeit auf, dir ein Flugticket auf deinen Name für etwa 10 € ausstellen zu lassen. Dabei handelt es sich nicht um Urkundenfälschung, sondern für den Zeitraum, in dem du das Ticket besitzt, ist es auch mit deinem Namen bei der Airline hinterlegt. Das Ticket selbst wird wieder storniert und du kannst es nicht benutzen. Warum gibt es sowas? Viele Länder wollen bei der Einreise ein Rückflugticket von dir sehen. Vielleicht willst du dich erst während deines Aufenthalts entscheiden, wo es als nächstes hingeht. Oder was, wenn du auf deinem Weg nach Kanada noch einen Abstecher in einem Land machst, in dem ein Rückflugticket notwendig ist? Sollst du einfach eines buchen, selbst wenn du es nie verwenden wirst? Dafür gibt es online einige Services, die dir die Möglichkeit bieten, ein Ticket auf deinen Namen ausgestellt zu bekommen. Aber Achtung: solltest du dich dafür entscheiden, recherchiere genau, welchen Service du verwendest. Es ist nicht auszuschließen, dass manche dieser Services tatsächlich nur Fake und Scam sind.

3.6.3 | Gepäckbestimmungen

Jede Airline verfügt über eigene Gepäckbestimmungen. Wie diese für Frei-, Hand-, Über- und Sondergepäck sind, hängt von der Flugstrecke und Buchungsklasse ab. Daher solltest du dich mit den Gepäckbestimmungen deiner Airline vertraut machen. Wieviele Gepäckstücke darfst du aufgeben? Wie schwer dürfen deine Koffer maximal sein? Was darfst du als Handgepäck mitnehmen? Gerade billigere Airlines haben Aufpreise beim nicht Einhalten dieser Regelungen. Wenn du Sondergepäck mitnehmen willst, kostet das meist einen Aufpreis. Als Sondergepäck gilt dein Sportequipment wie das Snowboard oder Fahrräder. Sollte das dein erster Flug sein, gebe ich dir hier ein paar allgemeine Regelungen, die es beim Fliegen zu beachten gibt.

Seit den Anschlägen auf das World Trade Center in New York haben sich die Regelungen rund um das Handgepäck im Flugzeug zum Teil drastisch verschärft. Verschiedene Gesetze und Bestimmungen sollen Flugzeugentführungen und terroristische Anschläge verhindern und die Sicherheit an Bord des Flugzeuges erhöhen. So ist bei einem Flug das Mitführen von gefährlichen Gegenständen im Handgepäck aufgrund des Luftsicherheitsgesetzes verboten.

Zu den gefährlichen Gegenständen zählen natürlich Waffen aller Art. Aber auch Gegenstände, die nur so aussehen oder als Waffe gebraucht werden können, dürfen nicht ins Handgepäck. Darunter fallen z.B. Baseballschläger oder Stricknadeln. Da Sprengstoffe, brennbare Flüssigkeiten sowie ätzende und brennbare Stoffe auf der Liste der nicht zulässigen Gegenstände stehen, wurde auch die Mitnahme von Flüssigkeiten im Handgepäck streng reglementiert. Dafür gibt es die EU-Handgepäcksrichtlinie.

Verboten im Handgepäck
- Pistolen, Feuerwaffen und sonstige Waffen
- Nachbildungen und Imitationen von Waffen (auch Spielzeugwaffen für Kinder)
- Munition
- Messer und scharfe Gegenstände (auch Taschenmesser, Nagelscheren, spitze Nagelfeilen, Stricknadeln)
- Rasierklingen (in Kunststoff integrierte Klingen sind erlaubt)
- Gegenstände, die als Waffe eingesetzt werden können, wie z.B. Ski- und Wanderstöcke oder Schlittschuhe
- neutralisierende oder kampfunfähig machende Gegenstände, wie z.B. Elektroschocker

- Gegenstände, die als Schlagwaffe gebraucht werden können, wie z.B. Baseballschläger, Golfschläger oder Skateboards
- explosive und entflammbare Stoffe
- chemische und toxische Stoffe
- Feuerwerkskörper
- Betäubungs- und Abwehrspray, wie z.B. Pfefferspray
- Flüssigkeiten, Pasten, Gele, und Aerosole, nur wenn die Menge und Verpackung der EU-Richlinie entspricht.

Erlaubt im Handgepäck
- Babynahrung und -wasser, wenn das Kind mit dir reist und unter drei Jahren ist
- Nahrung in fester Form (doch dürfen Lebensmittel nicht in ein Land eingeführt werden)
- Medikamente (näheres dazu bei den allgemeinen Bestimmungen)
- Medizinisch notwendige Geräte, wie z.B. ein Luftkompressor / Beatmungsgerät
- Dinge des täglichen Gebrauchs wie stumpfe Nagelfeile, Einmalrasierer, Taschenmesser mit max. 6 cm Klingenlänge (Ausnahme USA-Flüge). Eine Garantie gibt es hierfür leider nicht und schon manches Taschenmesser wurde vom Flughafenpersonal einkassiert.
- ein auffüllbares Gasfeuerzeug (kein Einweg- und kein Benzinfeuerzeug) und / oder eine Schachtel Streichhölzer, wenn es am Körper getragen wird.
- E-Zigaretten
- technische Geräte, wie Laptop, Handy und MP3-Player (Regelung aber abhängig vom Abflugort, deshalb vorher informieren)
- Duty-Free Ware, die am Tag des Fluges nach der Bordkartenkontrolle bzw. im Flugzeug gekauft wurde, wenn sie sich in einem durchsichtigen vom Personal versiegelten Beutel befinden. Ein von außen lesbarer Beleg mit Verkaufsdatum und -ort muss enthalten sein. Der Beutel muss bis zum Ende der letzten Teilstrecke verschlossen und versiegelt bleiben.

3.6.4 | Einreisebestimmungen

Wenn du als deutscher Staatsbürger mit dem Working Holiday Visum nach Kanada einreisen willst, brauchst du folgende Unterlagen:

- **Gültigen deutschen Reisepass** (Achtung: Dein Visum wird dir nur solange ausgestellt, wie dein Pass noch gültig ist. Beispiel. Wenn dein Pass nur noch sechs Monate bei der Einreise gültig ist, wird dein Arbeitsvisum auch nur auf sechs Monate ausgestellt)
- **POE-Letter** (Port of Entry-Letter) oder auch Correspondence Letter genannt - Das ist dein Bestätigungsschreiben aus dem WHV Antrag. Achtung: Das ist noch

nicht dein Arbeitsvisum. Damit wird dir aber an der Grenze dein Work Permit (Arbeitsvisum) ausgestellt.
- **Nachweis einer Krankenversicherung**
- **Nachweis ausreichender finanzieller Mittel** (Dieser Betrag wird durch WHV vorgeschrieben. Aktuell sind das CAD 2.500)
- Rückflugticket oder Beleg über **ausreichende finanzielle Mittel**, um dir davon ein Rückflugticket kaufen zu können.
- **Kopien der Dokumente**, die du für die Beantragung deines WHV eingereicht hast

Als Nachweis für die ausreichenden finanziellen Mittel reicht ein aktueller, nicht älter als eine Woche alter Kontoauszug. Es reicht auch ein Screenshot aus deinem Online-Banking. Achte darauf, dass dein Name auf dem Screenshot ersichtlich ist. Alle Vorschriften können sich natürlich ändern – die aktuellsten Angaben dazu findest du auf der Website der kanadischen Regierung: "CIC Canada" (www.kanadabuch.de/ankunft)

Wichtig
Der POE-Letter (Port of Entry-Letter) allein berechtigt nicht zur Einreise. Selbst wenn du dein Work Permit (Arbeitsvisum) bereits in den Händen hältst und wieder erneut nach Kanada einreisen willst, berechtigt dich das Working Holiday Visum allein nicht zu Einreise. Das letzte Wort hat immer der Beamte an der Grenze.

An der Grenze kann es vorkommen, dass der Beamte so gut wie nichts von dir sehen will und dich durchwinkt. Oder er überprüft alle deine Dokumente. Auch wenn du mit einem bereits vorhanden Work Permit erneut nach Kanada einreist, musst du dieselben Dokumente wieder vorzeigen, die du auch beim ersten Mal zeigen musstest. Also Nachweise über die Krankenversicherung und ausreichende finanzielle Mittel etc.

Sehr Wichtig
Nachdem du dein Working Holiday Visum, also dein Work Permit (Arbeitsvisum) erhalten hast, überprüfe es auf Richtigkeit. Es passiert nicht selten, dass sich beim Datum ein Fehler einschleicht und anstelle von 12 Monaten nur sechs Monate im Visum eingetragen sind. Lass das sofort korrigieren! Nachträglich wird das schwer zu ändern.

Informiere dich vor deiner Einreise, was du nach Kanada einführen darfst, vor allem zu Lebensmitteln, Medikamenten und Vorschriften, die Obst, Erde oder Saatgut betreffen. Mehr Informationen findest du auf der Webseite der kanadischen Regierung: Canada Border Service Agency (www.kanadabuch.de/BoarderAgency)

Die Bestimmungen solltest du sehr ernst nehmen. Jeder Verstoß kann deine Einreise verlängern!

3.6.5 | 15 Tipps, wie du IMMER günstige Flüge findest

Für die meisten Reisen ist der Flug der teuerste Teil. Obwohl die Preise für Transatlantikflüge in den letzten Jahren gesunken ist, kann es immer noch einen erheblichen Teil der Kosten ausmachen. Egal ob du Work and Travel in Kanada machst, oder nach einen günstigen Flug für deinen nächsten Urlaub suchst, jede 100 €, die du sparen kannst, investierst du lieber in deine Reise. Die Fluggesellschaften haben jeden Tag Tausende von Angeboten - von Tippfehlern (Error Fares), veröffentlichen Tarifen über Sonderaktionen bis hin zu Preissenkungen, um mit einer anderen Fluggesellschaft zu konkurrieren. Günstige Tarife gibt es, und du kannst deine Traumreise Wirklichkeit werden lassen. Du musst nur wissen, wo du schauen musst. Ich helfe dir dabei, wie du günstige Flüge finden kannst. Das sind genau die Schritte, die ich selbst schon seit Jahren anwende, wenn ich meine Flüge suche. Ich offenbare dir meine Geheimnisse zur billigen Flugsuche. Egal wohin du fliegen willst.

Tipp 1: Ignoriere die billigen Flugmythen!

Das Erste, das du über die Suche nach einem günstigen Flug wissen musst, ist, dass es keine magische Kugel oder einen geheimen Ninja-Trick gibt. Online gibt es viele Mythen darüber, wie man günstige Flüge findet. Wahrscheinlich bist du bei deiner Suche nach dem besten Flugangebot schon auf einige gestoßen. Es sind Lügen, und sie werden dich in die Irre führen. Viele Webseiten verwenden gängige und veraltete Mythen und recyceln diese. Hier eine Liste mit den häufigsten, die sicher nicht mehr stimmen:

- Es ist NICHT billiger, die Flugreise an einem Dienstag (oder einem anderen bestimmten Tag) zu kaufen.
- Es gibt KEINE Beweise dafür, dass die Inkognito-Suche zu günstigeren Angeboten führt. Obwohl es nicht schadet, es zu versuchen. (Das Inkognito Fenster im Google Chrome Browser erlaubt es dir das Internet Privat und ohne gesetzte Cookies zu surfen.)
- Es gibt KEINEN bestimmten Zeitraum, in dem du deinen Flug buchen solltest.
- Du kannst keine Airline-Preise vorhersagen. Webseiten, die das behaupten, sprechen nur Vermutungen aus.

Die Fluggesellschaften verwenden fortschrittliche Computeralgorithmen, um Preise basierend auf Verkauf, Jahreszeit, Nachfrage, Wetter, Veranstaltungen, Tageszeit, Mitbewerberpreisen, Treibstoffpreisen und vielem mehr zu ermitteln. Diese so genannten "Tricks" funktionieren nicht mehr. Mittlerweile ist das System schlauer. Verschwende deine Zeit nicht!

Tipp 2: Sei flexibel mit dem Abflugdatum!

Die Preise für Flugtickets variieren stark nach dem Wochentag, der Jahreszeit und bevorstehenden Feiertagen wie Weihnachten, Silvester, Ostern und Pfingsten. Im Winter möchten viele an einen warmen Ort. August ist die größte Reisezeit innerhalb Europas und viele nutzen die Zeit, um zu verreisen. Kurz gesagt: Wenn du fliegst, wenn jeder fliegt, dann ist es teurer. Versuche mit deinem Datum flexibel zu sein. Wenn du nach Kanada fliegen willst, dann flieg in der Nebensaison (Frühjahr oder Herbst), wenn weniger Leute nach Kanada fliegen und der Flugpreis günstiger ist. Je flexibler du mit deinen Plänen bist, desto wahrscheinlicher ist es, dass du einen günstigen Flug finden wirst. Außerdem ist es fast immer billiger, mitten in der Woche zu fliegen, als an einem Wochenende, da die meisten Leute an den Wochenenden reisen, und die Fluggesellschaften ihre Preise erhöhen. Die Preise sind außerdem günstiger vor und nach der Urlaubszeit und am frühen Morgen und späten Abend. Weil dann weniger Menschen reisen. Wer will schon früh aufstehen? Ein einziger Tag kann dir Einsparungen in Höhe von 100 € beschaffen. Fluggesellschaften passen ihre Preise an, wenn Festivals, Feiertage, große Sportereignisse oder Ferien anstehen. Sei flexibel mit deinem Datum und der Abflugzeit! So kannst du viel Geld sparen.

Tipp 3: Sei flexibel mit dem Ziel und dem Abflugort!

Wenn du beim Fliegen nicht flexibel mit dem Abflugdatum bist, solltest du es zumindest mit dem Ziel- und dem Abflugort sein. Am besten ist es natürlich, mit der Zeit und dem Ort flexibel zu sein, aber wenn du wirklich das meiste Geld sparen und einen günstigen Flug für deine Reise nach Kanada finden willst, dann solltest du zumindest flexibel mit einem von beiden sein, Datum oder Ort.

Flugsuchmaschinen haben es einfach gemacht, die ganze Welt zu durchsuchen. Um das billigste Ticket zu finden, musst du nicht mehr manuell suchen: Stadt für Stadt, Tag für Tag. Webseiten wie Skyscanner, Momondo und Google Flights bieten Erkundungstools, mit denen du von einem beliebigen Flughafen alle Flüge in der Welt auf einer Weltkarte sehen kannst. Auf diese Weise kannst du problemlos mehrere Ziele vergleichen, ohne jede mögliche Option erarbeiten zu müssen. Du wirst interessante Ziele finden, an die du nicht einmal gedacht hast. Wenn du flexibel mit deinem Ziel bist, kannst du auf diese Weise herausfinden, welches der günstige Flug ist.

Tipp 4: Fliege mit günstigen Airlines!

Wenn du vor einigen Jahren auf einen anderen Kontinent fliegen wolltest, gab es nur die traditionellen, teuren Fluggesellschaften zur Auswahl. Das ist heute nicht mehr der Fall. Billigfluggesellschaften bieten mittlerweile viele Langstreckenflüge an. Du kannst mit einer Billigfluggesellschaft die ganze Welt erreichen. Diese bietet zwar nicht den

Komfort, und du musst Geld für Premium-Upgrades, wie Gepäck und Mahlzeiten aufwenden, aber trotzdem kann der Preis im Ergebnis unschlagbar sein. Hier eine Liste der größten Billigfluggesellschaften die auch Kanada anfliegen:

- Flair Airlines
- Swoop
- Jetlines
- Air Canada Rouge
- Porter
- Air Transat
- Sunwing
- WestJet
- Condor

> **Pro-Tipp**
>
> Besuche die Website deines Abflughafens, um herauszufinden, welche Billigairlines von dort fliegt. Billigfluggesellschaften sind eine gute Alternative zum Fliegen mit den traditionellen Airlines. Du bekommst zwar weniger Leistungen, kannst dafür aber eine Menge Geld sparen. Oft fallen weitere Gebühren für aufgegebenes Gepäck, Handgepäck, das Drucken deiner Bordkarte oder die Verwendung einer Kreditkarte an. Achte daher auf zusätzliche Gebühren! So verdienen die Billigfluggesellschaften ihr Geld. Addiere unbedingt all die Kosten für das Ticket UND die Gebühren, um sicherzustellen, dass der Preis am Ende wirklich niedriger ist, als bei einem größeren Anbieter.

Tipp 5: Verwende Flugsuchmaschinen!

Flugsuchmaschinen vergleichen Fluggesellschaften, Reiseagenturen und Urlaubsportale miteinander und suchen nach den billigsten Flügen. Sie sind ein guter Start, um aktuelle Angebote zu bekommen. Außerdem hast du dort mehr Freiheit bei den Einstellmöglichkeiten. Zum Beispiel kannst du verschiedene Flughäfen miteinander vergleichen, dir die Preise für einen kompletten Zeitraum anzeigen lassen und sogar, wie in Punkt 4 beschrieben, dir Preise in Orte auf der ganzen Welt auf einer Karte anzeigen lassen. Zu den beliebtesten Flugsuchmaschinen gehören Skyscanner, Momondo, Google Flights und Kayak. Ich verwende Momondo & Skyscanner am liebsten.

- Momondo (www.kanadabuch.de/momondo)
- Skyscanner (www.kanadabuch.de/Skyscanner)
- Kayak
- Google Flights

- Swoodoo
- Opodo
- Azair
- ITA Matrix
- Travelocity
- Mobissimo
- Vayama
- cheaptickets

> **Tipp**
>
> Lösche dein Browser-Cache! Wenn du öfter nach denselben Flügen suchst, kann es sein, dass der Preis steigt. Woran liegt das? Wenn du im Internet bist, wird dein Verhalten in so genannten Cookies gespeichert. Das sind kleine Dateien, die von deinem Browser auf deinem Rechner gespeichert werden. Durch diese Cookies können die Webseiten erkennen, wie oft du sie besuchst. Bei manchen Flugsuchmaschinen bedeutet das: Kehrst du öfter zurück, bist du ein interessierter Kunde. Dementsprechend erhöhen sie ihr Angebot für den gesuchten Zeitraum. Du kannst dem entgegenwirken, indem du deinen Browser Cache vor dem Besuch der Website löschst.

Tipp 6: Vergleiche verschiedene Flugsuchmaschinen!

Um das beste Angebot zu finden, musst du mehrere Webseiten miteinander vergleichen. Viele der Flugsuchmaschinen listen keine Billigfluggesellschaften oder unbekannte ausländische Fluggesellschaften auf, da diese Fluggesellschaften keine Provision zahlen. Manche listen keine Seiten, die nicht auf Englisch oder Deutsch sind. Andere zeigen nur die Preise, die direkt von den Fluggesellschaften kommen. Kurz gesagt: Nicht alle Webseiten sind für die Flugsuche gleich. Alle haben ihre Vor- und Nachteile. Da es keine perfekte Suchmaschine gibt, solltest du deine Suche nicht nur auf eine begrenzen. Sogar die besten Flugsuchmaschinen haben ihre Macken. Trotzdem habe ich ein paar Favoriten, mit denen ich meine Flugsuche immer beginne. Da diese Flugsuchmaschinen tendenziell immer die besten Ergebnisse zeigen. Meine Favoriten, um den günstigsten Flug zu finden sind:

- Momondo - Das ist meine Lieblingswebsite. Momondo durchsucht die meisten Fluggesellschaften und Websites der Welt und zeigt dir die billigsten Flüge an.
- Google Flights - Eine großartige Suchmaschine von Google, mit der du dir Preise für mehrere Ziele anzeigen lassen kannst.
- Skyscanner - Das ist die zweitbeste Flugsuchmaschine, die genauso viele Seiten wie Momondo durchsucht. Außerdem ist die Bedienung einfach, und es gibt sogar eine App fürs Smartphone.

Normalerweise starte ich meine Suche mit Momondo oder Skyscanner. Oder gleich beide. Da alle wichtigen Fluggesellschaften und Billigfluggesellschaften und Webseiten in anderen Sprachen mit durchsucht werden. Außerdem werden diese zwei Suchmaschinen auch von den meisten mir bekannten Reiseexperten verwendet.

Tipp 7: Error Fares

Um richtig günstige Flüge zu finden, kannst du nach den so genannten Error Fares Ausschau halten. Das ist ein Flug, der nur einen Bruchteil des Normalpreises kostet. Häufig findest du diese günstigen Error Fare Angebote auch bei Hotels oder Pauschalreisen, die plötzlich extrem günstig sind. Bei einem Error Fare handelt es sich um einen Preisfehler. Dieser entsteht, wenn ein Fehler beim Einstellen des Flugpreises unterläuft. Dadurch kannst du günstige Flüge finden. Leider sind Error Fares schwer zu finden und nur sehr kurz verfügbar. Es gibt Seiten, die sich mit diesem Thema beschäftigen, unter anderem Tripdoo.de, Urlaubspiraten.de und Urlaubsguru.de Dort ist aber nicht jedes Angebot automatisch ein Error Fare. Es lohnt sich trotzdem, mal vorbeizuschauen. Allgemein gilt: Hast du einen gefunden, dann ruf nicht bei der Airline an. Dadurch verrätst du ihnen den Fehler und verlierst vielleicht das Angebot. Mit weiteren Buchungen (z.B. Hostel) solltest du außerdem warten, bis dein Flug bestätigt wurde.

Mehr Informationen über Error Fares findest du hier: www.kanadabuch.de/errorfare

Tipp 8: Abonniere die Newsletter verschiedener Airlines!

Viele Angebote im Internet sind oft nur wenige Tage aktiv. Es ist nahezu unmöglich, all diese Angebote zu finden. Eine Möglichkeit, solche Angebote direkt zu dir nach Hause zu bekommen, ist über die Newsletter der einzelnen Airlines und/oder der Flugportale. Diese versenden regelmäßig E-Mails mit günstigen Angeboten. Wenn das passende Angebot dabei ist, einfach zuschlagen! Neben den Fluggesellschaften kannst du auch auf folgenden Webseiten günstige Angebote finden:

- **Airfarewatchdog** – Ideal für die Suche nach USA-Flugangeboten.
- **The Flight Deal** – Ideal für globale Flugangebote.
- **Urlaubspiraten** – Das Beste für europäische Flugangebote.
- **Scott's Billigflüge** – Das BESTE für USA-Flugangebote.
- **Geheimes Fliegen** – Eine großartige Seite für Flugangebote aus der ganzen Welt.

Tipp 9: Direktflug oder Zwischenstopp?

Du kannst Geld sparen, wenn du zusätzlich zum Ort und Datum auch noch flexibel mit deiner Route bist. Zum Beispiel ist es manchmal billiger, nach London zu fliegen und dort eine Billigfluggesellschaft nach Toronto zu nehmen. So bin ich schon einige Male geflogen. Das kostet dich zwar etwas mehr Flugzeit als ein Direktflug, dafür kannst du aber eine Menge Geld sparen. Ich bin auf diese Weise schon für insgesamt 46 € über Dublin nach Schweden geflogen. Um diese Methode zu verwenden, musst du herausfinden, wieviel es kostet, direkt zu deinem Ziel zu gelangen. Öffne Google Flights und gebe deinen Zielkontinent ein. Vergleiche die angezeigten Preise der nahe gelegenen Flughäfen, und wenn die Differenz mehr als 150 € beträgt, prüfe einen zweiten Flughafen.

Achtung
Wenn du separate Flüge/Züge buchst, achte darauf, dass zwischen den Verbindungen mindestens drei Stunden liegen. Dies gibt dir mehr Spielraum für Verspätungen. Denn dein zweiter Zug/Flug wird bei Verspätung nicht auf dich warten.

Mit drei Stunden Puffer bist du auch beim Versicherungsanspruch versichert. Denn die meisten Versicherungsunternehmen verlangen eine Verzögerung von mindestens drei Stunden, bevor Sie deinen Anspruch geltend machen. Diese Methode ist mehr Arbeit, da du viele verschiedene Routen vergleichen musst. Aber es kann sich am Ende wegen des geringeren Preises lohnen.

Tipp 10: Buche einzeln und nicht als Gruppe!

Wenn du mit Freunden oder deiner Familie reisen willst, dann suche oder kaufe nicht alle Tickets auf einmal. Fluggesellschaften weisen immer den höchsten Ticketpreis für eine Gruppe von Tickets aus. Das bedeutet, dass du am Ende mehr Geld bezahlst. Wenn du beispielsweise mit einer vierköpfige Familie nach vier Sitzplätzen suchst, findet die Fluggesellschaft vier Sitzplätze zusammen und zeigt den Tarif basierend auf dem höchsten Ticketpreis an. Wenn also Sitz A 200 €, Sitz B und C 300 € und Sitz D 400 € beträgt, werden diese Tickets mit jeweils 400 € bewertet, anstatt die einzelnen Ticketpreise zu addieren. Je mehr Mitglieder in der Gruppe sind, desto größer kann der Preisunterschied werden. Suche deshalb immer als Einzelperson nach Tickets. Anschließend kannst du beim Check-Out deine Plätze wählen., damit du und deine Familie trotzdem zusammen sitzen können. Selbst wenn ihr nicht nebeneinander sitzt, kann es euch so trotzdem einige hundert Euro einsparen.

Tipp 11: Nutze den Vorteil des Studentenrabatts!

Wenn du noch Student bist (oder unter 26 Jahren), dann stehen dir viele Rabatte zur Verfügung. In der Regel findest du Preise um 20 bis 30 Prozent günstiger als der Standardtarif. Reisebüros wie "STA Travel" oder "Flight Center" können dir helfen, ein günstiges Ticket zu finden. Außerdem werden die meisten Studentenrabatte an Airline-Partner übertragen. Zum Beispiel bietet Delta einen Studentenrabatt an, was bedeutet, dass du diesen Rabatt für Partnerfluggesellschaften wie KLM und Air France nutzen kannst. Auf diese Weise kannst du viel weiter fliegen und gleichzeitig eine Menge Geld sparen. Wenn du nicht weißt, welche Fluggesellschaften Studentenrabatte anbieten, besuche deren Website oder rufe sie an. Es lohnt sich, ein wenig nachforschen um zu sparen.

Tipp 12: Kombiniere verschiedene Airlines!

Wenn du direkt bei der Fluggesellschaft buchst, kannst du nur mit dieser Fluggesellschaft und ihrer Partnerfluggesellschaften fliegen. Das bedeutet, dass deine Möglichkeiten begrenzt sind. Wenn es also darum geht, die perfekte Reiseroute oder das meiste Geld zu sparen, dann buche die Tickets bei verschiedenen Fluggesellschaften einzeln. Wenn du beispielsweise von Frankfurt nach Vancouver fliegst, kannst du einen Zwischenstopp in Reykjavík (Island) einlegen. Es ist natürlich einfacher, beide Strecken in einem Ticket zu buchen. So sparst du wahrscheinlich kein Geld. Wenn du aber stattdessen deinen Flug von Frankfurt nach Reykjavík als einzelnes Ticket und dann das Ticket von Reykjavík nach Vancouver bei einer anderen Fluggesellschaft buchst, kannst du nach dem besten Schnäppchen suchen. Es ist zwar etwas mehr Arbeit, so die günstigeren Angebote zu finden, aber die Einsparungen (und Flexibilität) können sich lohnen. Eben das tun die meisten Buchungswebseiten von Drittanbietern wie Kiwi.com. Sie stellen Reisen mit Gabel-Flügen zusammen, um sicherzustellen, dass du so den günstigsten Preis erhältst. Wenn du nach dem niedrigsten Preis suchst und mit dem, was du auf der Website der Fluggesellschaft findest, nicht zufrieden bist, dann buche die Flüge einzeln. So kannst du über ein großartiges Angebot stolpern.

Pro-Tipp
Wenn du sowieso einen Zwischenstopp in Reykjavík machst, dann bleib doch einfach ein paar Tage länger in Island, bevor zu weiter nach Vancouver fliegst. Da du die Flüge einzeln buchst, hast du auch die absolute Flexibilität darüber. Du kannst das auf den Hinflug nach Kanada machen oder du machst es auf dem Rückweg.

Tipp 13: Überprüfe die Flüge in anderen Währungen!

Dieser Tipp hängt stark von den aktuellen Kursen ab, und wie die Währungen sich zueinander unterscheiden. Es ist möglich, dass du denselben Flug, dieselbe Airline und

Tipp 1: Suche dir einen passenden Sitzplatz!

Möchtest du bei einem Langstreckenflug deinen Kopf anlehnen, bieten sich Fensterplätze an. Für mehr Beinfreiheit sind Plätze am Gang, am Notausgang oder in den ersten Reihen eines Abteils geeignet. Den Mittelplatz meide ich, so gut es geht. Dort kann man sich weder ausstrecken, noch richtig anlehnen. Neben dem Klo ist es laut und unruhig, da sich dort ständig Passagiere aufhalten. Wenn du leicht reisekrank wirst, bietet sich ein Platz über dem Flugzeugflügel an. Dort wackelt es am wenigsten. Bei vielen Airlines kannst du vorab online einchecken und dir einen Sitzplatz aussuchen.

Tipp 2: Nimm genug Flüssigkeit zu dir!

Die Luft im Flugzeug ist sehr trocken. Um bei einem Langstreckenflug nicht zu dehydrieren, ist eine ausreichende Wasserzufuhr wichtig. Am besten eignet sich pures Wasser oder Tee. Von Alkohol und Kaffee rate ich dir ab, da diese Getränke dem Körper Flüssigkeit entziehen. Ich nehme mir immer eine Flasche Wasser aus dem Duty Free Shop ins Flugzeug. Du bekommst zwar während des Flugs Getränke, aber die Flugbegleiter kommen nicht ständig vorbei, um dir etwas anzubieten. Du darfst aber jeder Zeit zu den Flugbegleitern gehen und dir mehr zu Trinken holen.

Tipp 3: Achte auf eine gute Ernährung!

Bei Langstreckenflügen ist es üblich ein bis zwei große Mahlzeiten zu erhalten. Das Essen wird zwar vielfältig gestaltet. Trotzdem schadet es nicht, sich ein paar extra Vitamine und Nährstoffe für den langen Flug mitzunehmen. Dafür bieten sich Nüsse, Obst oder Gemüse an.

Tipp 4: Benutze eine Schlafmaske und Ohrenstöpsel!

Um bei einem Langstreckenflug schlafen zu können, bieten sich eine Schlafmaske und Ohrenstöpsel an. Vor allem die Ohrenstöpsel waren für mich eine Erlösung, da sie laute Geräusche etwas unterdrücken. Ich habe mir die Sachen vorab schon besorgt. In vielen Flughäfen kann man sich Schlafmasken und Ohrenstöpsel auch vor Ort kaufen. Bei unseren Flügen nach Neuseeland haben wir sogar im Flugzeug einen Beutel mit Socken, Schlafmaske, Ohrenstöpsel und einer Zahnbürste ausgeteilt bekommen. Unter www.KanadaBuch.de/Bonus habe ich dir eine kostenlose Packliste erstellt. Dort findest du noch einige Anregungen für hilfreiche Sachen für deine Reise.

Tipp 5: Lenke dich ab!

Bei den meisten Langstreckenflügen gibt es ein gutes Unterhaltungsprogramm mit vielen Filmen und TV Shows. Du kannst natürlich auch eigene Filme auf deinem Laptop mitnehmen, Musik hören oder ein Buch lesen. Damit wirst du gut abgelenkt, und die Zeit vergeht schneller.

Tipp 6: Wähle die richtige Kleidung!

In Flugzeugen läuft die Klimaanlage auf Hochtouren. Das mag anfangs angenehm sein. Aber glaube mir, nach 10 Stunden wirst du frieren. Die Decken, die im Flugzeug ausgeteilt werden, halten leider nicht warm. Nimm immer ein oder zwei gemütliche Jacken und einen Schal mit. So kannst du dein Outfit den Temperaturen im Flugzeug anpassen.

Tipp 7: Bewege dich ausreichend!

Versuche am Abflugtag Sport zu machen, um fit für den Langstreckenflug zu sein. Ist das nicht möglich, dehne dich zumindest am Flughafen. Auch während des Flugs solltest du ab und zu aufstehen und ein paar Dehnübungen machen. Damit regst du den Blutfluss an und beugst eine Thrombose vor. Zwischenlandungen mit Wartezeiten eignen sich perfekt, um eine kleine Sporteinheit am Flughafen einzulegen. Du musst keinen Marathon laufen oder versuchen schwere Gewichte zu stemmen. Aber ein paar kleine Übungen, wie Liegestützen, Kniebeugen oder Sit Ups, helfen dir wieder fit für die nächsten Flugstunden zu werden.

Tipp 8: Trage Thrombose-Strümpfe!

Trotz Bewegung, wirst du die meiste Zeit im Flugzeug sitzend verbringen. Um den Blutfluss anzuregen, sind Thrombose-Strümpfe eine gute Wahl. Klingt zwar altbacken, hat aber seinen Sinn. Bei einer Thrombose bildet sich ein Blutgerinnsel. Gefährlich wird dies, wenn sich das Gerinnsel löst und in die Lunge oder das Herz wandert. Bei Flug-Thrombosen kommen solche Gerinnsel meistens in den Beinen vor. Aber keine Angst, eine Thrombose beim Fliegen kommt selten vor. Vor allem bei jungen und gesunden Menschen ist das Risiko sehr gering. Thrombose-Strümpfe gibt es in der Apotheke oder bei Amazon. Die Strümpfe sieht man unter einer Hose nicht und sind super bequem. Abschließend kann ich sagen: Langstreckenflüge vergehen, auch wenn sie anstrengend sind. Und der Flugstress ist es wert, wenn du dafür in einem fremden Land aussteigst und in ein neues Abenteuer starten kannst.

3.6.7 | Top 7 Tipps gegen Jetlag? – So klappt's!

Wer kennt das nicht? Voller Vorfreude steigst du ins Flugzeug und kommst nach vielen Stunden an deinem Zielort an. Du hast zwar versucht im Flugzeug zu schlafen, aber dein Rhythmus ist durcheinander. Du bist müde und erschöpft. Jetzt am besten ins Bett und schlafen. Nur ein Problem ist es: es ist gerade erst Mittag. – Hallo Jetlag!

Überspringen von Zeitzonen hat Auswirkungen auf: Biorhythmus, Körpertemperatur, Verdauung und Blutdruck

Schon bereits bei einer Zeitverschiebung ab zwei Stunden und vor allem, wenn du in Richtung Osten fliegst (also nach Australien, Neuseeland und Asien) ist ein Jetlag häufig das Resultat. Ich erinnere mich, als 2017 der Jetlag mich volle zwei Wochen in Auckland begleitet hat. Jeden Morgen war ich bereits um 3 Uhr wach und jeden Mittag war ich müde und legte mich zum Schlafen.

Bei Entfernungen, bei denen sich Tag und Nacht verschieben, kommt auch dein Biorhythmus ziemlich durcheinander. Je mehr Zeitzonen du überfliegst und je mehr Zwischenstopps du hast, desto schlimmer wird dein Jetlag. Man spricht davon, dass du pro überflogener Zeitzone einen halben bis ganzen Tag Anpassungsdauer einplanen sollt.

Warum? – Unser Körper ist sprichwörtlich ein Gewohnheitstier. Neben deinem Schlaf-Wach-Rhythmus müssen sich auch andere Funktionen wie deine Körpertemperatur, dein Blutdruck und deine Verdauung an die neue Zeitzone gewöhnen.

Was du tun kannst, um den Jetlag zu mindern, dass erfährst du mit meinen 7 Tipps gegen den Jetlag.

Tipp 1: Gewöhn dich schon zu Hause an die Neue Zeit!

Da dein Körper Zeit braucht, sich an die neue Zeitzone zu gewöhnen, kannst du damit bereits in Deutschland beginnen. Vor allem wenn du in Richtung Osten fliegst, wirst du den Jetlag mehr spüren als Richtung Westen.
Dies liegt daran, dass bei Flügen in den Osten die Tage verkürzt werden und unser Körper das schlechter verkraftet als wenn sich der Tag in Richtung Westen verlängert.

Versuche deinen Rhythmus schon einige Tage vor dem Abflug anzupassen. Geht deine Reise Richtung Osten, probiere ein bis zwei Stunden früher schlafen zu gehen und ein bis zwei Stunden früher aufzuwachen. Geht deine Reise in den Westen, halte dich länger wach und steh später auf.

> **Pro-Tipp**
>
> Hast du große Probleme mit dem Jetlag? Dann achte beim Buchen deines Fluges darauf, nicht am Morgen am Zielort anzukommen. Denn so zieht sich der Tag noch lange hin, und du läufst Gefahr, früher schlafen zu gehen. Besser ist es also am Nachmittag oder Abend anzukommen.

Tipp 2: Stelle deine Uhr bereits im Flugzeug auf die neue Zeitzone um!

Wenn du die Zeit bereits im Flugzeug umstellst, dann gewöhnt sich dein Kopf schneller an die Zeit am Zielort. Da Jetlag auch eine mentale Sache ist, kannst du dich im Flugzeug länger wach halten, wenn es im Zielort noch nicht Schlafenszeit ist. Übrigens richten sich viele Flüge an den Tag- und Nacht-Rhythmus des Zielortes. Die Fenster werden entsprechend der Zielzeit verdunkelt, wenn es dort gerade Nacht ist. Auch wenn draußen gerade noch die Sonne scheint.

Tipp 3: Was du isst, hat einen Einfluss auf dein Jetlag.

Richtig! – Auch dein Essen hat Auswirkungen auf die Intensität deines Jetlags. Kohlenhydratreiches Essen(Reis, Kartoffeln, Nudeln etc.) macht dich träge und müde. Das ist besonders hilfreich, wenn du Richtung Osten fliegst und im Flugzeug schlafen willst.

Andererseits erhältst du mehr Energie und kannst länger wach bleiben wenn du leichte, eiweißreiche Nahrung zu dir nimmst (Fleisch, Fisch, Tofu oder Eier).

Die Luft beim Fliegen ist sehr trocken. Während des Fluges wird deinem Körper mehr Wasser entzogen als am Boden. Deshalb ist es wichtig, dass du genug Flüssigkeit zu dir nimmst. Du kannst während eines Fluges jederzeit um Wasser bitten. Du musst nicht warten, bis der Flugbegleiter wieder durch den Gang läuft. Bei Langstreckenflügen kombiniere ich meinen Toilettenbesuch meistens mit einem weiteren Becher Wasser.

Alkohol ist dagegen Gift über den Wolken. Du magst vielleicht denken, dass dir ein Glas Rotwein hilft, einzuschlafen, aber diese Wirkung hält nur kurzzeitig an. Alkohol trocknet deinen Körper noch mehr aus und führt dazu, dass du dich später noch schwieriger an die neue Zeitzone gewöhnst. Dasselbe gilt auch für Kaffee und schwarzen Tee. Trink also Wasser und Säfte!

Tipp 4: Kontrolliere deinen Schlaf-Wach-Rhythmus!

Immer wenn ich keinen Jetlag hatte, habe ich es geschafft, meine Schlaf- und

Wachphasen schnell an den neuen Ort anzupassen. Fliegst du in Richtung Osten, kannst du ruhigen Gewissens deine Augen im Flugzeug schließen. Besorg dir am besten ein Nackenkissen und Ohrenstöpsel für den Flug.

▷ Mehr Nützliches Travel Equipment findest du in meinem Backpacker-Shop (de.workingholiday.shop)

Versuche in der Nacht vor dem Abflug nicht viel zu schlafen, so ist es einfach im Flugzeug einzuschlafen. Zusätzlich kannst du auch Melatonin zu dir nehmen, um das Einschlafen zu erleichtern.

Was ist Melatonin?

Melatonin ist eines der Hormone, die den Tag-Nacht-Rhythmus steuern und wird im Körper aus dem Nervenbotenstoff Serotonin gebildet. Wieviel von dem Hormon ausgeschüttet wird, hängt von den Augen ab. Fällt Tageslicht auf die Netzhaut, so wird die Melatonin Bildung gehemmt. Bei Dunkelheit dagegen wird die Ausschüttung angeregt. Es gibt Melatonin als „Supplements" (Nahrungsergänzungsmittel) zum Einnehmen und zum Aufsprühen auf die Haut. Da die Dosierung sehr schnell zu hoch sein kann, ist es besser das Spray zum Aufsprühen auf die Haut zu verwenden. Mehr Infos über Melatonin findest du hier: www.kanadabuch.de/melatonin

---

Bei Braineffect findest du das ANTI-JETLAG Produkt. In der Packung befinden sich zwei verschiedene Beutel: Die Sleep- und die Awake-Pillen. Die Sleep-Pillen nimmst du direkt beim Abflug mit etwas Flüssigkeit ein. Wie der Name bereits vermuten lässt, sorgen diese dafür, dass du entspannt in den Schlaf fällst. Die Awake-Pillen helfen dir, dich schneller an die Tageszeit im Zielland zu gewöhnen. Dazu nimmst du am Morgen zwei bis vier Tabletten zu dir. Alternativ gibt es die Energie auch in Form eines Riegels. Bei Braineffect findest du den KICKBAR, der den gleichen Effekt hat wie die Awake-Pillen.

Travel-Hack

Bei manchen Flügen sind einige der hinteren Reihen nicht belegt. Es ist um einiges einfacher im Flugzeug zu schlafen, wenn du eine ganze Sitzreihe für dich hast. Erkundige dich hierzu am besten nach dem Boarding bei den Flugbegleitern.

Tipp 5: Auch ein Zwischenstopp kann gegen den Jetlag helfen

Gerade auf Langstreckenflügen kannst du dir überlegen, einen Zwischenstopp von zwei oder drei Tagen einzulegen. Gerade Flüge nach Australien und Neuseeland können sehr lange dauern. Mein Flug nach Auckland dauerte damals 34 Stunden. Ich würde das heute nie wieder in einem Stück fliegen.

Wenn es dein Geldbeutel und deine Zeit erlauben, kannst du zum Beispiel ein paar Tage in Dubai, Abu Dhabi, Hongkong, Bangkok, Kuala Lumpur oder Singapur verbringen. Viel mehr als zwei bis drei Tage brauchst du in diesen Metropolen ohnehin nicht. Am besten einfach in einem AirBnB oder in einem Hostel, um deine Kosten zu verringern.

Das hat gleich mehrere Vorteile:
- Ein erholsame Nacht, gutes Essen und die Gegend erkunden, und du kannst mit neuer Energie den Weiterflug antreten. Du wirst sehen, dass dir die Zeitumstellung danach viel leichter fällt.
- Du hast auch eine weitere Destination auf dem Weg gesehen.
- Oft verbringst du bei Langstreckenflügen einige Stunden auf einem anderen Flughafen. Bei meinem Flug nach Auckland verbrachte ich mehr als fünf Stunden in Hongkong. Diese Zeit, kannst du dir ersparen oder besser nutzen.

Tipp 6: Geh erst ins Bett, wenn die Einheimischen das tun!

Gerade wenn du in deinem neuen Zielland ankommst, ist es wichtig, dass du dich an den neuen Tagesrhythmus hältst. Auch wenn es sehr schwer fällt und du dich am liebsten ins Bett legen willst, versuch dem Bedürfnis zu widerstehen. Ein Nickerchen tagsüber ist kontraproduktiv und wird deinen Jetlag sogar verschlimmern.

Kommst du am Morgen an und bist total fertig, dann gib deinem Körper einige Stunden und steh dann auf jeden Fall wieder auf. Gerade die erste Nacht ist entscheidend. Am besten ist es, die erste Nacht durchzuschlafen. So gewöhnst du deinen Körper am schnellsten an die neue Zeit.

Lenke dich also ab, bis du ins Bett gehst. Trink Kaffee, geh raus und erkunde die Gegend! Die Sonne hilft dir ebenfalls, dich an die neue Zone zu gewöhnen. Iss erst, wenn die Einheimischen essen würden. Bekommst du vorher Hunger, nimm nur eine Kleinigkeit zu dir!

Tipp 7: Sonnenlicht hemmt die Melatonin Produktion

Melatonin ist ein Schlafhormon, das dafür sorgt, dass du müde wirst. Verbringst du also Zeit draußen in der Sonne, ist es für dich einfacher, nicht so schnell müde zu werden. Außerdem ist die frische Luft Balsam für deinen Körper, der während des langen Flugs nur trockene Luft bekam. Umgekehrt, hilft es dir besser zu schlafen, wenn du dein Zimmer abdunkelst und Schlafmaske und Ohrenstöpsel verwendest.

Bonus Tipp: Gönne deinem Körper Ruhe in den ersten Tagen!

Erledige alles entspannt und ohne Stress. Ein langer Flug ist eine Belastung, und wenn sich dein Körper auch noch an das neue Klima gewöhnen muss, braucht das seine Zeit. Unterschätze das nicht und hör auf dein Körper! Fühlst du dich schlapp und müde, ist das völlig okay. Du musst dich nicht sofort ins Abenteuer stürzen und direkt auf eine Wanderung starten.

Wenn du Probleme hast einzuschlafen, dann mach ein bisschen Sport und geh eine lockere Runde Joggen. So fällt es dir am Abend leichter einzuschlafen. Übertreib es aber nicht, eine gesunde Mischung aus Bewegung und Erholung ist das, was dein Körper nun braucht.

3.7 | Organisatorisches in Deutschland

Nun kommen wir zu all den Organisatorischen Dingen die du in Deutschland erledigen kannst. Dinge wie Abmelden, Arbeitslos melden, oder wie ist das mit dem Kindergeld oder der Rente? (Das ist der Teil über den die meisten anderen Work & Travel Ratgeber so gut wie nie etwas schreiben – "You're Welcome")

3.7.1 | Sprachkurs

In Kanada gibt es zwei Nationalsprachen: Englisch und Französisch. Wobei Französisch hauptsächlich in der Provinz Quebec gesprochen wird. Im Übrigen wird Englisch gesprochen, und verstehen viele kein Französisch. Dafür findest du beide Sprachen auf den meisten Lebensmitteln abgedruckt. Kanada eignet sich neben dem Work and Travel (Working Holiday Visum) hervorragend als Sprachreise, wenn du Französisch, Englisch oder beide Sprachen verbessern willst. Je nachdem, wie gut deine Sprachkenntnisse sind, hast du die Möglichkeit einen Sprachkurs entweder vor deiner Reise in Deutschland oder direkt in Kanada zu besuchen. Ob du überhaupt einen solchen benötigst, hängt davon ab, wie gut du die Sprache sprichst.

Brauche ich einen Sprachkurs für Work and Travel in Kanada?

Die meisten Work and Traveler machen keinen Sprachkurs bevor sie nach Kanada reisen. In den meisten Fällen würde ich dir raten, keinen Sprachkurs zu besuchen. Wir lernen in Deutschland Englisch bereits als Pflichtfach in der Schule. Selbst wenn deine Kenntnisse eingerostet sind, beherrschst du doch ein hohes Grundverständnis. Der eigentliche Fortschritt in Englisch oder Französisch kommt spielerisch jeden Tag im Alltag in Kanada. Denn nun wirst du gezwungen, Englisch oder Französisch zu sprechen. Egal ob beim Einkaufen, im Hostel oder auf der Arbeit. Ich empfehle dir nur dann einen Sprachkurs, wenn du absolut keine Grundkenntnisse hast. Ich habe während meiner fünf Jahre Weltreise Menschen kennengelernt, die ohne Englischkenntnisse in Kanada, Neuseeland und Australien angekommen sind und innerhalb weniger Wochen ihr Niveau auf eine Alltagssprache verbessert haben. Nicht umsonst heißt es: Die beste Art, jede Sprache zu lernen, ist in dem Land der Sprache zu leben.

Ich fühle mich unsicher in Englisch oder Französisch; soll ich einen Sprachkurs machen?

In der Vergangenheit habe ich einige E-Mails und Kommentare von Travelern erhalten, die mich fragten, ob sie einen Sprachkurs machen sollten, weil sie sich nicht sicher in der Sprache fühlten. Letztlich entscheidest du. Du weißt am besten, ob und wie du dich verständigen kannst. Ich habe für Englisch nie einen Sprachkurs besucht und wäre auch zu faul, Vokabeln zu lernen. Ich spreche heute so gut Englisch, weil ich seit über fünf Jahren reise. Wenn du dich trotz vorhandener Vorkenntnisse für einen Sprachkurs entscheidest, mache diesen auf jeden Fall erst in Kanada! So integrierst du das gelernte sofort in deinen Alltag.

> **Tipp**
> Ich habe vor meiner Reise angefangen alle Filme und TV-Serien in Englisch zu schauen. Das kostet dich am Anfang zwar Umgewöhnungszeit, dafür merkst du es nach einiger Zeit nicht mehr. So trainierst du dein Gehör und dein Unterbewusstsein bereits in Deutschland spielerisch auf Englisch oder Französisch.

> **Pro-Tipp**
> Wenn es dir am Anfang schwer fällt, alles zu verstehen, verwende deutsche Untertitel. Tausche diese aber später gegen Untertitel in der Sprache aus. So liest du gleich die Worte in der Sprache mit und gewöhnst dich sogar an die Rechtschreibung.

Vorteile eines Sprachkurses

Je besser du Englisch sprichst, umso mehr Chancen hast du auf dem Arbeitsmarkt. Vor allem bei Jobs, in denen du im Kundenservice (Customer Service) arbeitest, wirst du viel mit Kunden sprechen müssen. Je besser bezahlt der Job sein soll, umso wichtiger sind die vorhandenen Sprachkenntnisse. So kann ein intensiver Sprachkurs dich schneller auf das gewünschte Niveau bringen. Außerdem bieten einige Sprachkurse Zertifikate an. Diese werden für mache Bewerbungen benötigt und kommen später in Deutschland gut bei künftigen Arbeitgebern an.

Vorteile auf einen Blick:
- Du hast höhere Chancen auf dem Arbeitsmarkt in Kanada.
- Du erhältst ein Zertifikat.
- Du wirst sicherer beim Sprechen.
- Du triffst neue Leute, verbesserst deine Connections.

Welchen Kurs soll ich für einen Sprachkurs wählen?

Wenn du dich für einen Sprachkurs entscheidest, gibt es verschiedene Kursangebote. Sie unterscheiden sich meist in der Intensität, dem Sprach-Niveau und der Dauer des Kurses. Fast jede Sprachschule bietet verschiedene Kurse an. Ein Intensivkurs bringt dir oft mehr, als einen Kurs mit nur wenigen Stunden pro Woche. Bei zu großen Pausen zwischen den Unterrichtsstunden vergisst du zu viel. Nimm einen Kurs, bei dem du am besten täglich mehrere Stunden Unterricht hast. Auch Work and Travel Organisationen bieten Sprachkurse für den Start deiner Work and Travel Zeit an. Vergleiche die Preise, um zu sehen, ob es für dich in Frage kommt.

Sprachkurs in Deutschland

Ich empfehle einen Sprachkurs vor der Reise nur denjenigen, die gar keine Sprachkenntnisse haben oder für den Job ein bestimmtes Englisch-Level mitbringen müssen. Zum Beispiel bei Servicearbeiten oder Tätigkeiten im Büro. In den meisten Fällen genügt es, wenn du deine Sprachkenntnisse erst vor Ort aufbesserst.

Tipp
Wenn du Französisch nicht gelernt hast, könnte deine Work and Travel Reise nach Kanada der Start dafür sein. Du könntest in Deutschland einen vorbereitenden Französisch-Kurs belegen.

Die Preise der Kurse in Deutschland beginnen ab 260 € für zwei Wochen bei einem Standardkurs (20 Lektionen pro Woche mit 45 Minuten pro Lektion). Eine komplette Auflistung der verschiedenen Kurse, Schulen und Städte in Deutschland findest du hier: www.kanadabuch.de/sprachkurs-deutschland

Sprachkurs vor Ort in Kanada

Wenn du dich für einen Sprachkurs entscheidest, dann würde ich dir empfehlen, diesen direkt nach dem Start deiner Work and Travel Zeit in Kanada zu besuchen. So kannst du das gelernte direkt in den Alltag integrieren. Die Preise der Kurse in Kanada beginnen bei 359 € für zwei Wochen bei einem Standardkurs (20 Lektionen pro Woche mit 45 Minuten pro Lektion). Eine komplette Auflistung der verschiedenen Kurse, Schulen und Städte in Kanada findest du hier: www.kanadabuch.de/sprachkurs-kanada

> **Achtung**
> Mit einem Working Holiday Visum in Kanada darfst du an einem Kurs bis zu sechs Monate teilnehmen. Darüber hinaus brauchst du ein Studentenvisum.

> **Tipp**
> Einige Kurse bieten das Wohnen in einer kanadischen Familie an. Die Kosten belaufen sich auf dasselbe, was du in einem Hostel zahlen würdest. So bekommst du auch Zugang zu der kanadischen Lebensweise und lernst Kanadier kennen.

Lerne eine Sprache mit einem Online-Sprachkurs!

Es gibt viele Möglichkeiten, wie du eine Fremdsprache lernen und verbessern kannst. Mit Work and Travel in Kanada machst du im Grunde auch eine Sprachreise. Du hast aber auch die Möglichkeit, mit Kursen, Filmen, Büchern, Musik und einem Tandem-Partner zu lernen. Mit einem Tandem-Partner suchst du dir einen Sprachpartner in der Muttersprache, der Deutsch lernen will. Während eures Gesprächs sprecht ihr die erste halbe Stunde Englisch und die zweite halbe Stunde Deutsch. So profitiert ihr beide davon.

Mehr Infos im Artikel: 40+ Möglichkeiten, um einen Tandem-Partner zu finden, und welche davon die besten sind! (www.kanadabuch.de/Tandem)

Es gibt eine weitere Möglichkeit, mit der du deine Sprachkenntnisse für Kanada verbessern kannst. Nutze den Vorteil von Online-Kursen!

Vorteile von einem Online-Kurs:
- Du kannst lernen, wann und wo du willst.
- Du passt den Kurs deinem eigenen Tempo an.
- Viele Kurs richten sich nach dem, was wirklich wichtig und essentiell ist. Es werden keine unnützen Wörter vermittelt, die du ohnehin nie verwenden würdest.
- Egal ob am PC, Laptop, Tablet oder Smartphone - du kannst jedes Gerät verwenden.
- Online-Kurse sind entwickelt worden, um Spaß zu machen, denn mit Spaß lernst

du besser.
- Es gibt eine große Auswahl an verschiedenen Kursen, Themen und zielgerichtetem Material für dich.

Lerne mit der bekannteste Sprach-App "Babbel"

Die App wurde von Wissenschaftlern entwickelt, und hat sich zum Marktführer entwickelt. Die Kurse sind abwechslungsreich, spielerisch und bieten Lese- und Hörübungen für jeden Lerntyp. Zusätzlich gibt es eine Spracherkennungsfunktion, die dir dabei hilft, die Sprache zu verbessern.

Teste Babbel einfach selber: www.kanadabuch.de/babbel

Tipp Übersetzung
Beglaubigte Englische Übersetzung deiner Dokumente? Zum Übersetzen deiner Dokumente (Resume, CV, Führungszeugnisse...) empfehle ich "lingoking": www.kanadabuch.de/lingoking

3.7.2 | Arbeitsamt & Arbeitslosmeldung

Während deiner Work and Travel Zeit in Kanada kannst du natürlich kein Arbeitslosengeld beziehen, aber du kannst dich für eine eventuelle Rückkehr nach Deutschland absichern. Wichtig zu wissen ist, dass dein Anspruch auf Arbeitslosengeld normalerweise nach 12 Monaten verfällt!

Muss ich mich arbeitslos melden, bevor ich nach Kanada gehe?

Nein! - Es ist niemand gezwungen, sich bei der Agentur für Arbeit (Arbeitsamt) arbeitslos zu melden. Es gibt in Deutschland keine Meldepflicht. (Die Meldepflicht gilt nur beim Einwohnermeldeamt). Allerdings weiß niemand, dass du Arbeitslosengeld möchtest, wenn du dich nicht meldest. Wenn du also Unterstützung bei der Suche nach Arbeit und einen Anspruch auf Arbeitslosengeld geltend machen willst, musst du dich persönlich arbeitslos melden.

Wie behalte ich den Anspruch auf mein Arbeitslosengeld?

Um den Anspruch auf Arbeitslosengeld nach der Rückkehr deines Work and Travel in Kanada nicht zu verlieren, musst du dich unbedingt VOR deiner ABREISE arbeitslos melden. Auch wenn du nur für einen kurzen Zeitraum arbeitslos gemeldet bist. Das gilt natürlich nur, wenn du überhaupt schon Beiträge zur Arbeitslosenversicherung eingezahlt hast. Wenn du noch nie etwas in die Arbeitslosenversicherung eingezahlt hast, bekommst du auch kein Arbeitslosengeld und brauchst dich dann nicht arbeitslos melden. Wenn du dein Work and Travel Jahr voll ausnutzt, ein ganzes Jahr in Kanada bleibst, und du dich NICHT vor deiner Reise arbeitslos gemeldet hast, dann verlierst du deinen Anspruch auf Arbeitslosengeld. Denn du musst bei Antragstellung in den letzten zwei Jahren 360 Tage gearbeitet haben. Deinen Anspruch auf Arbeitslosengeld behältst du für vier Jahre, wenn dein Antrag bereits bewilligt wurde, wenn du dich also VOR deiner Reise – wenn auch nur kurz – arbeitslos gemeldet hast.

Wichtig
Melde dich vor deiner Reise arbeitslos! Mehr Infos findest du auf der Webseite der Bundesagentur für Arbeit: www.kanadabuch.de/Arbeitslos

Ist es Betrug, wenn ich mich vorher arbeitslos melde?

Nein! - Es genügt ein einziger Tag aus, um den Anspruch zu erhalten. Das ist kein Trick. Du muss den Anspruch auf Arbeitslosengeld nur amtlich feststellen lassen. Dann bleibt er vier Jahre lang erhalten. Das bedeutet, du kannst drei Jahre Work and Travel machen, und wenn du nach Deutschland zurückkehrst, hast du einen Restanspruch auf Arbeitslosengeld. Nach vier Jahren erlischt der Anspruch endgültig.

Genaueres kannst du in der Infobroschüre des Arbeitsamtes auf Seite 36 nachlesen: www.kanadabuch.de/arbeitsamt-info

Zitat aus der Infobroschüre des Arbeitsamtes auf Seite 36
"Der Anspruch auf Arbeitslosengeld bleibt Ihnen 4 Jahre ab Entstehung des Anspruches erhalten. Das bedeutet, dass Sie innerhalb dieser Frist auf eine nicht verbrauchte Anspruchsdauer zurückgreifen können, falls Sie durch ein neues Beschäftigungsverhältnis oder durch andere versicherungspflichtige Zeiten nicht erneut die Anwartschaftszeit erfüllen. Nach Ablauf von 4 Jahren ab Entstehung des Anspruches erlischt der Anspruch und kann dann nicht mehr geltend gemacht werden."

Arbeitsamt, Arbeitslosengeld und Sperrzeit?

Selber kündigen: Wenn du selbst kündigst, bekommst du eine Sperrzeit von 12 Wochen (84 Tage), nachdem du dich arbeitslos gemeldet hast. (genauer: vom Zeitpunkt der Beschäftigungslosigkeit beginnt die Sperrfrist). Während der Sperrzeit bekommst du kein Arbeitslosengeld ausgezahlt, und durch die Sperrzeit wird auch die Dauer des möglichen Bezuges von Arbeitslosengeld verringert.

Gekündigt worden: Wenn du von deinem Arbeitgeber gekündigt wurdest, dann gibt es keine Sperrzeit und du kannst dein Arbeitslosengeld nach der Meldung direkt beziehen.

Das Gute: Wenn du dich vor deiner Reise arbeitslos gemeldet hast, verfällt die Sperrzeit, während du auf Reisen bist.

In vier Schritten arbeitslos melden

Schritt 1: Kündigen - Bei mir erzeugte die Kündigung vor meinem Work and Travel Kanada Zeit das beste Gefühl, das ich je hatte. Ich war vollkommen zufrieden und bin an dem Tag voller Stolz von meinem Arbeitsplatz nach Hause gelaufen. Denn ich wusste, vor mir liegt das größte Abenteuer meines Lebens. (Das war und ist es immer noch.) Falls du den Anspruch auf Arbeitslosengeld geltend machen willst, solltest du dich umgehend beim Arbeitsamt melden.

Schritt 2: Arbeitssuchend melden - Es gibt einen Unterschied zwischen sich arbeitssuchend und sich arbeitslos melden. Wenn du gekündigt hast oder gekündigt wurdest, meldest du dich umgehend arbeitssuchend, damit das Arbeitsamt so viel Zeit wie möglich hat, dich weiterzuvermitteln. Im besten Fall bekommst du so direkt im Anschluss an deinen alten Job einen neuen. Dann giltst du nicht erst als arbeitslos. Du kannst dich über diesen Link arbeitssuchend melden und registrieren: www.kanadabuch.de/Arbeitssuchend

Danach erhältst du per Post eine PIN-Nummer, mit der du dein Konto bestätigst. Nach der Bestätigung findest du unter "Meine persönliche Daten" den Punkt "Arbeitssuchendmeldung". Anschließend musst du die geforderten Daten angeben (Schulausbildung, Berufsausbildung, Berufserfahrung etc.).

Schritt 3: Arbeitslos melden
Spätestens am ersten Tag der Arbeitslosigkeit musst du persönlich zum Arbeitsamt. Du brauchst dafür kein Termin. - **Ausnahme**: Wenn du selbst gekündigt hast, dann musst du nicht am ersten Tag persönlich zum Arbeitsamt. Also nur dann, wenn du sofort Leistungen erhalten willst. Diese erhältst du aber nach einer selbst vorgenommenen Kündigung nicht sofort. Denn du unterliegst der Sperrzeitregelung. Beim Arbeitsamt wird deine Dauer sowie die Höhe der Arbeitslosengeldzahlung errechnet. Die Sperrfrist (wenn ein Grund dafür vorliegt) beginnt – wenn du nicht vorher beschäftigungslos warst. Warst du vorher schon beschäftigungslos, wird diese Zeit auch in die Sperrzeit-Regelung eingerechnet.

Schritt 4: Von der Arbeitslosigkeit abmelden

Bevor du dein Work and Travel in Kanada antrittst, musst du noch einmal zum Arbeitsamt (Bundesagentur für Arbeit) und dich aus der Arbeitslosigkeit abmelden. Du musst dich nur dann persönlich abmelden, wenn du bereits Arbeitslosengeld erhältst: sonst natürlich nicht. Für die Dauer deiner Reise erhältst du kein Arbeitslosengeld, hast aber sichergestellt, dass du deinen Anspruch auf Arbeitslosengeld nicht verlierst. Nun kannst du deinen Anspruch innerhalb von vier Jahren geltend machen!

3.7.3 | Kindergeld

Damit es für die Eltern einfacher ist, ein Kind aufzuziehen gibt es in Deutschland eine Steuerentlastung, dass sogenannte "Kindergeld". Das Kindergeld wird vom Tag der Geburt bis zum vollenden des 18. Lebensjahr gezahlt. Darüber hinaus gibt es noch Regelungen, die die Zahlung bis zum 25. Lebensjahr fortführen. Aber wie ist das nun, wenn du noch unter 25 bist und Work and Travel in Kanada machen willst? Bist du berechtigt weiter Kindergeld zu erhalten? Sind wir Mal ehrlich: Was gäbe es besseres, für uns als Backpacker weiter monatlich Geld aufs Konto zu erhalten. Grundsätzlich erhalten Eltern, deren Kind an einem Work and Travel Programm teilnimmt, kein Kindergeld. Ich zeige dir, wie es trotzdem klappt.

Gibt es Kindergeld beim Work and Travel in Kanada?

Die schlechte Nachricht ist, dass es im Normalfall kein Kindergeld bei Work and Travel Reisen gibt. Da ist auch Work and Travel in Kanada keine Ausnahme. Der Anspruch verfällt, sobald du für längere Zeit ins Ausland gehst. Trotzdem gibt es ein paar Möglichkeiten, wie du trotzdem dein Kindergeld weiter erhalten kannst.

Deutschland muss dein Wohnsitz sein.

Laut Gesetz bekommst du das Kindergeld nur dann, wenn du in Deutschland deinen Wohnsitz hast oder dich in einem Mitgliedsstaat der Europäischen Union oder des Europäischen Wirtschaftsraumes befindest. Wenn du dich außerhalb der EU befindest, hast du nur dann einen Anspruch auf Kindergeld, wenn der Aufenthalt zeitlich begrenzt und im Rahmen einer Schul- oder Berufsausbildung stattfindet. Auch wenn du während deiner Work and Travel Kanada Zeit eine Fremdsprache verbesserst und dich persönlich weiterentwickelst, fällt der Aufenthalt nicht unter den Rahmen einer Schul- oder Berufsausbildung.

So bekommst du dein Kindergeld in Kanada trotzdem:

Folgende 4 Möglichkeiten gibt es, wie du als Backpacker in Kanada weiterhin Kindergeld erhalten kannst.

1. Work and Travel in Kanada als Überbrückung

Wenn du dein Working Holiday Kanada Aufenthalt zwischen Schule und Ausbildung/Studium legst, kannst du weiterhin dein Kindergeld erhalten.

Voraussetzung
Die Überbrückungszeit zwischen dem Ende und dem Beginn deiner Ausbildung beträgt maximal vier Monate. In dieser Zeit kannst du sorgenfrei nach Kanada und bekommst weiterhin Kindergeld.

2. Sprachkurs während deines Work and Travel in Kanada

Die beste Möglichkeit, eine Fremdsprache zu verbessern, ist, sich im Land aufzuhalten. Leider genügt das der Behörde nicht. Um also eine Sprachreise gültig zu machen, musst du während deines Auslandsaufenthalts einen Sprachkurs belegen, der mindestens 10 Stunden pro Woche umfasst. Du musst den Sprachkurs nachweisen, Schummeln ist also nicht erlaubt! Du darfst während des Sprachkurses aber arbeiten und Geld verdienen. Diese Variante bietet sich vor allem für Au Pairs an, die länger an einem Ort leben und arbeiten.

3. Kombination des Working Holiday Visums mit einem Praktikum

Grundsätzlich gibt es für ein Praktikum kein Kindergeld. Wenn du aber vor Beginn deines Studiums/Ausbildung oder im Rahmen deines Studiums ein Pflichtpraktikum im Ausland absolvierst, kannst du während dieser Zeit unter Umständen weiterhin Kindergeld erhalten.

4. Wartesemester? Nutze die Zeit und geh nach Kanada!

Du hast dich für ein Studium oder eine Ausbildung beworben, wurdest aber abgelehnt oder musst auf den nächsten Beginn des Studiums/der Ausbildung warten (Wartesemester). Das ist der perfekte Moment, um Work and Travel in Kanada zu machen. Denn bis zum nächsten Bewerbungszeitraum/Beginn der Ausbildung/Studium bekommst du weiterhin dein Kindergeld. Also auch in Kanada.

Was ist, wenn keine der 4 Möglichkeiten auf mich zutrifft?

Solltest du nicht berechtigt sein, dein Kindergeld weiter zu erhalten, lasse dich nicht von deinem Traum nach Kanada zu Reisen abbringen. Nicht umsonst heißt es Work and Travel. Du kannst vor Ort mehr Geld als das Kindergeld verdienen und Kanada ohne Zeitdruck erkunden.

Tipp

> Nach deinem Jahr Working Holiday in Kanada kannst du sogar noch als Tourist im Land bleiben.

FAQ – Work and Travel und Kindergeld – häufig gestellte Fragen

1. Allgemeines zum Kindergeld
- **Was ist Kindergeld?** - In Deutschland erhalten Eltern für jedes Kind das sogenannte Kindergeld, eine finanzielle Unterstützung vom Tag der Geburt bis zum vollendeten des 18. Lebensjahr.
- **Wie hoch ist das Kindergeld?** - Eltern bekommen seit dem 1.1.2018 für das erste und zweite Kind monatlich jeweils 194 €. Für das dritte Kind monatlich 200 € und für jedes weitere Kind jeweils monatlich 225 €.
- **Wer zahlt das Kindergeld?** - Das Kindergeld wird in Deutschland von den Familienkassen ausgezahlt. Bis zu deinem 18. Lebensjahr wenden sich deine Eltern bei Angelegenheiten rund ums Kindergeld an die Familienkasse. Danach kannst du dich selbst mit der Familienkasse in Verbindung setzen.

2. Wer hat Anspruch auf Kindergeld?
- **Wer bekommt Kindergeld?** - Den Anspruch auf Kindergeld haben deine leiblichen oder deine Adoptiveltern. In bestimmten Fällen kann das Kindergeld auch deinen Stiefeltern, Großeltern und Pflegeeltern ausgezahlt werden, wenn diese minderjährige Kinder langfristig bei sich wohnen lassen.
- **Also steht mir das Kindergeld gar nicht zu?** - Jain, das Geld wird direkt an deine Eltern ausgezahlt. Da deine Eltern bis zum Erreichen deines 18. Lebensjahres die Sorge für dich haben, entscheiden sie auch, wie das Geld verwendet wird. Wenn du volljährig bist, können deine Eltern veranlassen, dass das Kindergeld direkt an dich überwiesen wird.
- **Habe ich einen Anspruch auf Kindergeld, wenn ich nicht die deutsche Staatsbürgerschaft besitze?** - Generell gilt, dass der Elternteil der Anspruch auf das Kindergeld erhebt, die deutsche Staatsbürgerschaft besitzen muss. Es können aber auch EU-Bürger Kindergeld beantragen, wenn sie in Deutschland wohnen. Andere, in Deutschland lebende Ausländer haben nur dann ein Anrecht auf Kindergeld, wenn sie einen Aufenthaltstitel besitzen.
- **Brauche ich einen Wohnsitz in Deutschland?** - Generell gilt, dass der Anspruchsnehmer auf Kindergeld seinen ständigen Wohnsitz oder gewöhnlichen Aufenthalt in Deutschland hat. Es gibt aber folgende Ausnahmen: Wenn deine Eltern im Ausland leben, aber deutsche Staatsbürger sind, können sie dennoch Kindergeld beantragen. Das ist möglich, wenn sie in Deutschland weiterhin einkommensteuerpflichtig oder im Ausland als Missionare oder Entwicklungshelfer tätig sind.

- **Wie finde ich heraus, ob ich Anspruch auf Kindergeld habe?** - Wenn du deinen Working Holiday in Kanada planst, können du oder deine Eltern bei der zuständigen Familienkasse anrufen. Erkläre deine Umstände und stelle gegebenenfalls einen Antrag auf Fortzahlung des Kindergelds. Hier findest du eine Liste aller Familienkassen: www.kanadabuch.de/Familienkasse

3. Ergänzungen zum Anspruch auf Work and Travel Kanada Kindergeld

- **Bekomme ich Kindergeld, wenn ich über 18 Jahre alt bin?** - Normalerweise wird das Kindergeld nur bis zum Vollenden des 18. Lebensjahres gezahlt. Die Familienkasse zahlt aber bis zum Vollenden des 25. Lebensjahr weiter, wenn du studierst oder eine Ausbildung machst.
- **Ich bin mit meinem Studium/meiner Ausbildung fertig, was nun?** - Wenn du dein Studium/deine Ausbildung bereits abgeschlossen hast, bekommst du normalerweise kein Kindergeld mehr. Ausnahme: Wenn du dich in der Übergangszeit vor einem weiteren Studium/einer weiteren Ausbildung befindest und das 25. Lebensjahr noch nicht beendet hast, dann hast du weiter Anspruch auf Kindergeld. In dieser Zeit darfst du bis zu 20 Stunden pro Woche arbeiten und höchstens 450 € im Monat verdienen.
- **Was passiert, wenn ich mein Studium/ meine Ausbildung pausiere?** - Wenn du dein Studium/ deine Ausbildung zum Beispiel wegen einer Krankheit/ Schwangerschaft vorübergehend unterbrichst, verlierst du nicht deinen Anspruch auf Kindergeld.
- **Ich bin arbeitslos …?** - Wenn du bei der Agentur für Arbeit offiziell arbeitslos gemeldet bist und weder studierst, noch eine Ausbildung machst, dann zahlt die Familienkasse bis zur Vollendung des 21. Lebensjahr weiter das Kindergeld. Du darfst in dieser Zeit arbeiten und bis höchstens 450 € im Monat verdienen.

4. Fragen zum Work and Travel Kanada Kindergeld

- **Muss ich angeben, dass ich ins Ausland gehe?** - Ja, du musst die Familienkasse auf jeden Fall informieren. Sonst kann es sein, dass du die bereits geleisteten Zahlungen rückwirkend zurückzahlen musst.
- **Was passiert, wenn ich aus Kanada zurückkomme?** - Wenn du nach deiner Rückkehr aus Kanada die Voraussetzungen für den Anspruch auf Kindergeld erfüllst, kannst du deine Familienkasse kontaktieren und den Antrag auf Kindergeld ausfüllen.

3.7.4 | Rente

Wie ist das mit der Rente, wenn du ein Auslandsjahr in Kanada machst? Die gute Nachricht: zwischen Deutschland und Kanada gibt es ein Sozialversicherungsabkommen, sodass du deine Zeit in Kanada auch für die deutsche

Rente anrechnen lassen kannst. Was das Abkommen genau beinhaltet und was es für dich bedeutet, erfährst du in diesem Artikel über die Rente in Kanada.

Sozialversicherungsabkommen zwischen Deutschland und Kanada

Seit dem 14. November 1985 gibt es zwischen Deutschland und Kanada ein Sozialversicherungsabkommen. Darüberhinaus besteht seit dem 1. April 2014 eine Vereinbarung über Soziale Sicherheit mit der Provinz Québec. Das Abkommen regelt, dass du im Rentenfall keine Nachteile hast, wenn du in Deutschland und in Kanada gearbeitet hast. Durch das Abkommen werden deine deutsche und kanadische Versicherungszeit zusammengerechnet. So kannst du zum Beispiel für eine Rente in Deutschland, für die du nicht genügend deutsche Versicherungszeit zurückgelegt hast, deine kanadische Versicherungszeit mitzählen.

Zwei Rentenansprüche

Die Zusammenrechnung deutscher und kanadischer Versicherungszeiten für deinen Rentenanspruch führt jedoch nicht zu einer Gesamtrente. Vielmehr prüfen beide Staaten, ob du die Voraussetzungen für eine deutsche beziehungsweise kanadische Rente erfüllst. Liegen die Anspruchsvoraussetzungen in beiden Staaten vor, so erhältst du sowohl eine Rente aus Deutschland als auch aus Kanada. Erfüllst du lediglich die Voraussetzungen in nur einem der Vertragsstaaten, so erhältst du nur diese eine Rente. In Kanada gibt es Renten aus dem Einwohner- und aus dem Beitragssystem. Das bedeutet, dass du zusätzlich zur deutschen Rente unter Umständen bis zu drei Zahlungen erhalten kannst.

> **Info Rentenberechnung**
>
> Obwohl deine deutsche und kanadische Versicherungszeit zusammengezählt wird, wird deine deutsche Rente allein aus deinen deutschen Versicherungszeiten berechnet. Die kanadische Rente errechnet sich nur aus deinen Versicherungszeiten in Kanada.

a) Leistungen aus den kanadischen Rentenversicherungen

Wenn du in Kanada gelebt oder gearbeitet hast, kannst du einen Anspruch auf Altersrente oder Erwerbsminderungsrente haben. Bist du Hinterbliebener einer Person, die in Kanada gearbeitet hat, kannst du eine Hinterbliebenenrente erhalten. Ich kann dir an dieser Stelle einen Überblick über die kanadischen Leistungen geben. Verbindliche Informationen erhältst du in englischer und französischer Sprache bei den kanadischen Stellen.

Kontakt
Canada Revenue Agency / CPP/EI Rulings Division / Social Security Unit 320 Queen Street Tower A OTTAWA, Ontario, K1A 0L5 KANADA Telefon: 001 613 948-4708 Telefon: 1 877 598-2408 (aus Kanada und den USA) Telefax: 001 613 954-3398 Internet: www.kanadabuch.de/Revenue-Agency

Das Rentenversicherungssystem in Kanada ist dual angelegt: Für die Grundabsicherung im Alter bist du als Kanadier oder als legaler Einwohner, mit der Absicht, sich dauerhaft in Kanada aufzuhalten, über die steuerfinanzierte kanadische Volksrente (Old Age Security – OAS) abgesichert.

Seit 1966 besteht neben der kanadischen Volksrente OAS ein beitragsbezogenes Rentenversicherungssystem für Arbeitnehmer/Arbeitgeber und Selbständige, die kanadische Rentenversicherung (Canada Pension Plan – CPP). Sie zahlt Altersrenten, Invalidenrenten und Renten an Hinterbliebene.

Bist du in der Provinz Québec berufstätig, zahlst du deine Beiträge zur Rentenversicherung von Québec (Québec Pension Plan – QPP, auf Französisch: Régime de rentes du Québec).

b) Leistungen aus der OAS (Old Age Security)

Eine Altersrente der OAS erhält jeder in Kanada, der 65 Jahre oder älter ist und sich mindestens 10 Jahre nach seinem 18. Geburtstag in Kanada gewöhnlich aufgehalten, sogenannte Wohnzeiten erworben hat. Lebst du außerhalb Kanadas, zum Beispiel in Deutschland, wird eine Wohnzeit von mindestens 20 Jahren in Kanada nach dem 18. Geburtstag vorausgesetzt, um die Altersrente der OAS außerhalb Kanadas zu erhalten. Um einen Anspruch auf eine volle Rente zu haben, musst du nach deinem 18. Geburtstag mindestens 40 Jahre in Kanada gewohnt haben. Erfüllst du die Mindestwohnzeit für einen Anspruch auf eine Altersrente der OAS (10 beziehungsweise 20 Jahre), hast aber weniger als 40 Jahre an kanadischen Wohnzeiten zurückgelegt, kannst du nur eine anteilige Rente erhalten.

Info
Für die Erfüllung der 10 beziehungsweise 20 Jahre kannst du nach dem Abkommen auch die Zeiten berücksichtigen, in denen du in Deutschland versichert warst oder gewohnt hast. Sie führen aber nicht zu einer höheren Rente, da aufgrund des Abkommens jeder Vertragsstaat die Leistungen nur aus seinen Versicherungszeiten berechnet.

> Zeiten des gewöhnlichen Aufenthalts in Deutschland kannst du durch Meldebescheinigungen belegen. Über deine deutsche Versicherungszeit wird der kanadischen Versicherungsträger (Service Canada) durch deinen Rentenversicherungsträger in Deutschland informiert. Mehr Informationen zu den Leistungen und Zusatzleistungen findest du hier.

c) Leistungen aus dem CPP/QPP

Die Kanadische Rentenversicherung (Canada Pension Plan – CPP) und die Rentenversicherung von Québec (Québec Pension Plan – QPP) zahlen nahezu die gleichen Leistungen. Hast du in Québec gearbeitet, hast du deine Beiträge an die QPP gezahlt und der QPP zahlt dann deine Rente.

Wenn du in einer anderen Provinz gearbeitet hast, werden die Beiträge an die CPP gezahlt, und der CPP zahlt deine Rente. Hast du in beiden Systemen Beitragszeiten zurückgelegt, werden die Beiträge insgesamt berücksichtigt. Du erhältst dann eine Leistung, die auf deinen Beiträgen zum QPP und CPP basiert.

Altersrenten (Retirement Pension)

Einen Anspruch auf Altersrente hast du, wenn du mindestens einen Beitrag gezahlt und das 65. Lebensjahr vollendet hast. Du kannst die Rente bereits ab Vollendung des 60. Lebensjahres beanspruchen. Dazu musst du deine Beschäftigung oder Tätigkeit nicht aufgeben.

> **Wichtig**
>
> Deine Rente wird dann für jeden Monat, den du die Rente vor deinem 65. Lebensjahr in Anspruch nimmst, um 0,6 Prozent gekürzt. Möchtest du die Rente bereits nach dem vollendeten 60. Lebensjahr in Anspruch nehmen, ergibt sich somit ein Abschlag von 36 Prozent. Der Abschlag bleibt während des gesamten Rentenbezugs bestehen. Nähere Informationen zur Kürzung findest du hier:
>
> **CPP**: www.servicecanada.gc.ca
> **QPP**: www.rrq.gouv.qc.ca

Erhältst du die Rente erst nach deinem 65. Geburtstag, erhöht sie sich um 0,7 Prozent für jeden Monat (höchstens um 42 Prozent), den du den Beginn deiner Rente hinausschiebst (längstens bis zum 70. Geburtstag).

Auch hierzu findest du auf den Webseiten zur CPP / QPP mehr Informationen. Die Höhe der Altersrente hängt davon ab, wie lange und in welcher Höhe du Beiträge an die CPP/QPP bis zu deinem Antrag gezahlt hast.

Arbeitest du über den Beginn deiner Altersrente hinaus weiter, kannst du die Rente durch sogenannte PostRetirement-Benefits (PRB) erhöhen, wenn du

- zwischen 60 und 70 Jahre alt bist,
- arbeitest und Beiträge zum CPP zahlst und
- eine Altersrente von CPP/QPP erhältst.

Auf diese Weise kannst du einen Abschlag wegen vorzeitiger Inanspruchnahme teilweise wieder ausgleichen. Auch im QPP kannst du für jedes Jahr, das du trotz des Bezugs einer Altersrente weiterarbeitest, einen Zuschlag zu deiner Rente erhalten. Weitere Informationen findest du hier: www.kanadabuch.de/pension-supplement

Noch ein Wort zur Steuer

Wenn du eine kanadische Rente erhältst, musst du darauf Einkommensteuer (Non-Resident-Tax) zahlen, auch wenn du nicht in Kanada wohnst. Unter Beachtung des deutsch-kanadischen Doppelbesteuerungsabkommens beträgt diese für Rentner, die in Deutschland leben, 15 Prozent. Mehr Infos dazu findest du bei der Canada Revenue Agency (www.kanadabuch.de/Revenue-Agency).

Info
Wohnst du in Kanada und erhältst eine deutsche Rente, musst du deine deutsche Rente nach dem deutsch-kanadischen Doppelbesteuerungsabkommen auch bei der kanadischen Steuerbehörde (Canada Revenue Agency) angeben. Mehr Informationen findest du hier. Nach dem deutschen Steuerrecht kann deine deutsche Rente aber auch in Deutschland besteuert werden. Nähere Informationen zur Rentenbesteuerung in Deutschland findest du hier: www.kanadabuch.de/Rente-Ausland

Mehr Infos zur Steuer im Kapitel 6 "Steuererklärung in Kanada".

Was sollte ich bei der Kanada Rente als Work and Traveler beachten?

Die Rentenversicherung gehört zu den wichtigsten sozialen Absicherungen und du solltest dich mit diesem Thema beschäftigen. Wenn du von einem deutschen Arbeitgeber nach Kanada entsendet wirst, brauchst du dir in der Regel keine Sorgen machen. Denn du zahlst weiter in die deutsche Rentenversicherung und auch alle anderen Sozialversicherungen, inklusive Kranken- und Pflegeversicherung, ein.

Wenn du dagegen Work and Travel in Kanada machst, könnte eine Lücke bei deinen Rentenzahlungen entstehen. Da Deutschland und Kanada ein Sozialversicherungsabkommen haben, kannst du dir deine Zeit in Kanada anrechnen lassen.

Info
Für deinen Krankenschutz, benötigst du eine spezielle Langzeit Auslandskrankenversicherung. Welche die beste für Kanada ist, erfährst du im Artikel „Welche ist die beste Work and Travel Krankenversicherung für Kanada und die USA?"

a) Kann ich die gezahlten Rentenbeiträge in Kanada zurückholen?
Ja, unter bestimmten Umständen ist es möglich, eine Erstattung der CPP/QPP-Beiträge zu erhalten.

- Wenn du zu viel CPP gezahlt hast, kannst du den zu viel gezahlten Betrag mit deiner Steuerrückerstattung zurückfordern. Möglicherweise hast du CPP zu viel bezahlt, wenn du für mehr als einen Arbeitgeber gearbeitet hast oder wenn du während des Steuerjahres nur einige Monate in Kanada gearbeitet hast.
- Wenn du während des Steuerjahres weniger als CAD 3.500 in Kanada verdient hast, kannst du die gesamte Summe, die du für CPP oder QPP gezahlt hast, zurückfordern.

Info
Selbst wenn du nicht zu viel für CPP/QPP gezahlt hast, kannst du den von dir erbrachten Betrag zur Senkung deiner jährlichen Steuerabgabe verwenden.

Leider kannst du den gesamten CPP/QPP Betrag nicht zurückerhalten, aber nachdem du 60 Jahre alt geworden bist, kannst du einen Antrag stellen und Renteneinkommen aus Kanada erhalten, auch wenn du dort nicht mehr lebst.

b) Wie kann ich die zu viel gezahlten Rentenbeiträge in Kanada zurückholen?
Du kannst eine Rückerstattung nur für die zu viel gezahlten CPP/QPP Beiträge erhalten. Um diese zu bekommen, reichst du den Antrag zusammen mit deiner kanadischen Steuererklärung (Income -Tax) ein. Hierbei ist zu beachten, ob du in Quebec gearbeitet hast oder außerhalb. Lass dir bei der Steuer am besten von Taxback (www.kanadabuch.de/taxback) helfen.

c) Wie lasse ich meine Rentenzeit aus Kanada in Deutschland anrechnen?
Wenn dein Arbeitsverhältnis bei deinem kanadischen Arbeitgeber beendet ist, muss dieser dir innerhalb von fünf Tagen ein Record of Employment (RoE) ausstellen. Mit

diesem Beschäftigungsnachweis (ähnlich der deutschen „Meldebescheinigung zur Sozialversicherung") kannst du deine Beschäftigungszeit in Kanada bei der deutschen Rentenversicherung anrechnen lassen. Auch wenn es nur ein paar Monate sind, würde ich die Zeit anrechnen lassen. Mit dem Antrag auf Kontenklärung (www.kanadabuch.de/V0100) kannst du dir deine Versicherungszeit anrechnen lassen

Wichtig
Lasse dir auf jeden Fall dein Record of Employment (RoE) zukommen. Bekommst du es nicht, kümmere dich am besten noch direkt in Kanada darum. Du kannst den RoE auch über "My Service Canada Account" (www.kanadabuch.de/RoE) nachträglich online ansehen und ausdrucken. Du kannst einen Account erstellen, solange deine SIN-Nummer noch gültig ist. Außerdem werden die Arbeitgeber nicht mehr verpflichtet eine Kopie an Service Canada zu senden. Mehr Infos zur SIN-Nummer kommt im Kapitel 4 "Social Insurance Number (SIN) beantragen".

Du kannst das RoE auch auf dem Postweg erhalten. Schreibe hierzu einen kurzen Brief und sende ihn an die Service Canada.

- Name
- Adresse
- Telefonnummer
- SIN-Nummer
- Anforderungsjahr (Jahr, in dem du gearbeitet hast)
- Grund für die Anforderung (z.B. Konnte keinen Service Canada Account erstellen)
- Datum und Unterschrift

Kontakt
Record of Employment copy request Service Canada PO Box 14000 Bathurst (NB) E2A 5A3 Fax: 1-506-548-7149

d) Was sind freiwillige Beiträge?
Mit freiwilligen Beiträgen kannst du die Mindestversicherungszeit für eine deutsche Rente erfüllen. Du kannst unter Umständen deinen Versicherungsschutz für eine Rente wegen teilweiser oder voller Erwerbsminderung aufrechterhalten.

Die Höhe und Anzahl deiner freiwilligen Beiträge bestimmst du selbst. Es gibt jedoch Mindest- und Höchstbeiträge (aktuell 2020: zwischen 83,70 € und 1.283,40 € pro Monat).

Du bist nicht an die einmal gewählte Beitragshöhe gebunden. Für die Zukunft kannst du die Beitragshöhe jederzeit ändern oder die Zahlung auch ganz einstellen. Du kannst freiwillige Beiträge für das laufende Jahr nur bis zum 31. März des nächsten Jahres zahlen. Die aktuellen Beitragswerte findest du hier: www.kanadabuch.de/DRV

Bevor du freiwillige Beiträge zahlen darfst, muss dein Antrag genehmigt werden. Danach ist es ratsam, die Beiträge bargeldlos entweder durch Buchung von deinem Konto oder dem eines Beauftragten bei einem Geldinstitut in Deutschland zu zahlen. Auch eine Überweisung aus dem In- und Ausland ist möglich. (Beachte, dass du in Euro zahlst, damit durch den Wechselkurs der Betrag nicht weniger wird.)

e) Lohnt es sich, den freiwilligen Beitrag, als Work and Traveler in die Rente zu zahlen?

Die meisten Work and Traveler setzen für die Work and Travel Zeit ihre Rentenbeitragszahlungen aus. Da du durch das Sozialversicherungsabkommen auch die Zeit in Kanada zur deutschen Rente anrechnen lassen kannst, kannst du die Beiträge auch erst später freiwillig erhöhen, um zumindest auf dieselbe Summe zu kommen. Wenn du etwa 1.000 € übrig hast, kann es durchaus Sinn machen, die Beiträge freiwillig für das Jahr zu zahlen.

Fazit

Da es zwischen Deutschland und Kanada ein sogenanntes Sozialversicherungsabkommen gibt, kannst du die Zeit aus Kanada deiner deutschen Rente anrechnen lassen. Lediglich die Zeit, nicht aber den gezahlten Beitrag. Dafür kannst du auch in Kanada einen Anteil an der Rente erhalten. Wie das geht, habe ich hier im Artikel erklärt. Du kannst einen Teil deiner Rentenzahlungen in Kanada (CPP und QPP) durch deine kanadische Steuererklärung zurückholen. Ließ dir hierzu Kapitel 6 "Steuererklärung in Kanada" durch, oder erhalte kostenlos eine Berechnung von Taxback: www.kanadabuch.de/taxback.

3.7.5 | Abmelden in Deutschland

Musst du dich in Deutschland abmelden oder nicht? Die gesetzliche Lage ist hier eindeutig: sobald du dich länger im Ausland befindest, bist du verpflichtet, dich in Deutschland abzumelden. Die Abmeldung dauert nicht lange und kannst du bequem in deinem Bürgeramt erledigen. Aber unabhängig von der gesetzlichen Lage, empfehle ich dir, dich abzumelden. Egal ob du bei deinen Eltern wohnst, deine eigene Wohnung hast oder dein Studentenzimmer für die Zeit in Kanada untervermietest. Wenn du dich abmeldest, hast du verschiedene Vorteile und kannst nachweisen, dass du offiziell nicht mehr in Deutschland lebst. Das hilft dir, Verträgen außerordentlich zu kündigen, und du musst die Krankenversicherung in Deutschland nicht jeden Monat zahlen. Wenn du dich nicht abgemeldet hast, musst du jeden Monat etwa 180 € für die Kranken-und Pflegeversicherung zahlen.

3.7.6 | Versicherungen und Verträge kündigen

Damit du deine Zeit in Kanada in vollen Zügen genießen kannst, empfehle ich dir, dich von den meisten Verträgen, Abos und Versicherungen zu trennen. Gerade wenn du länger ohne Job reisen und länger von deinem Ersparten leben willst. Viele der Verträge - das gilt auch für Versicherungen - decken dich in Kanada ohnehin nicht ab. Das gilt vor allem für Fitness-Studios oder dein Telefon und den Internetanbieter. Zusammen mit der Abmeldung kannst du hier ein Sonderkündigungsrecht gelten machen. Deshalb ist es wichtig, dass du die Bescheinigung der Meldebehörde zur Abmeldung hast. Achtung: Gerade die Telefon- und Internetanbieter wollen dich nicht gehen lassen und geben dir sogar Falschinformationen. Bleib hier hartnäckig! Nutze doch diese Umstellung in deinem Leben, um klar Schiff mit all den Versicherungen, Abos und Verträge zu machen. Wenn du dir bei den Versicherungen unsicher bist, ruf den Kundenservice an und kläre ab, ob sie dir in Kanada überhaupt ihre Leistung anbieten können.

Autoversicherung

Es macht keinen Sinn, weiter die Versicherung für ein Auto zu zahlen, dass du ein Jahr lang nicht nutzt. Auch dein Auto für ein Jahr stehen zu lassen, wird einen Wertverlust nach sich ziehen. Ich würde alles verkaufen. Dann hast du auch mehr Startkapital für deine Kanadareise oder kannst dir von dem Geld in Kanada ein Auto kaufen. Außerdem kannst du dir in Kanada deine unfallfreien Jahre aus Deutschland für die Versicherung anrechnen lassen. Dazu benötigst du eine in Englisch übersetzte Bescheinigung deiner Versicherung. Du kannst dir diese schon in Deutschland vor der Reise ausstellen lassen.

3.7.7 | Wohnung

Beim Thema Wohnung und Miete lässt sich eine Menge Geld sparen. Ich bin deshalb ein halbes Jahr vor meinem Flug in eine WG gezogen. Egal wie viele Tipps und Tricks du zum Geldsparen befolgst, den größten Einfluss hat deine monatliche Miete. Meine Miete ist von 750 € auf 300 € gesunken. Ich hatte so jeden Monat 350 € mehr in der Tasche. Ein halbes Jahr später hatte ich so zusätzlich 2.100 € in meiner Reisekasse.

Sollte ich meine Wohnung behalten oder untervermieten?

Die kurze Antwort: Gib deine Wohnung auf! Trenne dich von allen Belastungen, die während der Zeit in Kanada zu Problemen führen könnten. Wenn du dein Zimmer untervermietest, dann dein Mieter abspringt, verbleiben die Kosten bei dir. Wenn du deine Wohnung behältst, aus Angst, nicht wieder eine schöne Wohnung zu finden, ist das einfach dumm. Das ist Geldverschwendung. Was ist, wenn du nach einem Jahr in Kanada - so wie ich - einfach selber bestimmen willst, ob du zurück kommst oder noch ein weiteres Land besuchst? Trenn dich von allem, was dich einschränkt und bindet. Auch wenn es einfach und bequem ist, nicht aufzugeben, hat das Auflösen der Wohnung sogar etwas Befreiendes.

3.7.8 | Arztbesuch

Lass dich vor deinem Abenteuer nochmal von deinem Hausarzt untersuchen und fehlende Impfungen auffrischen. Es schadet auch nicht, deinen Impfpass mit nach Kanada zu nehmen oder zumindest eine Kopie in einer Cloud zu speichern. Für Kanada gibt es zwar keine speziellen Impfungen, aber sollte es aktuelle Empfehlungen geben, ist es gut, diese durchzuführen. Gehe auch nochmal zum Zahnarzt. Denn Zahnbehandlungen können in Kanada schnell sehr teuer werden. Auch wenn der Zahnarztbesuch je nach Versicherung abgedeckt ist, willst du deine Reise nicht mit Zahnschmerzen vermiesen.

3.8 | Packen & Ausrüstung

Beim Packen gebe ich dir vor allem einen Tipp: "Nimm nicht zu viel mit!" – Ernsthaft, jeden Backpacker mit dem ich mich über die Jahre unterhalten habe, hat am Anfang viel zu viel mitgenommen. Wie du effektiv packst, erfährst du in diesem Abschnitt.

3.8.1 | Rucksack oder Koffer?

Am Anfang deiner Reise stellt sich die Frage, ob du mit einem Koffer oder Rucksack nach Kanada reist. Gleich vorweg: Beide haben ihre Vor- und Nachteile. Es gibt keinen klaren Sieger, und ob du dich für einen Rucksack oder einen Koffer entscheidest, hängt in erster Linie davon ab, welcher Reisetyp du bist und wie du deine Reise gestalten willst. Um dir bei der Entscheidung zu helfen, gebe ich dir einen Überblick der Vor- und Nachteile des Rucksacks und des Koffers.

Info
Neben der Wahl des richtigen Gepäckstücks gibt es auch eine Menge nützlicher Gegenstände die deine Kanadareise erleichtern. Damit du nichts vergisst und weißt, was du daheim lassen kannst, habe ich dir eine komplette Packliste (auch als PDF zum Ausdrucken) erstellt: www.kanadabuch.de/bonus

Alles zum richtigen Rucksack für Kanada

Der klassische Trekking-Rucksack ist vor allem bei Backpacker-Reisen wie dem Work and Travel beliebt und punktet bei der Flexibilität. Mit einem Rucksack bist du für alles gewappnet. Da du ihn auf dem Rücken trägst, bist du während deiner Kanadareise agiler und kannst auch querfeldein laufen. Wanderungen, längere Strecken zu Fuß und die Hände frei zu haben; all das ist mit einem Rucksack möglich.

Der Rucksack ist vor allem für Traveler geeignet, die sich alle Möglichkeiten offen halten wollen. Egal ob Busreisen, Bahn, Hitchhiken oder mit dem eigenen Auto. Selbst wenn du länger im Auto lebst, kannst du aus dem Rucksack leben oder deine Sachen auf Behälter verteilen. Ein Rucksack nimmt nicht viel Platz weg.

Als Nachteile des Rucksacks gelten oft der fehlende Komfort und die schnelle Zugänglichkeit. Wobei hier die neueren Modelle immer komfortabler werden. Sie bieten Rückenpolsterung und luftdurchlässige Materialien, die dich nicht schnell zum Schwitzen bringen.
Auch die Organisation und Erreichbarkeit deiner Sachen wird durch viele Fächer und Reißverschlüsse, immer mehr verbessert. Bei älteren Modellen, bei welchen du deine Sachen durch eine Öffnung von oben einpackst, musst du fast alles wieder ausräumen, wenn du an diese willst.

Rucksack Ja oder Nein? – Ich besitze meinen Deuter Trekking Rucksack bereits seit 2008. Für mich war die Entscheidung schnell klar, denn ich wollte die Flexibilität. Wenn du ebenfalls noch nicht weißt, was du alles in deinem Jahr in Kanada machen willst, dann empfehle ich dir ebenfalls einen Rucksack zu kaufen.

Vor- und Nachteile eines Rucksacks (Backpack)
Vorteile
• Flexibilität
• Leergewicht geringer als das eines Koffers
• Lebensdauer
• Komfort (bei vielen Fächern)
Nachteile
• Preis
• Gewicht auf dem Rücken
• Keine Rollen

Welchen Rucksack soll ich kaufen?

Da es bei der Wahl des richtigen Rucksacks so viele Möglichkeiten gibt, kann die

Auswahl schnell überfordern. Natürlich spielt dein Budget eine wichtige Rolle, doch wieviel solltest du für einen Rucksack zahlen?

Als ich mich damals für meinen Rucksack entschieden habe, war mir vor allem die Lebensdauer wichtig. Ich wollte nicht, dass mein Rucksack während meiner ersten Reise gleich wieder kaputtgeht. Firmen wie Deuter geben dir eine lebenslange Garantie. Das bedeutet, dass du deinen Rucksack ein Leben lang einschicken kannst. Er wird dann kostenlos repariert. Deuter hat eine Reklamationsrate von 0,1 Prozent. Das allein spiegelt bereits die hohe Lebensdauer wieder.

Für einen längeren Auslandsaufenthalt empfehle ich dir einen Rucksack ab 60 Litern Fassungsvermögen. Aber Achtung: je größer dein Rucksack ist, umso mehr nimmst du mit und umso schwerer wird.

Hier findest du eine Auswahl von möglichen Trekking Rucksäcken. Ich besitze einen Deuter 55+10L. Als Alternative kann ich dir den Work and Travel Rucksack 75+10L von Outdoorer empfehlen.

> **Pro-Tipp**
>
> Kauf dir Packing Cubes (www.kanadabuch.de/Packwuerfel). Seit ich Packing Cubes nutze, will ich nicht mehr ohne reisen. Damit wird die Organisation in einem Rucksack noch besser.

Alles zum richtigen Koffer für Kanada

Ein Koffer bietet dir einen schnelleren Zugriff auf alles, was du dabei hast. Außerdem kannst du deine Sachen besser ordnen. Denn zusätzlich zu dem großen Fach bekommst du kleinere Netze und Staumöglichkeiten. Da viele Koffer heute auch zwei oder vier Rollen besitzen, kannst du dich damit bequem in jeder Stadt bewegen.

Gerade auf Asphalt neigen die Rollen sehr schnell zu brechen. Rate, wem das passiert ist! Daher würde ich auf keinen Fall einen günstigen Koffer kaufen. Wenn nämlich die Rollen einmal weg sind, ist der Vorteil des Komforts sofort pfutsch. Versuch mal deinen Koffer für eine halbe Stunde oder mehr quer durch eine Stadt zu tragen.

Trotzdem haben schon einige Work and Travel in Kanada mit einem Koffer verbracht und sind glücklich mit der Wahl. Er eignet sich vor allem für diejenigen, die von vornherein wissen, dass sie länger an einem Ort bleiben oder sich sofort ein eigenes Auto kaufen. Ein weiterer Vorteil des Koffers ist der Preis. Für den gleichen Stauraum gibst du für einen Koffer im Schnitt weniger Geld aus als für einen Rucksack. Der größte Nachteil des Koffers ist seine eingeschränkte Flexibilität. Für Wanderungen ist er überhaupt nicht geeignet.

Vor- und Nachteile eines Koffers (Trolli)
Vorteile   • Komfort   • Ordnung   • Schneller Zugang zu deinen Sachen   • Preis
Nachteile   • Flexibilität   • Rollen brechen schnell   • Leergewicht größer als beim Rucksack

Welchen Koffer soll ich kaufen?

Die Auswahl für den richtigen Koffer ist noch größer als die für einen Rucksack. Wenn du dich wegen des Preises für einen Koffer entscheidest, würde ich sogar in Betracht ziehen, einen auszuleihen oder abzukaufen. So sparst du dann das meiste Geld. Wenn du ein Jahr lang aus deinem Koffer leben willst, achte darauf, dass du möglichst viele Fächer und Aufteil-Möglichkeiten hast. So kannst du das meiste aus einem Koffer herausholen. Wie beim Rucksack empfehle ich dir auch hier Packing Cubes zu nutzen. Diese erleichtern deine Reisen, und ich würde heute nie mehr ohne gehen.

▷ Nützliches Travel Equipment gibt es im Shop (de.workingholiday.shop)

Erfahrungstipp: Nimm nicht zu viel mit!

Auf all meinen Backpacker Reisen, habe ich immer zu viel mitgenommen. Wir haben oft Angst, etwas zu vergessen. Die Wahrheit ist, du fliegst nicht ans Ende der Welt, alles, was du brauchst, kannst du auch vor Ort kaufen.

Faustregel
Was du in deinem Rucksack nicht oft benutzt, ist unnötiger Ballast.

3.8.2 | Tagesrucksack

Bei allen Überlegungen bei der Wahl des richtigen Rucksacks oder Koffers, solltest du nicht vergessen, einen Tagesrucksack (Daybag) mitzunehmen. Ich habe alle meine Wertsachen wie Laptop und Kamera immer in meinem Tagesrucksack. Im Flugzeug trägst du so deine Wertsachen bei dir und auch in Kanada macht es Sinn, mit einen Tagesrucksack in die Stadt zu gehen. Dein Backpack bleibt im Hostel und du nimmst nur die wichtigsten Dinge mit. Ich hab bereits verschiedene Taschen ausprobiert. Hier solltest du wissen, dass du den Tagesrucksack fast jeden Tag mit dir trägst. Günstige Rucksäcke brechen oft und versagen schnell. Ich nutze auch mal eine Umhängetasche. Es war möglich, aber meine Reise ist um einiges komfortabler, seit ich einen guten Tagesrucksack nutze. Du kannst ihn auch vor dir auf dem Bauch tragen, während ein Backpack hinten auf dem Rücken ist. Noch besser ist es natürlich einen Tagesrucksack zu haben, den du so klein wie möglich machen kannst. Dann kannst du ihn auch in deinem großen Backpack verstauen. Inspirationen für einen guten Daybag findest du im Backpacker Shop (de.workingholiday.shop).

Ich empfehle dir den Rucksack Daylite Plus von Osprey (www.kanadabuch.de/Tagesrucksack). Die perfekte Lösung für die Anforderung eines Travelers. Das Material ist leicht, robust und der Rucksack bietet eine perfekte Raumaufteilung. Außerdem lässt sich der Rucksack zu einem faustgroßen Ball einrollen und nimmt kaum Platz im Gepäck weg.

3.8.3 | Technik

Laptop, Tablet oder nur Smartphone?

Da du heute fast alles an deinem Smartphone machen kannst, ist die Überlegung nicht falsch, nur dein Smartphone oder zusätzlich ein Tablet mitzunehmen. Der Vorteil ist das geringe Gewicht. Gerade wenn du nur mit deinem Backpack unterwegs bist, kann mehr Technik eine Menge Platz wegnehmen. Ich arbeite allerdings viel an meinem Laptop, sodass ich einfach nicht ohne ihn reisen will. Außerdem war ich mir vor meiner Reise nicht sicher, ob ich direkt nach Deutschland zurückkehre oder ob ich gleich für mehrere Jahre reisen werde. Der Vorteil eines Laptops liegt in seiner Vielfalt. Du kannst ihn vielfältiger nutzen, und auch das Schreiben und Erstellen deines Lebenslaufs (Resume & CV) sind bequemer. Wobei heute Tablets wie das iPad Pro mit Tastatur den gleichen Komfort bieten. Der Resume selbst, sollte aber nicht der Grund sein, dass du ein Laptop mitnimmst. Du kannst auch einen der vielen kostenlosen Computer in den Bibliotheken verwenden. Nimm einen USB-Stick mit, auf den du alle Daten und Unterlagen speichern kannst.

Mehr Technik birgt aber die Gefahr, Diebe anzuziehen. In fünf Jahren Weltreise wurde mir zwar noch nichts gestohlen, aber ich kenne viele Backpacker, die bereits Erfahrung mit Dieben gemacht haben. Es lohnt sich also abzuwägen, ob du das Risiko eingehen willst. Wenn du keinen Laptop dabei hast, kann dir dieser auch nicht gestohlen werden.

Wenn du dich für einen Laptop entscheidest, kannst du das Gewicht reduzieren, indem du dich für ein Ultrabook entscheidest. Ich schreibe bis heute alle meine Artikel und auch dieses Buch an einem Dell XPS 13" den ich mir 2015 vor meiner Reise gekauft hab.

Ob du nun einen Laptop mitnehmen sollst oder nicht, hängt von dir ab und wofür du den Laptop verwenden willst. Brauchst du ihn nur zum Surfen, Fernsehen und zum Resume schreiben, genügt ein Tablet. Frage dich, wie oft du den Laptop in deiner Zeit in Kanada wirklich verwenden wirst. Betreibst du einen Blog und arbeitest als Freelancer, dann nimm deinen Laptop mit. Wobei ich sogar erfolgreiche Blogger kenne, die ihre Texte nur am Tablet schreiben.

Da die Tablets jedes Jahr besser werden, ist es nur eine Frage der Zeit, bis wir gar keinen Laptop mehr benötigen und alles am Tablet oder Smartphone machen können.

Separate Kamera Ja oder Nein?

Obwohl ich eine Spiegelreflexkamera besitze, mache ich die meisten Fotos mit meinem iPhone. Wie im Abschnitt oben frag dich selbst, wofür du eine bessere Kamera brauchst. Denn sie nimmt ebenfalls viel Platz weg. Ich bin ziemlich sicher, dass 95 Prozent der meisten Backpacker keine separate Kamera brauchen. Verwende dein Smartphone! Benutze am besten einen Cloud Service, wie Dropbox oder Google Photos, in welchen du deine Fotos speichern kannst. Dann verlierst du deine Fotos nicht, wenn dein Smartphone kaputtgeht oder es gestohlen wird.

Dropbox
Dropbox bietet in der kostenlosen Version keinen unbegrenzten Speicherplatz, aber dafür kannst du dort auch Dateien wie dein Resume oder eine Passkopie speichern. Ich habe alle meine wichtigen Dokumente auf Dropbox hinterlegt. So hab ich schnellen Zugriff auch in dem Fall, wenn mir meine Sachen gestohlen werden. Über meinen Dropbox-Link erhältst du mehr kostenlosen Speicherplatz: Hier geht's zur kostenlosen Dropbox: www.kanadabuch.de/DropBox

Für wen lohnt sich eine separate Kamera? Wenn du Fotograf bist oder ebenfalls einen YouTube Kanal hast, dann kannst du mit einer Kamera eine bessere Foto-Qualität erhalten. Für die meisten wird sie aber nicht notwendig sein.

Was ist mit einer Action-Kamera / GoPro?
Ich selbst besitze mittlerweile 2 GoPros. Eine ältere GoPro Hero 3+ (die ich 2015 gekauft

hab) und eine neue GoPro 8 Black. Vor allem die neue Kamera gehört zu meinen absoluten Lieblings-Kameras. Sie ist klein, leicht und wasserdicht. Gerade weil ich sie zum Tauchen mitnehmen kann, würde ich eher eine Action-Kamera kaufen, bevor ich eine große Kamera mitnehme. Zusätzlich kann ich Slow Motion (Zeitlupe) Aufnahmen erstellen und habe durch die neue Technik mit dem Super-Smooth auch noch ruckelfreie Videos.

Genug geschwärmt. Das Smartphone genügt als Hauptkamera. Wir haben sie immer bei uns. Eine GoPro ist außerdem verhältnismäßig teuer. Ich würde lieber mehr Geld in ein gutes Smartphone investieren. Aber wenn du weißt, du wirst eine menge Outdoor Sport machen, dann kannst du eine Action-Kamera als Ergänzung mitnehmen.

Zusätzliche Elektronik?

Nimm auf jeden Fall einen USB-Stick mit. Damit kannst du Daten austauschen und auch Fotos und andere wichtige Unterlagen sichern. Ebenfalls sehr praktisch ist eine Powerbank, mit der du deine Geräte unterwegs laden kannst. In unserem Shop findest du eine Solar-Powerbank, die sich mit Sonnenenergie laden läßt. Genial, wenn du auf einem Road Trip bist. Einfach vorn unter die Windschutzscheibe legen und während der Fahrt laden.

Achtung
Gelegenheit machen Diebe! Lass keine Wertsachen offen und sichtbar im Auto liegen! Selbst wenn du nur kurz zum einkaufen gehst.

Zu zweit einen Film schauen, aber jeder mit eigenen Kopfhörern?
Nimm ein 2er Kopfhörer Adapter (www.kanadabuch.de/2er) mit! Für den Road Trip im Auto lohnt sich auch ein 2er USB Auto Lade Adapter. So könnt ihr auch zwei Geräte gleichzeitig während der Fahrt laden.

3.8.4 | Nützliche Backpacker Ausrüstung

Es gibt viele praktische Dinge und Ausrüstungen, die deine Reise vereinfachen können. Dies war der Anlass zur Gründung meines Work and Travel Shops. Übrigens, wenn du etwas Nützliches hast, was deine Reise vereinfacht hat, schreib mir! (Instagram: @ex.lima) Hier eine kurze Übersicht der praktischsten Ausrüstungen:

- Strom Adapter Weltreise-Würfel
- Strom-Verlängerung mit USB (Würfel Format)
- Solar Powerbank

- USB-Stick
- 2er Kopfhörer Adapter
- 2er USB Auto Lade Adapter
- Packing Cubes (Packwürfel)
- Vorhängeschloss für Backpack und Spind in Hostel
- Stirn-Taschenlape (LED)
- Schweizer Taschenmesser
- RFID-Blocker: Geldbeutel und Reisepasshülle

▷ Nützliches Travel Equipment gibt es im Shop (de.workingholiday.shop)

3.8.5 | 10 Tipps zum Packen

Dein Work and Travel in Kanada steht kurz vor der Tür. Du hast dich sogar schon entschieden, ob du lieber mit dem Rucksack oder dem Koffer nach Kanada reist. Doch worauf solltest du achten, und gibt es Tipps zum Packen? Ich gebe dir meine Top 10 Tipps zum Packen für dein Work and Travel in Kanada.

Tipp 1: Wichtige Dokumente und Backup!

Am wichtigsten sind natürlich deine persönlichen Dokumente wie Reisepass, Visumsbestätigung, Krankenversicherungs-Police in Englisch. Ohne diese Dinge darfst du nicht in Kanada einreisen. Deshalb kontrolliere, dass du alles dabei hast. Außerdem lohnt es sich, eine Kopie online in einer Cloud (z.b. Google Drive oder Dropbox) abzulegen. Als Alternative oder zusätzlich kannst du dir auch selbst eine E-Mail mit all den Kopien schicken. So hast du Zugriff auf alle deine Daten, sollten dir diese abhandenkommen. Wenn du in Kanada dein Work Permit (Arbeitserlaubnis) bekommst, würde ich davon und von deiner SIN Nummer ebenfalls Kopien in der Cloud speichern. Ich verwende die kostenlose Version von Dropbox: www.kanadabuch.de/DropBox

Tipp 2: Mach drei Stapel

Damit dein Rucksack nicht zur Last wird, sollte er so leicht wie möglich sein. Vielen Work and Travelern fällt es schwer, geliebte Sachen zu Hause zu lassen, doch nach einiger Zeit merken sie, wie unnötig manche Dinge auf ihrer Reise sind.

Bevor du deinen Rucksack packst, solltest du deine Sachen in drei Stapel teilen:

- Dinge, die du brauchst.
- Dinge, die du nicht brauchst.

- Dinge, die du vielleicht brauchst.

Die Dinge auf dem ersten Stapel kommen auf jeden Fall mit. Alles andere bleibt daheim. Nun kannst du dich aber entscheiden, ob du noch mehr Dinge mitnehmen möchtest oder nicht. Denk daran, je schwerer dein Rucksack ist, desto genervter bist du mit der Zeit von dem Ballast.

> **Faustregel**
> Frag dich bei jedem Gegenstand, wie oft du diesen in einer Woche verwendest. Verwendest du etwas gar nicht, solltest du überlegen den Gegenstand daheim zu lassen.

Tipp 3: Gepäck richtig packen - Nimm Packwürfel mit!

Behalte im Hinterkopf, dass deine Airline nur ein bestimmtes Gewicht zulässt. Meistens sind es 20 Kg für das aufgegebene Gepäck und üblicherweise 7 Kg für das Handgepäck. Extragepäck kannst du gegen einen Aufpreis zusätzlich buchen.

> **Achtung**
> Wenn du Extragepäck direkt am Flughafen buchst, zahlst du allerdings viel drauf. Mach es besser vorab online.

Am besten sollte dein Rucksack nicht schwerer als 15 - 18 Kg sein. Das kannst du erreichen, indem du keinen zu großen Rucksack kaufst. Für Work and Travel reicht ein 55+10L Rucksack. Nimmst du einen 90L Rucksack mit, wirst du garantiert auch mehr mitnehmen.

> **Gut zu wissen Was bedeutet 55+10L?**
> Bei dieser Angabe ist das normale Fassungsvermögen des Rucksacks 55 Liter. Zusätzlich lässt sich der Rucksack aber auf 65 Liter vergrößern. Damit gewinnst du weitere 10 Liter.

Wie kannst du effizient deinen Platz nutzen?

Rolle deine Kleidungstücke ein und verschließe sie in luftdichte Beutel oder verwende sogenannte Packwürfel (www.kanadabuch.de/Packwuerfel). Ich würde heute nie wieder ohne Packwürfel reisen. Damit kommst du blitzschnell an die gewünschten Sachen, und diese bleiben trotzdem geordnet.

Tipp 4: Kaufe manches lieber vor Ort

Ich empfehle dir, nur das Nötigste mitzunehmen. Alles, was du länger als eine Woche nicht verwendest, ist nur unnützer Ballast in deinem Rucksack. Z.B. brauchst du keine Campingausrüstung mitnehmen. Wenn du in Kanada Campen gehen willst, findest du auch gebrauchte Campingausrüstung. Es sind viele andere Backpacker unterwegs, die ihr Auto oder ihre Ausrüstung am Ende ihrer Reise wieder verkaufen wollen.

Verwende Facebook-Gruppen oder die Webseite Craigslist, um passende Angebote zu finden. Ansonsten kannst du Ausrüstung auch in den Second Hand Shops wie Value Village oder Salvation Army finden. Diese Regel gilt im Prinzip für alles, was du unnötig mitnimmst. In Kanada kannst du ebenfalls alles vor Ort kaufen. Manchmal sogar günstiger oder mit einer besseren Qualität. Auch meine Winterjacke habe ich mir in einem Second Hand Laden gekauft und im Sommer wieder abgegeben.

Tipp 5: Kleidung für Work and Travel in Kanada

Bleiben wir bei der Kleidung: gerade Jacken und Pullover nehmen eine Menge Platz weg. Wenn du nicht im Winter ankommst, empfehle ich dir ohne Jacke und nur mit einem einzigen Pullover zu reisen. Nimm lieber ein paar leichte und dünne Kleidungsstücke mit, die du auch übereinander anziehen kannst. Ideal ist eine synthetische Funktionskleidung, denn sie ist leichter und robuster als Baumwolle. Außerdem trocknen die Sachen nach einer Wäsche schneller. Manche nehmen eine alte Jeans und ein Shirt für die Arbeit mit.

Da viele Restaurants eine Farbvorgabe haben, kaufst du die passende Jeans lieber gebraucht vor Ort. Nimm nicht deine schönsten Sachen mit, sondern lieber Dinge, in denen du dich wohlfühlst und deine Reise angenehmer machen. Ich musste mich von einer teuren Lederjacke trennen, weil ich sie nicht gebraucht hatte und sie zurückzusenden, zu teuer war. Nimm mindestens ein Sport- / Outdoor-Outfit mit.

Tipp 6: Körperpflege in Probefläschchen

Wegen der Sicherheitsbestimmungen am Flughafen nimm dein Shampoo und Duschgel am besten in kleinen Probefläschchen (bis zu 100 ml) mit. Pack sie in Gefrierbeutel mit Reißverschlüssen, damit du sie am Flughafen nicht abgeben musst. Außerdem kann eine große Flasche Duschgel in deinem Gepäck auslaufen. Rate, wem das passiert ist. Seitdem verpacke ich Flüssigkeiten immer in einer extra Tüte. Gerade hier gilt der Tipp: lieber vor Ort nachkaufen.

Tipp 7: Standardmedikamente

Mittlerweile habe ich nur noch die gängigsten Medikamente dabei. Vor allem gegen Schmerzen, Fieber, Durchfall und Entzündungen. Nimm auch eine Heilsalbe, Sonnencreme, Verhütungsmittel und eine Kopfbedeckung mit! Mehr nicht, denn du erhältst fast alle Medikamente vor Ort. Früher hatte ich viel mehr Medikamente dabei, die dann mit der Zeit aber einfach abliefen. Deshalb musste ich sowieso vor Ort nachkaufen.

Wichtig
Wenn du natürlich auf Medikamente angewiesen bist, sprich mit deinem Arzt ab, wie du deine medikamentöse Versorgung in Kanada garantieren kannst.

Tipp 8: Kabelsalat

Damit du nicht zu jedem deiner Elektrogeräte das passende Kabel mitnehmen musst, gibt es auch universelle Kabel, die alle gängigen Anschlüsse besitzen. Außerdem benötigst du in Kanada einen anderen Stromstecker. Daher lohnt es sich, mindestens einen Adapter zu kaufen.

Pro-Tipp
Nimm eine deutsche 3er Steckdosenleiste mit. Diese gibt es als platzsparenden Würfel mit integriertem USB-Ladestecker (www.kanadabuch.de/3er). Somit brauchst du nur einen einzigen Stromadapter für Kanada kaufen. Und anstatt dir für jedes Land einen neuen Adapter kaufen zu müssen, besorg dir einen universellen Weltreise-Adapter: www.kanadabuch.de/Adapter

Um deine Fotos und Daten zu sichern, nutze eine Cloud. Zusätzlich kannst du auch einen großen USB-Stick oder eine externe Festplatte mitnehmen. Belasse deine Fotos nicht nur auf deinem Smartphone. Wenn es kaputtgeht oder gestohlen wird, sind alle Daten auf ein Mal weg.

Tipp 9: Nützliche Gegenstände

Was erleichtert deine Reise und sollte ebenfalls mit?

- Vorhängeschloss
- Stirn-Taschenlampe
- Taschenmesser
- Pinzette oder Wäscheklammern
- Reisepasshülle

- Kopfhörer-Adapter für 2 Personen

▷ Mehr Camping, Vanlife und Work and Travel Ausrüstung findest du in unserem Work and Travel Shop: de.workingholiday.shop

Tipp 10: Nützlich Tricks zum Packen

- Verwende eine Duschhaube für schmutzige Schuhe!
- Lege Trocknertücher zwischen deine Kleidung, damit sie länger frisch bleibt!
- Halte deinen Kleinkram beisammen mit einer Tic-Tac Dose!
- Öffne Bierflasche mit einem Ring.

Bonus: Die ultimative Packliste zum Ausdrucken (kostenloses PDF)

Ich habe für dich auch eine ultimative Work and Travel Packliste erstellt. Du kannst sie auf deinem Smartphone nutzen oder ausdrucken. Du findest die kostenlose Packliste hier: www.KanadaBuch.de/Bonus

Bonus Nr.2: Die besten Work and Travel Apps für Kanada

Als weiteren Bonus habe ich dir die besten Travel-Apps für Kanada erstellt, kleine Helfer, die deine Reise erleichtern werden. Hier findest du nützliche Karten, Jobs, Road Trips und alles, was mit deinem Work and Travel in Kanada zu tun hat. Außerdem kann ich dieses kostenlose Bonus immer Up to Date halten, ohne dafür das Buch umzuschreiben. Dasselbe gilt für das gesamte Bonusmaterial aus diesem Buch. Du findest die besten Travel-Apps für Kanada hier: www.kanadabuch.de/Apps

3.8.6 | Welcher Reiseführer Empfehlung?

Ich habe schon viele Reiseführer gehabt und gerade die Deutschen haben eine Vorliebe für Reiseführer. Für meine Work and Travel Reise entschied ich mich, nur einen E-Book Reader (Kindle Paperwhite) mitzunehmen, um Gewicht zu sparen. In der Vergangenheit hatte ich sowieso höchstens 5 - 10 Prozent eines Reiseführers gelesen. Einen Großteil davon durch das zufällige Aufschlagen einer Seite. Doch irgendwie ist das mit einem E-Book Reader nicht dasselbe. Verstehe mich nicht falsch, ich finde einen E-Book Reader total praktisch und empfehle dir, ebenfalls einen zu kaufen. Ob du aber noch einen Reiseführer brauchst, ist ein anderes Thema. Ich habe all mein Wissen über Kanada durch andere Backpacker oder im Internet gefunden. Ich habe mir natürlich Reiseführer gekauft, habe sie aber selten verwendet. Welcher Typ du bist, musst du selbst entscheiden. Wenn bei dir der Reiseführer nur herumliegt, dann spare dir das Geld und es ist völlig okay, eine Stadt, einen Nationalpark auf eigene Faust zu erkunden.

Trotzdem habe ich dir eine kleine Sammlung von guten und hilfreichen Reiseführer für Kanada zusammengestellt.

- Lonely Planet Reiseführer Kanada - Der Klassiker unter den Reiseführern, vor allem beliebt für die vielen Detail-Infos von Low bis Budget Hostel, Restaurants etc.
- Lonely Planet Reiseführer USA
- Lonely Planet British Columbia & the Canadian Rockies
- Baedeker Reiseführer Kanada Westen - Meiner Meinung nach der beste Reiseführer. Gibt es als West und Ost Edition.
- Baedeker Reiseführer Kanada Osten

3.9 | Erledigungen vor der Abreise

Du hast die Planung fast geschafft und die wichtigsten Dinge erledigt. Du hast deine Bestätigung für das Working Holiday Visum in der Tasche, hast deinen Flug, die Krankenversicherung, eine Kreditkarte und alle wichtigen Erledigung in Deutschland fertig.

Damit du auch nichts vergisst, drucke dir die Checklisten für deine Work and Travel Kanada Reise aus und kontrolliere, ob du alles hast. Du findest die Packliste und auch die Dokumenten-Checkliste als kostenloses PDF unter: www.KanadaBuch.de/Bonus

Backup der wichtigsten Dokumente (Sicherung)

Nimm all deine Dokumente im Original mit nach Kanada. Zusätzlich solltest du digitale Kopien erstellen. Du kannst einen USB-Stick mitnehmen, auf welchen du die Kopien speicherst. Außerdem empfehle ich dir, die Dokumente auch online verfügbar zu machen. Entweder in einer Cloud (Dropbox oder Google Drive) oder du sendest dir selbst eine E-Mail mit allen wichtigen Dokumenten. So kannst du bei Verlust, sofort auf alle wichtigen Dokumente zugreifen. Wenn du in Kanada ankommst und dein Arbeitsvisum bekommst, mache auch davon ein Foto und speichere es ebenfalls in deiner Cloud ab.

Die Wahl der richtigen Unterkunft für die ersten Nächte

Normalerweise genügt es, die Unterkunft für die ersten Nächte ein paar Tage im Voraus zu buchen. Allerdings können Unterkünfte an bestimmten Tagen, wie nationalen

Feiertagen oder großen Events ausgebucht sein. Erkundige dich deshalb rechtzeitig, ob in Kanada ein Event oder Feiertag ansteht, wenn du ankommst.

Für die ersten Nächte hast du verschiedene Möglichkeiten einer Unterkunft. In Kapitel 5 wirst du mehr zu den verschiedenen Unterkünften in Kanada lesen können. Ich empfehle dir für die ersten paar Tage, in ein Hostel zu gehen. So findest du sofort Anschluss und bist nach der langen Flugreise nicht allein. Suche dir ein Hostel zentral, so kannst du die ersten Tage auch zu Fuß alles erreichen und dich um die wichtigsten Erledigungen in Kanada zu kümmern. Es genügt, die Unterkunft im Voraus für die ersten drei bis vier Nächte zu buchen. Alles weitere entscheidest du vor Ort. Plane nicht zu viel und lass Kanada auf dich wirken. Vielleicht lernst du sofort einen neuen Freund, eine neue Freundin kennen und startest mit ihm oder ihr in ein Abenteuer.

Nutze die letzten Tage!

Genieße die letzten Tage mit deinen Freunden und deiner Familie. Wenn du möchtest, mach dich schon mit deinem Standort vertraut und googele, wie du vom Flughafen zum Hostel kommst. Genieße das Gefühl der Vorfreude. Ich erinnere mich noch heute an meine letzten Tage vor der Abreise. Es kann auch sein, dass du langsam etwas Angst vor diesem großen Schritt bekommst und Zweifel. Auch das ist eine völlig normale Reaktion, denn schließlich startest du in das größte Abenteuer deines Lebens. Konzentriere dich auf die positiven Dinge um dich herum! Kanada kann kommen!

Sei rechtzeitig am Flughafen!

Es schadet nicht, drei Stunden vor dem Abflug am Flughafen zu sein. Du möchtest deine Reise doch nicht mit Stress beginnen. (So war es nämlich bei mir: ich war am falschen Flughafen. Mehr dazu im Kapitel 9: Meine Story). So kannst du in Ruhe dein Gepäck aufgeben und dich ausreichend von deinen Freunde und deiner Familie verabschieden.

Kapitel 4 | Ankunft in Kanada

4.1 | Einreise nach Kanada

Du sitzt im Flieger und bist aufgeregt. Du hoffst, dass an der Grenze alles glatt geht. Was ist, wenn die mich nicht reinlassen? Was muss ich zum Grenzbeamten sagen? Wie bekomme ich das richtige Visum?

Womöglich begleiten dich diese oder ähnliche Fragen. Zumindest hatte ich solche Gedanken, als ich mich über dem Atlantik auf dem Weg nach Vancouver befand. Dabei hatte ich keine Angst, dass ich in ein fremdes Land reise, oder dass ich vollkommen auf mich allein gestellt bin. Einzig die bevorstehende Durchquerung der Grenze, angetrieben von den Geschichten, die man über die Grenzkontrollen in Nordamerika hört, ließen mich in ein unwohliges Gefühl verfallen.

Im Nachhinein kann ich dir sagen, dass die Einreise nach Kanada ganz sicher ein aufregender Moment ist, aber keiner, vor dem du Angst haben musst. Solange du alles dabei hast, was du für die Einreise und Aktivierung des Visums benötigst, kann nichts schiefgehen.

Tipp
Damit du nichts vergisst, drucke dir die Dokumenten-Checkliste aus: www.KanadaBuch.de/Bonus

Was passiert bei der Einreise am Flughafen?

Während des Fluges erhältst du den Einfuhrzettel und füllst ihn in Ruhe aus. Diesen musst du bei der Einreise dem Zollbeamten überreichen. Sobald du das Flugzeug verlässt, kannst du dich an der Beschilderung zur Grenzkontrolle (Border) orientieren. Du reihst dich in die Schlange der Nicht-Kanadier / Europäer ein und wartest, bis dich ein Grenzbeamter zu sich winkt. Der Officer überprüft deinen Reisepass und stellt dir einige Fragen zu dem Grund deiner Reise.

Touristenvisum oder gleich das Working Holiday Visum?

Du hast die Möglichkeit in Kanada erst als Tourist ins Land einzureisen. Denn in Kanada wird dein Visum, nicht wie in Neuseeland oder Australien, direkt bei der Einreise automatisch aktiviert. Um in Kanada das Working Holiday Visum zu erhalten, musst du in ein Immigration Office gehen. An jedem Flughafen findest du ein solches. Am Flughafen von Vancouver befindet es sich direkt an der Gepäckausgabe. Wenn du unsicher bist, kannst du den Beamten der Grenzkontrolle nach dem Immigration Office fragen. Zeigst du ihm sowieso dein Letter of Indroduction, weiß er schon Bescheid.

Wenn du weißt, dass du direkt auf einen langen Road Trip startest und genügend Geld angespart hast, um erstmal nicht zu arbeiten, dann verlierst du mit einem Touristenvisum keine wertvolle Zeit deines Arbeitsvisum und kannst insgesamt länger in Kanada bleiben.

Tipp
Du kannst auch im Anschluss deines Work and Travel als Tourist bis zu ein Jahr in Kanada bleiben. Ein Jahr geht, wenn du dich online (kostet CAD 100) für das Touristenvisum bewirbst und ausreichend finanzielle Mittel hast.

Für jeden, der noch nicht weiß, was er machen möchte, empfehle ich das Working Holiday Visum direkt zu aktivieren. Das erspart euch Probleme bei der Einreise, wenn der Grenzbeamte nicht genau versteht, was du machen willst. Wenn du dich entscheidest, als Tourist einzureisen, dann musst du dem Beamten entweder ein Rückflugticket zeigen oder ihm deinen Plan genau erklären, dass du einen Road Trip in die USA oder ähnliches vorhast.

4.2 | Aktivierung des Working Holiday Visums

Wo aktivierst du dein Working Holiday Visum für Kanada?

Du erhältst dein Arbeitsvisum (Work Permit) in einem Immigration Office. Am Flughafen von Vancouver befindet sich das Office direkt bei den Gepäckbändern. Kommst du auf dem Landweg nach Kanada, ist die Grenze und das Immigration Office meist ein- und dasselbe, und du kannst deine Dokumente direkt dem Grenzbeamten geben.

Du brauchst folgende Dokumente um dein WHV in Kanada zu erhalten:

- **Reisepass**
- **POE Letter** / Correspondence Letter (Bestätigungs-Brief für das WHV)
- **Nachweis der Auslandskrankenversicherung** (**Wichtig**: Du benötigst eine gültige Versicherung für die komplette Dauer deines Aufenthalts. Ich empfehle, die Versicherung für ein Jahr abzuschließen. Nachträglich das Visum zu verlängern, ist nicht möglich. (www.kanadabuch.de/Versicherung)
- **Nachweis genügend finanzieller Mittel**
- Optional die Unterlagen aus dem Visumantrag

Meistens werden nur der Reisepass und der POE-Letter verlangt. Trotzdem musst du alles bei dir haben, falls sie die anderen Nachweise auch sehen wollen.

Wichtig
Überprüfe nach dem Erhalt des Work Permit (Arbeitsvisum), dass alle Angaben richtig eingetragen sind. Es ist schon passiert, dass anstelle von 12 nur drei oder sechs Monate eingetragen sind. Das musst du sofort richtigstellen lassen, denn später ist das nicht mehr möglich!

Glückwunsch! Mit dem Erhalt des Work Permit beginnt dein Work and Travel Abenteuer in Kanada!

4.3 | Unterkunft für die ersten Tage

In den ersten Tagen wirst du sehr viele Eindrücke bekommen und dich um alle organisatorischen Dinge kümmern müssen. Damit du eine Last weniger hast, check doch für ein paar Tage in ein Hostel ein. So hast du sofort Anschluss zu anderen Backpackern, und du kannst dich um die Buchung schon von aus Deutschland kümmern.

Tipp
Buch die ersten Nächte am besten online. Ich kam damals ohne Buchung an und musste vor Ort mehr zahlen als es online der Fall gewesen wäre. Das ist zwar nicht immer der Fall und in manchen Hostels ist es sogar günstiger vor Ort zu zahlen. Aber in der Regel findest du auf Webseiten wie "Hostelworld"

> die günstigsten Hostelpreise.

Vancouver

Du findest im Herzen von Vancouver Downtown zwei der beliebtesten Hostels direkt auf der Granville Street. Das **HI-Downtown** (HI = Hosteling International) und das **Samesun Vancouver**. Neben diesen beiden ist auch die **Cambie Bar** eine gute Alternative. Außerdem ist die Cambie Bar auch eine hervorragende Möglichkeit, um zu feiern und günstig zu trinken.

Toronto

Das beste Hostel in Toronto Downtown ist das **Planet Traveler Hostel** in West End. Alternativ gibt es in Toronto das **HI Toronto Hostel**.

Montreal

Das beste Hostel in Montreal Downtown ist das **M Montreal Hostel**. Es befindet sich genau neben dem besten Stadtviertel wie Old Montreal und dem Festival District. Alternativ gibt es in Montreal das **Auberge HI Montreal Hostel**, oder du gehst in das **Auberge Bishop Downtown**.

> **Tipp**
>
> Besorge dir die HI-Membership Karte. Damit bekommst du auf alle HI Hostels ein Jahr lang Rabatt auf Übernachtungen sowie Aktivitäten, die du über die HI Hostels buchst. Du kannst die Karte entweder online bestellen oder persönlich beim Check-In eines HI-Hostel erhalten.

Weitere Unterkünfte

Es gibt noch viele andere Möglichkeiten, wie du in Kanada deine Nächte verbringen kannst. Natürlich musst du nicht in einem Hostel unterkommen, wenn du das nicht willst. Daher gebe ich dir im Kapitel 5 "Verschiedene Unterkunftsmöglichkeiten" eine Übersicht über alle Unterkunftsarten.

4.4 | Social Insurance Number (SIN) beantragen

Wenn du legal in Kanada arbeiten möchtest, benötigst du eine Social Insurance Number

(Numéro d'Assurance Sociale). Die SIN ist vergleichbar mit der deutschen Sozialversicherungsnummer und wird für alle Steuer- und Sozialversicherungsangelegenheiten benötigt. Die Beantragung der SIN geht schnell und ist kostenlos. Ich zeige dir in diesem Abschnitt, wie du deine SIN nach der Ankunft in Kanada bekommst.

Wann muss ich die SIN beantragen?

Deine Social Insurance Number (SIN) beantragst du am besten schon in den ersten Tagen nach deiner Ankunft. Wichtig ist, dass du deine SIN zu Beginn deines ersten Jobs in Kanada besitzt. Denn du musst sie jedem neuen Arbeitgeber mitteilen.

Wo beantrage ich die kanadische SIN?

Die kanadische SIN kannst du in jedem Service Canada Office beantragen. Diese Büros findest du in fast jeder Stadt. Du kannst ohne Termin zum nächstgelegenen Service Canada Office gehen. Allein in Vancouver und Umgebung findest du 10 Büros. Mit deiner Postleitzahl vom Hostel kannst du online herausfinden, wo sich das nächste Service Canada Office befindet (www.kanadabuch.de/SCO). Du kannst auch bei Google Maps nach „Service Canada Office" suchen. Hier findest du die wichtigsten Adressen im Überblick:

Info - Service Canada Office
Vancouver Sinclair Centre, Office 125 757 Hastings Street West Vancouver, British Columbia V6C 1A1
Toronto City Hall, Floor 1 100 Queen Street West Toronto, Ontario M5H 2N2
Montreal Guy-Favreau Complex, Suite 034 200 René-Lévesque Boulevard West Montréal, Quebec H2Z 1X4

Ich finde kein Service Canada Office, was kann ich tun?

Es gibt die Möglichkeit, sich per Post eine SIN zu besorgen. Dieser Fall ist nur möglich, wenn das nächste Service Canada Office mehr als 100 Kilometer entfernt ist, oder es keine öffentliche Anbindung gibt. Hierzu musst du zunächst mit deiner Postleitzahl ermitteln, ob du für die Postbeantragung in Frage kommst. Gib diese auf der Regierungsseite ein: www.kanadabuch.de/sin

Da das Beantragen auf dem Postweg weitaus komplizierter ist und erheblich länger dauert, rate ich dir, schon bei der Ankunft in Kanada, noch vor der Weiterreise, dir deine SIN zu besorgen.

Welche Unterlagen benötige ich für die kanadische SIN?

Die Beantragung ist einfach und kostenlos und dauert in der Regel nicht lange. Dir wird die SIN direkt bei der Beantragung im Service Canada Office ausgehändigt. Früher gab es auch eine SIN-Karte, die sieben Tage später an deine hinterlegte Adresse zugesendet wurde. Dieses Verfahren wurde eingestellt; es genügt heute, die SIN in Papierform zu besitzen.

Damit alles reibungslos abläuft, benötigst du folgende Dokumente:

- Deinen **gültigen Reisepass**
- Deine **Arbeitserlaubnis (Work Permit)** - Das ist das Working Holiday Visum.
- Ein **zusätzliches Ausweisdokument** (z.B. Führerschein)
- **Kanadische Adresse** (z.B. vom Hostel, Farm, Freunde …)

Bei der Beantragung musst du ein Formular ausfüllen und ein paar Angaben zu deiner Person machen. Sobald du alles ausgefüllt und abgegeben hast, bekommst du deine SIN ausgehändigt. Diese neunstellige Nummer benötigst du für deinen Job, und legst sie deinen Arbeitgebern vor. Ansonsten solltest du diese Nummer geheim und für dich behalten

4.5 | Kanadisches Bankkonto eröffnen

Wenn du in Kanada Geld verdienen möchtest, benötigst du zusätzlich zu deinem Working Holiday Visum ein kanadisches Bankkonto. Das erleichtert dir den Zahlungsverkehr und ermöglicht dir, ohne Gebühren mit der Karte zu bezahlen. Dein Bankkonto eröffnest du am besten in den ersten Tagen nach deiner Ankunft in Kanada. Die Eröffnung eines Bankkontos geht ebenfalls schnell und einfach. Ich zeige dir, wie und wo du dein kanadisches Bankkonto in Kanada eröffnest.

Warum benötige ich ein kanadisches Bankkonto?

Anders als in Deutschland ist es in Kanada üblich, sein Gehalt alle zwei Wochen in Form eines Schecks (Cheque) zu erhalten. Diesen bringst du zu deiner Bank und dein Geld wird deinem Konto gutgeschrieben. Es ist zwar möglich, einen kanadischen Cheque auf ein deutsches Konto einzuzahlen, das ist aber schwierig und gebührenpflichtig, solange du dich noch in Kanada aufhältst. Zusätzlich zu dem gebührenfreien Bezahlen mit deiner Karte, kannst du nun dein Bargeld unabhängig vom aktuellen Wechselkurs abheben. Du wirst sehr schnell feststellen, dass du in Kanada so gut wie alles mit deiner Karte zahlen kannst.

Neben dem Cheque wird heute das Interac e-Transfer (formerly Interac Email Money Transfer) immer beliebter. Ähnlich wie bei einer Kontoüberweisung, wird hier der elektronische Weg genutzt. Dein Gehalt erhältst du per E-Mail. Das hat den Vorteil: du entscheidest, auf welches Konto dein Geld gezahlt wird. Außerdem bleibt dir der Gang zur Bank erspart. Glaube mir, ein Jahr lang aller zwei Wochen 20 Minuten in einer Schlange stehen - das nervt.

Wo eröffne ich mein kanadisches Bankkonto?

Am besten eignen sich die großen kanadischen Banken. Denn diese Banken sind sehr weit verbreitet und du findest fast überall einen Bankautomaten. Eröffnest du dein Konto bei einer kleineren Bank, kann es vorkommen, dass du Gebühren zahlen musst, wenn du keinen passenden Automaten findest.

Die 5 größten Banken in Kanada sind:

- **RBC** (Royal Bank of Canada)
- **Scotiabank** (Bank of Nova Scotia)
- **BMO** (Bank of Montreal)
- **TD Canada Trust** (Toronto-Dominion Canada Trust)
- **CIBC** (Canadian Imperial Bank of Commerce)

Alle diese Banken sind weit verbreitet und haben Bankautomaten in den meisten Städten. Derzeit bieten die CIBC und die BMO ein kostenloses Konto im ersten Jahr an. Ich entschied mich für die BMO. Dort gibt es neben dem "NewStart Banking Plan" die Möglichkeit, dein Konto kostenlos zu nutzen, solange eine bestimmte Geldsumme nicht unterschritten wird. Das lohnt sich vor allem für die, die länger in Kanada bleiben. Denn das Konto bleibt so auch nach dem ersten Jahr kostenlos.

Wie eröffne ich mein Konto?
Du suchst dir eine Filiale und läufst wenige Minuten später als stolzer Besitzer eines

kanadischen Bankkontos mit dazugehöriger Debit Card (kanadische EC Karte) wieder heraus. Fertig, super einfach. Außerdem darfst du die PIN deiner Karte selbst festlegen. Als Work and Traveler benötigst du dazu ein paar Unterlagen. Es ist nicht möglich, das Bankkonto schon von Deutschland aus zu eröffnen. In Kanada musst du persönlich mit deinen Unterlagen zur Bank gehen. Daher ist es das Beste, wenn du das in den ersten Tagen nach deiner Ankunft erledigst.

Welche Unterlagen benötige ich für ein kanadisches Konto?

Du benötigst auf jeden Fall deine persönliche ID in Form eines Reisepasses oder eines internationalen Führerscheines. Außerdem brauchst du zuerst die kanadische SIN (Social Insurance Number).

Hier alle Unterlagen auf einen Blick:

- **Deutscher Reisepass** (oder internationaler Führerschein)
- **Kanadische SIN** (Social Insurance Number)
- **Kanadische Adresse** (z.B. vom Hostel, Farm, Freunde)

Teilweise verlangen die Banken eine feste kanadische Adresse, welche du als Work and Traveler wahrscheinlich nicht hast. Es ist aber möglich, die Adresse deines Hostels oder einer Farm anzugeben. Sollte das nicht klappen und die Bank auf einer festen Adresse in Kanada bestehen, dann versuch es einfach bei der nächsten Bank. Bei mir war es nie ein Problem. In der Regel sollte es mit dem Working Holiday Visum jedoch keine Probleme bereiten.

Chequing oder Saving Account - Was ist das?

In Kanada gibt es zwei unterschiedliche Arten von Konten. Zum einen gibt es den „Saving Account", welcher einem deutschen Sparbuch ähnelt. Und dann gibt es noch den „Chequing Account", welcher vergleichbar mit dem normalen Girokonto ist. In der Regel wirst du bei deiner Reise den Chequing Account nutzen. Egal für welche Bank du dich entscheidest, werden dir immer beide Varianten zur Verfügung stehen. Der Unterschied liegt in der Handhabung deines Geldes, du hast immer die Möglichkeit beim Geldeingang entweder den einen oder den anderen Account zu verwenden. Auch beim Bezahlen mit deiner Karte wirst du gefragt, ob du über deinen „Chq" (Chequing Account) oder deinen „Sav" (Saving Account) zahlen willst. Keine Angst, du wirst nur eine Karte haben und es ist nicht so kompliziert, wie es vielleicht erscheint.

4.6 | Günstig Geld von Kanada nach Deutschland überweisen? – So geht's!

Das Thema Finanzen und Geld spielt bei deinem Work and Travel Kanada Abenteuer eine wichtige Rolle. Wenn du in Kanada arbeitest, solltest du auch ein kanadisches Bankkonto eröffnen. Aber wie ist das, wenn du an dein Geld in Deutschland möchtest, oder wenn deine Familie oder Freunde dir Geld senden wollen? Vor allem am Ende deiner Reise wirst du überlegen müssen, wie du deine kanadischen Dollar ohne viel Geld zu verlieren nach Deutschland transferieren kannst. Denn bei diesem Thema gibt es viele versteckte Kosten, auf die du achten solltest. Ich verrate dir, wie ich dieses Problem auf meiner Reise löse.

Wann sind Auslandsüberweisungen notwendig?

- Der häufigste Grund ist das Ende deiner Work and Travel Zeit in Kanada. Du möchtest dein kanadisches Bankkonto auflösen und dein kanadisches Geld nach Deutschland senden.
- Während du in Kanada bist, möchtest du dir selbst oder jemandem aus deiner Familie oder Freunden Geld senden.
- Wenn du deine Work and Travel Steuern zurückbekommst, du aber bereits Kanada verlassen hast oder dein Konto in Kanada bereits geschlossen hast.
- Während deiner Reise möchtest du einem anderen Traveler, der sein Konto außerhalb Europas hat, Geld senden.
- Wenn du online als Freelancer arbeitest, und deine Kunden weltweit verstreut sind.
- Beim Verlust von Bankkarten oder Bargeld kannst du dir Bargeld von deinem deutschen Konto nach Kanada schicken oder überweisen lassen.

Warum sind traditionelle Überweisungen nicht geeignet?

Vorweg: Wenn es sich um Überweisungen innerhalb der EU und in Euro handelt, ist es mittlerweile kostenlos und schnell möglich, die Überweisungen mit den traditionellen Banken zu nutzen. Anders sieht es aus, wenn der Vorgang in das EU-Ausland stattfinden soll. Das betrifft alle Work and Traveler, egal ob Kanada, Neuseeland oder Australien.

Bei Auslandsüberweisungen außerhalb der EU gibt es immer noch hohe Gebühren, und ein Wechselkurs, den du zahlst, ist meist viel schlechter, als wenn du einen der vielen Geldtransfer Services (z.B. TransferWise) verwendest. Außerdem dauern die Überweisungen länger und der Wechselkurs wird dir vorher nicht genau angegeben. Denn traditionelle Banken warten immer erst bis zum Ende des Tages, bis sie den Tageskurs festlegen.

Das ist bei den Geldtransfer Services anders. Dort wird dir der exakte Wechselkurs noch vor der Überweisung angezeigt. So weißt du genau, welcher Betrag dir überwiesen wird.

> **Wichtig – Achte auf versteckte Gebühren!**
>
> Bei Auslandsüberweisungen musst du auf zwei Kostenfaktoren achten:
>
> 1. Die Gebühren bzw. Transaktionskosten, die bei Überweisungen außerhalb der EU von fast allen Banken und Finanzdienstleistern erhoben werden.
>
> 2. Der Währungswechselkurs. Meistens verdienen die Dienstleister um einiges mehr an dem Wechselkurs als an den Transaktionsgebühren. Generell gilt: Je exotischer die Währung ist, umso teurer wird die Überweisung. Leider zeigen viele Banken den Wechselkurs nicht. Frage nach, bevor du eine Überweisung tätigst!

Günstig Geld online von und nach Kanada überweisen

Wie kannst du also dein Geld von Kanada oder auch von Deutschland nach Kanada am günstigsten senden? Diese Frage stellte ich mir zum ersten Mal 2017 als sich mein Work and Travel in Kanada dem Ende neigte. Ich hatte in Kanada mehr als CAD 20.000 angespart, und mir wurde schnell bewusst, dass ich durch die verschieden Wechselkurse der Banken bis zu CAD 1.000 verlieren konnte.
Ich verglich die verschieden Anbieter und kam schnell zu der Lösung, dass ich am meisten Geld spare, wenn ich einen der Geldtransfer Services nutze.

Bei dem Thema Geldtransfer lohnt es sich, wenn du dich mit dem aktuellen Wechselkurs vertraut machst. Nur so kannst du ein Gefühl dafür bekommen, wieviel Geld du bei deiner Überweisung verlierst.

> **Tipp**
>
> Versuche internationale Überweisungen zu vermeiden. Denn du wirst Geld verlieren. Am meisten Geld verlierst du, wenn du eine normale Banküberweisung tätigst.

Damit du nicht zu viel verlierst, habe ich für dich zwei Möglichkeiten, wie du am günstigsten an dein Geld kommst.

Travel Hack: Verwende eine kostenlose Kreditkarte!

Während meiner zwei Jahre Work and Travel in Kanada habe ich mir nie Geld gesendet. Von Anfang an habe ich mein Geld bequem kostenlos an jedem ATM (Geldautomaten) abgehoben.

Wie?
Indem ich die kostenlose Kreditkarte der DKB mit weltweit kostenlosen Bargeldabhebungen verwendet habe. Jedes Mal, wenn ich also Geld brauchte, konnte ich auf diese Weise direkt von meinem deutschen Konto Geld abheben.

Da du dir für deine Auslandszeit ohnehin eine Kreditkarte besorgen solltest, warum dann nicht eine, die perfekt für die Bedürfnisse der Backpacker zugeschnitten ist?

Achtung
Deine deutsche EC-Karte funktioniert in Kanada nicht. Außerdem wirst du mit den Kreditkarten der „üblichen" Banken, beim Abheben und Bezahlen im Ausland horrende Gebühren bezahlen müssen.

Wenn ich nach einer Kreditkarte schaue, ist mir als Work and Traveller folgendes wichtig:

- **Keine Auslandsgebühren** - Wenn du etwas in einer anderen Währung bezahlst, möchte ich dafür keine Gebühren an die Bank zahlen. Meistens betragen diese jedoch 1 – 2 Prozent pro Transaktion.
- **Keine Abhebungsgebühren beim Abheben von Bargeld im In- und Ausland**. Bei guten Reisekreditkarten ist das Abheben im Ausland meist kostenlos oder sehr günstig möglich.
- **Kostenlos und ohne Jahresgebühr**. Keine Kosten für Kontoführung oder sonstige versteckte Kosten. Das heißt auch wenn ich die Kreditkarte nie verwenden würde, sollten keine Gebühren anfallen.
- **Guter Kundenservice**, der rund um die Uhr für mich da ist (z.B. bei unrechtmäßigen Abbuchungen und Kartenverlust).

Und genau das bietet die Visa Karte der DKB. Ich selbst reise damit schon seit 2008 und bin sehr zufrieden. Wenn du noch keine Travel-Kreditkarte hast, dann lies dir den Artikel hier durch!

Tipp
Wie wichtig guter Service ist, erfährst du im Kapitel 8 "Probleme mit der Kreditkarte"

Geld von Kanada nach Deutschland: Verwende TransferWise!

Die beste Möglichkeit, um dein Geld weltweit zu senden, ist der rein onlinebasierte Service, wie der von TransferWise (www.kanadabuch.de/Transfare). Das ist nicht nur günstiger als bei den traditionellen Banken, sondern auch noch erheblich schneller. Bei TransferWise erhält der Empfänger das Geld auf sein Bankkonto.

a) Wie funktioniert TransferWise?

Dein Geld wird nicht nur schneller gesendet, und es ist billiger, es gibt auch keine versteckten Kosten. Denn der Wechselkurs wird dir direkt vor dem Absenden angezeigt. Vielleicht fragst du dich, wie das überhaupt möglich ist? Ganz einfach: TransferWise besitzen in jeder Währung ein Konto im entsprechenden Land. Wenn du also von Kanada nach Deutschland Geld sendest, überweist du dein Geld an ein kanadisches Konto von TransferWise. Anschließend überweist dir TransferWise das Geld von ihrem deutschen Konto auf dein deutsches Konto. So erhältst du dein Geld sofort und TransferWise kann selbst entscheiden, wann sie durch den Wechselkurs ihr Geld vermehren.

Voraussetzung ist, dass du ein Sende- sowie ein Empfänger-Konto hast. Alternativ zum Empfängerkonto kannst du die E-Mail Adresse deines Empfängers angeben. Er erhält dann von TransferWise eine E-Mail mit einer Anleitung, wo er seine Bankdaten eintragen soll. Mehr Infos zum E-Mail Verfahren hier: www.kanadabuch.de/transfer-email

b) Wie hoch ist die Gebühr bei TransferWise?

TransferWise verlangt aktuell eine Gebühr von 0,65 Prozent, die dir vor der Überweisung bereits angezeigt wird. Diese Gebühr ist nur halb so hoch, als wenn du eine normale Kreditkarte mit Gebühren verwenden würdest. Die Kosten der traditionellen Banken sind meist noch höher.

c) TransferWise überzeugt mit Einfachheit!

Ich habe schon einige verschiedene Anbieter (auch PayPal) ausprobiert. Doch am einfachsten geht das Senden über TransferWise. Unkompliziert und einfach – Was will man mehr?

Ich erwähne PayPal, denn über PayPal war es mir ohne eine kanadische Meldebestätigung (residential proof) nicht möglich, mein Restgeld aus Kanada nach Deutschland zu senden. Warum ist das ein Problem? Weil ich seit 2017 nicht mehr in Kanada lebe und deshalb auch keine Meldebestätigung besitze. Ich konnte den Service von PayPal nicht mehr verwenden. Soetwas wird dir mit TransferWise nicht passieren.

-> Melde dich kostenlos bei TrasferWise an, und probier es selbst aus: www.kanadabuch.de/Transfer

d) TransferWise bietet auch einen Kursalarm

Dir gefällt der aktuelle Wechselkurs nicht? Kein Problem. TransferWise bietet auch einen Kursalarm und informiert dich, sobald der Kurs deine Wunschvorstellung erreicht. Am besten meldest du dich jetzt kostenlos bei TransferWise an und aktivierst den Kursalarm, so kannst du direkt überweisen, wenn dein gewünschter Kurs erreicht ist.

Welchen alternativen Geldtransfer Service gibt es?

- Currencyfair
- TransferGo
- WorldRemit
- PayPal

Fazit

Generell solltest du Überweisungen außerhalb der EU vermeiden, da du immer Geld verlieren wirst. Aber das meiste Geld verlierst du, wenn du die traditionellen Banken und Kreditkarten mit Gebühren verwendest. Deshalb reise auf jeden Fall mit einer kostenlosen Kreditkarte wie der VISA Card der DKB (www.kanadabuch.de/dkb), mit der du weltweit kostenlos Bargeld am Geldautomaten abheben kannst. Neben der Kreditkarte kannst du den Online Service von TransferWise verwenden. Dieser ist nicht nur am günstigsten, sondern geht auch unkompliziert und schnell und hat keine versteckten Kosten, wenn du Geld von Kanada nach Deutschland senden willst.

—> Die schnellere und günstigere Art, Geld ins Ausland zu überweisen: www.kanadabuch.de/Transfer

4.7 | Handy SIM Karte in Kanada

Kanada ist das zweitgrößte Land der Welt und hat nur 36 Millionen Einwohner. Damit ist Kanada zwanzigmal so groß wie Deutschland, jedoch leben in Deutschland ein Vielfaches mehr Menschen als in Kanada. Im Folgenden schildere ich, wie die Netzabdeckung in Kanada ist, welche Provider es gibt und wo du die günstigste SIM-Karte in Kanada kaufen kannst.

Welche Anbieter gibt es und wie ist der Empfang in Kanada?

Die Vorwahl von Kanada ist (+1) und es gibt vier große Mobilfunkanbieter.

- Rogers
- TELUS
- Bell
- Freedom Mobile

Daneben gibt es noch kleinere und lokale Anbieter, die ihre Netze über die vier großen Anbieter betreiben.

- FIDO (Gehört zu Rogers)
- Koodo (Gehört zu TELUS)
- Public mobile (Gehört zu TELUS)
- VIRGIN MOBILE
- 7-Eleven Speak Out
- Chatr
- PhoneBox
- Wind (Wurde zu Freedom Mobile)

Anders als in Europa, macht sich die Größe des Landes bei der Abdeckung bemerkbar. Es gibt auch heute noch Gebiete ohne Netzabdeckung. Die Infrastruktur hat in den letzten Jahren jedoch massiv zugenommen. Vor allem in den besiedelten Gebieten bekommst du fast immer ein Signal. Wenn dich die exakte Abdeckung interessiert, kannst du dir bei allen großen Netzbetreibern die Abdeckung anzeigen lassen: www.kanadabuch.de/Abdeckung

Ist dein Smartphone triband- bzw. quadbandfähig?

Es gibt zwei verschiedene Standards für Mobilfunknetze in Kanada. Dabei werden die Frequenzen von 850 und 1900 MHz verwendet. Damit unterscheiden sich die Frequenzen zu den in Deutschland verwendeten 900 und 1800 MHz. Wenn du also in Kanada oder den USA dein Handy zum Telefonieren verwenden willst, sollte dein Gerät zumindest tribandfähig sein. Denn bei Tribandgeräten wird zusätzlich die Frequenz von 1900 MHz unterstützt. Wenn du weltweit dein Smartphone uneingeschränkt verwenden willst, solltest du darauf achten ein quadbandfähiges Gerät zu besitzen. Da die meisten modernen Smartphones bereits quadbandfähig sind, wird dieser Teil des Artikels irgendwann irrelevant. Jedes iPhone, bereits seit dem iPhone 3G, erfüllt bereits die Anforderungen. Solltest du also noch ein Dualband-Handy besitzen, dann wirst du dir in Kanada ein neues Mobiltelefon kaufen müssen. Wenn du dir nicht sicher bist, ob dein Handy triband- oder quadbandfähig ist, dann kannst du auf der Seite von Teltarif.de nach deinem Gerät suchen und dir die Frequenzen anzeigen lassen. Falls dich das Thema „Frequenzen" interessiert, gibt es ein gutes Lexikon bei handy-deutschland.de.

Hast du ein SIM-Lock freies Handy?

Damit dein Mobiltelefon problemlos mit der SIM Karte in Kanada funktionieren kann, brauchst du ein SIM-Lock freies Gerät. Ob du ein SIM-Lock besitzt, überprüfst du am besten noch in Deutschland. Wenn deine Mindestvertragslaufzeit bereits abgelaufen ist, kannst du das Telefon in der Regel direkt bei deinem Provider kostenlos freischalten lassen. Hat das Handy noch eine Vertragsbindung, kostet dich die Freischaltung ca. 100 €.

Achtung
In Kanada ist es schwerer, gesperrte Handys freischalten zu lassen. Mach das am besten noch in Deutschland.

Prepaid-Karte oder Vertrag in Kanada abschließen?

Meiner Meinung nach lohnt sich ein Handyvertrag (auf Englisch "Plan") in Kanada nicht (Außer du bleibst länger als zwei Jahre in Kanada). Denn die Vertragslaufzeit beträgt normalerweise zwei bis drei Jahre. Außerdem ist es einfacher eine Prepaid-Karte freischalten zu lassen.

Die kanadischen Prepaid-Karten lassen sich nicht mit den deutschen vergleichen. Während dein Guthaben mit deutschen Anbietern meist bleibt, verfällt das Guthaben in Kanada bereits nach einem Monat. Trotzdem lohnt sich eine Prepaid-Karte in Kanada, um möglichst günstig an eine Handynummer zu kommen.

Welche ist die billigste SIM-Karte in Kanada?

Da sich die Preise ständig ändern und die Vielfalt an Angeboten in Kanada enorm ist, lässt sich hier keine eindeutige Antwort geben. Regelmäßig zahlst du am wenigsten, wenn du nur telefonisch erreichbar sein willst. Außerdem kannst du Geld sparen, wenn du einen lokalen Anbieter wählst. Das lohnt sich, wenn du die Telefonnummer nur für die Jobsuche in einer bestimmten Stadt benötigst. Ich habe mir in Vancouver eine Prepaid-Karte von Fido für CAD 15 gekauft. Nachdem ich die Preise von verschiedenen Anbietern verglichen habe, war dies die preiswerteste Variante.

Was kostet Internet und Datenvolumen in Kanada?

Hier kommt der größte Unterschied zu Deutschland: Denn für Leistungen, die es bei uns schon für 20 € pro Monat gibt, muss man in Kanada tiefer in die Tasche greifen. Wer eine Flatrate ohne Einschränkungen haben will, zahlt dafür mindestens CAD 90 im Monat. Wer mit weniger auskommt, kann sich Datenvolumen von:

- 100 MB für CAD 10
- 250 MB für CAD 15
- 500 MB für CAD 20
- 1 GB für CAD 30

- 2 GB für CAD 50

Es ist einfach und funktioniert gut, Datenpakete zu seiner Prepaid-Karte dazu zu kaufen. Die meisten Anbieter haben hierfür ein Online-Portal, in welchem man seine SIM Karte mit entsprechenden Paketen aufladen kann. Wenn dich diese Preise nicht abschrecken, empfehle ich dir einfach ein komplettes Paket bei den großen Anbietern zu kaufen. Dann brauchst du den restlichen Artikel nicht mehr lesen. Wenn du aber gepolt bist wie ich, dann werden dich diese Preise ebenfalls abschrecken. Ich war nicht bereit, viel Geld zu zahlen. Aber gibt es eine Alternative, um trotzdem immer wieder ins Internet zu gehen?

Kostenloses Wifi überall?

„Welcome to America, Baby!" Der Kontinent des kostenlosen Wifi. In Kanada findest du fast überall eine schnelle und kostenlose Internetverbindung. Egal ob im Café, Restaurant, Hostel, AirBnB, Supermarkt, Einkaufszentrum, in der Tankstelle, Bibliothek, Bank, auf dem Campingplatz, in Touristen-Infos oder sogar in den öffentlichen Bussen. Mittlerweile gibt es sogar „City-Wifi", welches du in den Straßen der größeren Städte empfangen kannst. Aber selbst wenn du das nicht hast, gibt es immer einen Starbucks oder ein McDonalds in deiner Nähe. Dort findest du fast immer kostenloses Wifi.

Um es kurz zu sagen: „FREE WIFI EVERYWHERE". Ich habe mich sogar schon in einen Supermarkt gesetzt, um mit meinen Eltern zu skypen, weil die Verbindung dort schnell genug war. Außerdem muss ich dir gestehen, dass ich seit 2015 keine SIM-Karte mehr besitze. Natürlich sehe ich die Vorteile: „schneller erreichbar, einfacher bei der Jobsuche und im Notfall kannst du telefonieren". Ich bin aber der lebende Beweis, dass man auch völlig ohne SIM-Karte klarkommen kann. Auch meinen Job als Designer in der Filmindustrie habe ich ohne Telefonnummer bekommen. Im Notfall ist immer jemand da oder du kannst „911" völlig kostenlos und ohne SIM-Karte von jedem Telefon wählen.

Glaubst du nicht? Dann lies diesen Artikel: "If a cell phone doesn't have a SIM card, how can it make emergency calls?" (www.kanadabuch.de/emergency-calls)

Ich will dich hier nicht überzeugen, auf eine SIM-Karte zu verzichten. Du kannst dir eine Prepaid-Card holen und sie wird dir gerade bei der Jobsuche eine Hilfe sein. Ich erzähle dir von meinen Erfahrungen, weil ich dich inspirieren will; dass nicht alles so sein MUSS, wie wir das aus Deutschland kennen.

Wo kannst du deine SIM-Karte in Kanada kaufen?

Die SIM Karte in Kanada kannst du direkt bei den Providern im Laden kaufen. Außerdem bekommst du Prepaid-Karten in Elektronikmärkten wie Best Buy, The Source, Vision

Electronics und Staples. Auch 24-Stunden-Läden, wie z.B. 7-Eleven und die kanadische Post, bieten Prepaid-Karten an. Eine weitere Alternative sind größere Supermärkte, wie Wal-Mart, denn auch die haben ihre eigene Prepaid-Karte. Ich empfehle dir, in das nächste Einkaufszentrum „Shopping Mall" zu gehen. Denn dort findest du viele Mobilnetz-Anbieter. Lass dich von den Mitarbeitern beraten! Die helfen dir auch bei der Aktivierung deiner neuen SIM-Karte.

Was passiert mit dem deutschen Handyvertrag?

Die meisten deutschen Mobilfunkanbieter können ihren Service in Kanada nicht anbieten. Außerdem stehst du in Kanada teuren Roaming-Gebühren gegenüber. Es macht also keinen Sinn, deinen bestehenden Vertrag weiterzuführen. Das Geld kannst du dir sparen und in ein Erlebnis in Kanada investieren. Wenn du Work and Travel in Kanada machst, musst du dich in Deutschland abmelden. Das hat einige Vorteile, denn mit der Abmeldebestätigung des Einwohnermeldeamtes kannst du viele Verträge mit einem Sonderkündigungsrecht kündigen.

Achtung

Einige Anbieter werden versuchen, dir den Vertrag trotzdem aufzuerlegen. Doch es gab schon mehrere Gerichtsbeschlüsse, dass die Anbieter dir dieses Recht nicht absprechen dürfen. Als Bestätigung kannst du ihnen deine Abmeldebescheinigung, dein Flugticket sowie die Visumsbestätigung mit deiner schriftlichen Sonderkündigung zuschicken.

SIM-Karte schon in Deutschland besorgen?

Auf der Seite von Auslandsjob wird für einen deutschen SIM-Karten-Anbieter geworben, den du schon in Deutschland abschließen kannst. Was Auslandsjob seinen Lesern aber verheimlicht, ist, dass es sich hierbei nur um eine Datenvolumen SIM-Karte handelt. Man kann damit nicht vor Ort telefonieren. Außerdem zahlt man für 1 GB Datenvolumen ebenfalls 60 € (ca. CAD 90). Ich sehe nicht, warum es besser sein soll, als sich eine SIM-Karte vor Ort von einem der kanadischen Anbietern mit einer Mobilnummer zu holen. Der einzige Vorteil, den man hat, ist das Datenvolumen von 1 GB, das ein Jahr gültig ist. Wenn du dir das aber auf 1 Jahr aufteilst, kannst du genauso gut darauf verzichten und lieber eine der vielen kostenlosen Wifi Spots verwenden, die ich hier im Artikel erwähnt habe.

Welche SIM-Karte für die USA?

Du möchtest einen längeren Road Trip durch die USA machen und willst auch dort keine

Roaming Gebühren zahlen? Ähnlich wie bereits im Artikel geschrieben kann man fast überall kostenloses Wifi bekommen. Trotzdem hab ich mal das Netz durchsucht, um herauszufinden ob es eine Lösung gibt, die Kanada und auch die USA mit abdecken. Als Prepaid-Karte habe ich nur online Angebote gefunden, die eine weltweite SIM-Karte anbieten. Hier zu erwähnen ist die Webseite von World Travel SIM. Jedoch habe ich mit diesem Service keinerlei Erfahrungen. Die billigste Lösung ist, wenn du dir einfach eine Prepaid-Karte in den USA kaufst, z.B die Karte vom Wal-Mart. Ich hatte für meinen USA-Trip keine separate SIM-Karte dabei.

Fazit

Eine kanadische SIM-Karte kannst du bei vielen verschiedenen Anbietern bekommen. Am besten gehst du in das nächste große Einkaufszentrum. Aber auch Supermärkte, wie Wal-Mart oder 7-Eleven bieten SIM-Karten in Kanada an. Da dich ein Vertrag länger bindet als dein Work and Travel Aufenthalt, ist eine Prepaid-Karte die beste Option. Aber Achtung: In Kanada verfällt das Prepaid-Guthaben bereits nach einem Monat. Ich hatte eine Prepaid-Karte von FIDO für CAD 15. Da es fast überall kostenloses Wifi gibt, überlege dir, ob du die überteuerten Datenpakete für mobiles Internet in Kanada überhaupt brauchst. Wenn du eine landesweite Abdeckung willst, zahlst du dafür mehr. Es lohnt sich, genau zu überlegen, wofür du die Telefonnummer brauchst. Um die Kosten gering zu halten, kannst du dir in unterschiedlichen Provinzen lokale SIM-Karten besorgen.

Anhang
In der heutigen Zeit schon selbstverständlich: wenn du nach Deutschland kommunizieren willst, nutze die Internetdienste wie Skype, WhatsApp, Facebook und Co. Das Telefonieren nach Deutschland ist teuer.

4.8 | Angst alleine zu sein? So findest du Anschluss!

Gerade wenn du alleine reist, wirst du Angst haben, auch allein zu sein. Doch das wird nicht passieren. Die Bereitschaft anderer, auf dich zuzugehen, ist viel höher, als wenn du in einer Gruppe oder mit deinem Partner unterwegs bist. Nicht ohne Grund empfehle ich Hostels, denn die eignen sich hervorragend, um Anschluss zu finden. Niemand will alleine reisen. Sprich die Leute in den Aufenthaltsräumen einfach an! Frage sie nach ihrer bisherigen Reise und danach, was ihnen bisher gefallen hat und was nicht. Du wirst sehen, du bist schneller in einem guten Gespräch als du denkst. Sind andere ebenfalls erst angekommen, kannst du mit ihnen auch zusammen die Stadt erkunden. Du kannst auch Facebook-Gruppen nutzen, um dich mit anderen Backpackern zu treffen.

Info
Im Kapitel 5 "Reisepartner finden" gebe ich dir noch mehr Tipps, um Anschluss zu finden.

Kapitel 5 | Leben in Kanada

5.1 | Wie viel kosten Lebensmittel in Kanada?

Wenn du dich fragst, wie hoch die Lebensmittelkosten in Kanada sind oder wieviel Geld du benötigst, um im Supermarkt in Kanada einzukaufen, dann bist du in diesem Artikel richtig. Im Folgenden findest du alles Wissenswertes über die Preise in Kanada, einschließlich der Lebensmittelpreise, Restaurants, Bier und Alkohol.

Ist Kanada ein teures Land?

Kurz: **Ja!** Aber wenn du auf dein Verhalten achtest und auch nach Angeboten Ausschau hältst und dir dein Essen selbst kochst, kannst du trotzdem günstig in Kanada leben. Teuer sind in Kanada vor allem Milchprodukte. Das liegt daran, dass die Milchpreise von der Regierung festgelegt werden, um die Milchbauern zu unterstützen. Dagegen sind die Lebensmittel auf einem Markt (Farmer's Market) nicht teurer als im Supermarkt. Vor Schließung des Marktes findest du dort das frische Obst und Gemüse meistens sogar zum halben Preis. Da die Lebensmittelpreise in Kanada stark schwanken, lohnt es sich, nach Angeboten zu schauen. Viele Supermärkte bieten Vergünstigungen, wenn du im Besitz einer kostenlosen Kundenkarte bist.

Welche Währung hat Kanada?

Die Währung von Kanada ist der Kanadische Dollar (CAD). CAD 1 (Dollar) wird in 100 ¢ (Cent) unterteilt.

> **Info**
>
> Kanada hat die Ein- und Zwei-Cent-Münzen abgeschafft. Beim Bezahlen wird also auf die geraden Zahlen ab- und aufgerundet. Kein lästiges Münzensuchen an der Kasse mehr. Außerdem wird die kanadische Ein-Dollar-Münze "Loonie" genannt und die kanadische Zwei-Dollar Münze "Toonie". Mehr Fakten auf meinem Blog: "Kanada Fakten: kurios, interessant und ungewöhnlich!" - www.kanadabuch.de/kanada-fakten

Was ist der Unterschied zwischen GST und PST?

Anders als in Deutschland werden die Preise in Kanada netto ausgezeichnet. Das bedeutet, dass die Preise ohne Mehrwertsteuer sind und du mit drei unterschiedlichen Steuern auf den Produkten rechnen musst:

- **GST**: Goods and Services Tax (5 Prozent, von der Regierung erhoben)
- **PST**: Provincial Sales Tax (5 bis 10 Prozent, erhoben von den Provinzen/Territorien)
- **HST**: Harmonized Sales Tax (Zusammenlegung von GST und PST)

Da die Höhe des PST in den einzelnen Provinzen unterschiedlich ist (einige Provinzen haben gar keine PST), kommt es zu großen Schwankungen der Bruttopreise. Eine Tabelle mit allen Steuern findest du hier: www.kanadabuch.de/RCC

Welche Supermärkte gibt es in Kanada?

Die Selbstversorgung bereitet in den USA und in Kanada keine Probleme. Supermärkte (Food Markets) findest du fast überall. Die großen stehen häufig im Verbund mit anderen Läden und einem Non-Food-Kaufhaus (Department Store wie Wal-Mart oder K'Mart in den USA bzw. Canadian Tire in Kanada) integriert in kleine und große Shopping Plazas. In kleineren Orten liegen sie fast immer an den Durchgangsstraßen.

- Walmart (oft der günstigste Anbieter, aber oft auch die schlechteste Qualität)
- Safeway
- Nofrills
- IGA
- Farmers Markets

- Wholefoodsmarket (teurer, dafür Bio und gute Qualität)

Tipp: Preiswert einkaufen mit einer Kundenkarte
Mit Kundenkarten kannst du deine Ausgaben im Supermarkt reduzieren und die oft beachtlichen Preisermäßigungen nutzen. Viele Sonderangebote bekommst du nur mit einer Kundenkarte. Eine solche gibt es kostenlos am Servicedesk der meisten Ketten wie Safeway und den anderen.

Öffnungszeiten der Supermärkte in Kanada

Gesetzlich geregelte Ladenschlusszeiten gibt es in Kanada und den USA nicht. In Kanada schließen die Läden zwar früher als im Nachbarland, aber Supermärkte sind auch dort werktags meist bis 21 Uhr geöffnet, samstags und immer häufiger auch sonntags bis 18 Uhr. Manche Supermärkte in den USA sind bis Mitternacht geöffnet oder sogar 24 Stunden, also rund um die Uhr.

Kosten für Lebensmittel in Kanada

Produkt	Durchschnittspreis in CAD
Milch (1 Liter)	$2 -5
Eier (12 Stück)	$2,30 - 5
Brot (675 Gramm)	$2,50 - 5
Wasser (1,5 Liter)	$1 - 3
Cornflakes (675 Gramm)	$5,00
Äpfel (1kg)	$2 - 6
Bananen (1 Kilo)	$1,70
Orangen (1kg)	$2 - 7
Kartoffel (1kg)	$2,90
Salat (1 Kopf)	$2,60
Reis (weiß) (1kg)	$2 - 8
Tomaten (1kg)	$4
Zwiebeln (1kg)	$2,60
Rindfleisch (1kg)	$15
Gurke (1kg)	$2,30

Würstchen (1kg)	$12 - 30
Hüttenkäse (1kg)	$11
Ahornsirup (0.5 Liter)	$16,00
Root Beer (2 Liter)	$1,25
Pizza (Takeaway)	$9 - 19

Was ist das typische nordamerikanische oder kanadische Essen?

Mittlerweile erhältst du die typisch nordamerikanische Küche in fast jedem Restaurant. Natürlich gehört dazu auch Fast Food wie Burger und Pommes. Wobei mir in Vancouver zum Vergleich zu den USA auffiel, dass die Kanadier etwas gesünder essen. Neben den klassischen Fast Food Ketten gibt es in Kanada mehr internationale Küche.

Beliebt in Kanada ist das großzügige Frühstück mit Pancakes, Rührei und Speck, manchmal gebackenen Bohnen, Toast und Marmelade. Auch Bagels, Muffins und Donuts werden mit Vorliebe serviert und verzehrt. Es gibt sogar Bagel Shops, die eine Vielzahl von verschiedenen frischen Bagels anbieten.

> **Bagels Tipp**
> Bist du in Vancouver? Schau auf jeden Fall auf Granville Island vorbei. Dort findest du den berühmtesten Markt in Vancouver. Eine kleine Insel direkt neben Downtown. Innerhalb des Marktes werden die Bagels immer frisch zubereitet. Unbedingt probieren!

Eine absolute Spezialität in Kanada ist natürlich der Ahornsirup, der dem Essen eine einzigartige Geschmacksnote verleiht. Auch Tees und andere Lebensmittel sind mit Ahorngeschmack zu erhalten. Als Souvenir ist er in hübschen Fläschchen oder Packungen verpackt. Im Supermarkt bekommst du ihn natürlich günstiger.

> **Wusstest du?**
> Kanada hat einen Notfall-Ahornsirup-Vorrat, um damit die ganze Welt fünf Jahre lang bedienen zu können.

Was kostet ein Restaurantbesuch in Kanada?

Willst du in einem Restaurant essen, wartest du in Kanada, bis die Bedienung dir einen Platz zuweist. Wurdest du an einen freien Tisch gebracht, gibt es fast immer auch kostenloses, mit Eis gekühltes, Leitungswasser im Glas oder in der Kanne. Du kannst unbegrenzt und gratis so viel Wasser trinken, wie du möchtest. Es ist völlig normal in Kanada, übriggebliebenes Essen zum Mitnehmen einpacken zu lassen. Unüblich ist es jedoch, nach dem Essen noch lange sitzen zu bleiben. Normalerweise bezahlst du und verlässt das Restaurant.

> **Spar-Tipp**
> So wie die Lebensmittel im Schnitt teurer sind als in Deutschland, so ist es dasselbe mit dem Essen im Restaurant. Gerade wenn du Geld sparen willst, kannst du also eine Menge sparen, wenn du dir angewöhnst selbst zu kochen.

Preise in Restaurants in Kanada:

Produkt	Durchschnittspreis in CAD
Mahlzeit in einem billigen Restaurant	$10 – 30
Essen für 2 Personen, mittleres Restaurant, drei Gänge	$50 – 100
McMeal bei McDonalds	$8 – 14
Coca Cola/Pepsi (0,33-Liter-Flasche)	$1,50 – 3
Wasser (0,33-Liter-Flasche)	$1,30 – 3
Cappuccino (regulär)	$3 – 5,50
Espresso Kaffee	$2,10 – 3,90
Cheeseburger (Fastfood)	$2,40 – 4,20

Trinkgeld in Kanada

In Kanada ist es üblich, Trinkgeld zu geben, da die Gebühren für das Servicepersonal meist nicht inklusive sind. Es ist üblich für guten Service 15 bis 20 Prozent des Gesamtbetrags als Trinkgeld (Tip) zu geben. Wenn du nur 10 Prozent oder weniger gibst, wird das als Zeichen verstanden, dass du den Service nicht gut fandest. In manchen Restaurants wirst du auch einen obligatorischen Service-Zuschlag finden. Der steht mit auf der Rechnung (Bill).

Wann darf man in Kanada Alkohol trinken?

In Kanada gib es Alkohol nur in sogenannten Liquor Stores zu kaufen.
Alkohol ist in der kanadischen Öffentlichkeit ein sensibles Thema. Das Trinken und Mitführen von Alkohol in der Öffentlichkeit ist in Kanada verboten. Alkoholkonsum ist in Kanada ab 19 Jahren legal, mit Ausnahme von Alberta, Manitoba und Quebec, wo du

bereits mit 18 Jahren alkoholische Getränke erwerben kannst. Alkohol wirst du im Supermarkt vergeblich suchen, denn er darf nur in speziell dafür lizensierten Geschäften verkauft werden. Den sogenannten Liquor Stores.

> **Wichtig**
> Bitte achte besonders darauf, dass das Trinken und Mitführen von Alkohol in der Öffentlichkeit in Kanada untersagt ist!

Du darfst Alkohol nur innerhalb der dafür lizenzierten Lokale oder Zuhause trinken. Wenn du Alkohol transportierst, solltest du die Flaschen mit einer Tüte „verhüllen". Auch im Auto darf er nur außer Reichweite des Fahrers mitgenommen, und auf keinen Fall, auch nicht von Mitfahrern, im Fahrzeug konsumiert oder geöffnet werden. Auf manchen Campingplätzen und in National- und Provinzparks gibt es während kanadischer Feiertage sogar ein Alkoholverbot.

> **Wieviel kostet Alkohol in Kanada?**
> Gerade für uns als die bekannteste Biernation der Welt, stellt sich die Frage: „Wie viel kostet ein Bier in Kanada?"
>
> **Im Restaurant**
> Einheimisches Bier (0,5 Liter) = CAD 4–8
> Importiertes Bier (0,33 Liter) = CAD 6–10
>
> **Im Liquid Store**
> Whiskey = CAD 31
> Rum = CAD 27
> Wodka = CAD 28
> Gin = CAD 28

Wieviel kosten Zigaretten in Kanada?

Auch das Rauchen ist in Kanada innerhalb und sogar vor öffentlichen Gebäuden, Transportmitteln, Einkaufszentren, Restaurants, Bars etc. verboten. Das hat weitläufig zu einem starken Rückgang des Rauchens geführt. Zigaretten sind in Kanada teurer als in Deutschland. Die durchschnittlichen Kosten für eine Packung lokaler Zigaretten sind CAD 12 (7,70 €). Für berühmtere Marken wie: L&M, Kent, Davidoff musst du etwa CAD 15 (9,60 €) bezahlen.

> **Mein Spar-Tipp**
> Rauchen kann ein großes Loch in deinen Geldbeutel verursachen. Nutz dein Work and Travel, um dich vom Rauchen endgültig zu verabschieden! Am besten geht es, wenn du es durch andere positive Erfahrungen ersetzt. Zum

> Beispiel dem sozialen Aspekt beim Treffen mit anderen Backpackern. Geht gemeinsam auf ein Abenteuer nach dem anderen! Dein künftiges Ich wird es dir danken.

5.2 | 10 Tipps um günstig in Kanada zu leben

1. Wasser kostet nichts.

Wenn du in Kanada in einem Restaurant Essen bestellst, bekommst du immer kostenlos Wasser dazu. Außerdem kannst du beliebig oft nachfüllen. Besorge dir am besten eine wiederverwendbare Wasserflasche. Du kannst sie an den zahlreichen Wasserspendern auffüllen.

2. Wäsche am Wochenende waschen.

Dieser Tipp betrifft nur die, die ihre Nebenkosten separat in Kanada zahlen. Die Strom- und Wasserpreise sind am Wochenende günstiger. Wenn du also für längere Zeit in Kanada lebst, kann es sich durchaus rechnen, mit der Wäsche bis zum Wochenende zu warten.

3. Teile deine Kosten mit Reisepartnern!

In Kanada zu reisen kann sehr schnell teuer werden. Die Distanzen sind groß und oft gibt es keine direkten Verbindungen. Es lohnt sich, in Fahrgemeinschaften zu fahren. So kannst du dir die Benzinkosten teilen. Du zahlst dann für eine Fahrt von Kingston nach Toronto keine 50 € für den Fernbus pro Strecke, sondern lediglich 20 €. Du findest „Rideshares" in Facebook-Gruppen. Auch macht es mehr Spaß, auf einen Road Trip gemeinsam zu fahren. Mehr dazu, und wie du einen geeigneten Reisepartner findest im Abschnitt "Reisepartner finden".

4. Preisfalle Tax/Steuern

Die ausgeschriebenen Preise in Kanada enthalten keine Steuern. Ich habe mich schon einige Male über ein Schnäppchen gefreut, das an der Kasse dann doch mehr gekostet hat. Oder du hast CAD 20 in deinem Geldbeutel und kaufst genau für diesen Betrag ein und dein Geld reicht nicht. Es ist nicht einfach zu berechnen, da es je nach Produkt verschiedene Steuerkategorien gibt.

5. Günstigste Supermärkte in Kanada

Die günstigsten Supermärkte sind The Real Canadian Superstore und Wal-Mart. Machst du also größere Einkäufe, nutzen einen der beiden für deinen Einkauf.

6. Verwende Mitgliedskarten!

Besorge dir für deinen Einkauf in den Supermärkten die Mitgliedskarten. Damit erhältst du Rabatte. In fast jedem Supermarkt wird man an der Kasse nach seiner Mitgliedskarte gefragt. Die kannst du dir bei deinem ersten Besuch kostenlos an der Kasse ausstellen lassen.

- SaveOnFoods hat die More Rewards Karte
- IGA & Safeway die AirMiles Karte
- The Real Canadian Superstore die PC-Optimum Karte

Besonderheit
Beim Großhandel COSTCO, wo es von allem extra-große Packungen gibt, kann man nur mit einer Mitgliedschaft einkaufen. Die Karte kostet CAD 60 Jahresgebühr. Da du COSTCO nur in den Großstädten findest, lohnt sich dies nicht für nur ein paar Wochen oder einen Road Trip. Lebst du aber länger in der Stadt, könnte sich die Mitgliedschaft rechnen.

7. Benzinpreise

Eine hilfreiche App ist Gas Buddy (www.kanadabuch.de/gasbuddy) Sie zeigt dir die günstigste Tankstelle im Umkreis an. Zudem kann man auf einer Kartenansicht alle Tankstellen, sowie die Preise in Echtzeit sehen. Die App funktioniert auch in den USA.

8. Geheimtipp: Frage die Locals nach guten Restaurants!

Wenn du die Einheimischen fragst, wo sie selbst essen gehen. So findest du die preisgünstigen und guten Restaurants.

9. Selbst kochen statt Essen gehen

Um in Kanada viel Geld zu sparen, gewöhne dir an, selbst dein Essen zu kochen. Bist du in einer Gruppe unterwegs, macht das Ganze auch Spaß und du sparst noch mehr. Gerade auf einem Road Trip, wenn man mit vier oder fünf Freunden gemeinsam kocht.

10. Eintritt in alle Nationalparks

Besorge dir den Jahrespass *Parks Canada Discovery Pass*. Ihn gibt es online zu kaufen. Weil die Nationalparks in Kanada nur über die Einnahmen der Tickets finanziert werden, bitte ich dich, dir deinen eigenen Pass neu zu kaufen. Die Pässe werden gerne gebraucht auf Facebook weiterverkauft. Zum Einen ist dies jedoch nicht erlaubt, und dir kann der Eintritt in den Park verwehrt werden. Zum Anderen, wenn dir die Natur am Herzen liegt, solltest du dir deinen eigenen Pass kaufen. Der Discovery Pass lohnt sich schon, wenn du dich sieben Tage in den Parks aufhältst. Eine Woche Rocky Mountains und Banff National Park kostet schon genauso viel wie der Jahrespass.

> **Info**
> ▷ Du findest den Parks Canada Discovery Pass hier: www.kanadabuch.de/Pass

5.3 | Verschiedene Unterkunftsmöglichkeiten

Hotel oder Motel

Hotels und Motels sind die klassischen Unterkünfte, bei denen du dein eigenes Zimmer hast. Sie eignen sich, wenn du deine Privatsphäre möchtest. Jedoch sind sie auch die teuersten Unterkünfte und deswegen bei den meisten Work and Travelern unbeliebt.

Hostels

Die am häufigsten genutzte Möglichkeit bei Backpackern sind Hostels. Sie sind eine Art Jugendherberge und anders als beim Hotel, teilst du dir ein Zimmer (Dorm Room) mit anderen. Daher sind Hostels auch um einiges günstiger. Eine weitere Besonderheit sind die Aufenthaltsräume. Sie sind das Herzstück der Hostels und du triffst dort auf viele gleichgesinnte Traveler. So kannst du schon in deinen ersten Tagen Kontakte knüpfen. Die günstigsten Hostels findest du auf www.Hostelworld.com. Viele Hostels bieten Freizeitaktivitäten und Touren an. In meiner ersten Woche im *HI Central* in Vancouver gab es "Burger Nights" und Touren in den Stanley Park. Vor allem die Touren eigenen sich hervorragend, um neue Leute kennenzulernen und gemeinsam die Gegend zu erkunden. In den meisten Hostels gibt es eine Gemeinschaftsküche, in der du dir dein Essen zubereiten kannst. Ich achte immer darauf, dass mein Zimmer einen Spind hat. Bringe ein kleines Vorhängeschloss mit! So kannst du deine Wertsachen einschließen. Die meisten Traveler sind zwar ehrliche Menschen. Leider macht Gelegenheiten Diebe. Lass also deine Wertsachen nicht offen auf deinem Bett liegen.

> **Tipp**
>
> Besorge dir die HI-Membership Karte. Damit bekommst du auf alle HI Hostels für ein Jahr Rabatt auf Übernachtungen und Aktivitäten, die du über die HI Hostels buchst. Du kannst die Karte entweder online bestellen oder persönlich beim Check-In eines HI-Hostel erhalten.

AirBnB

AirBnB (Airbed & Breakfast) ist eine Plattform zum Mieten und Vermieten von Privatunterkünften. Von einzelnen Zimmern bis hin zu ganzen Häusern gibt es dort alles. Vor allem, wenn du zu zweit oder in einer Gruppe reist, ist es eine tolle Alternative zu Hostels und Hotels. Denn ihr könnt hier gemeinsam für den gleichen Preis mehr bekommen, als wenn ihr einzeln in einem Hostel zahlt. Selbst wenn es etwas teurer ist als ein Hostel, bekommt ihr dafür mehr Privatsphäre. Eine ausgestattete Wohnung, Küche und manchmal sogar eine Waschmaschine. Da es so viele verschiedene Ausstattungsmöglichkeiten gibt, prüfe die Anzeige der Unterkunft vor der Buchung. Auf der Website von AirBnB kannst du dir vorher Bilder, Bewertungen und eine Beschreibung anzeigen lassen. Du kannst mit dem Vermieter in Kontakt treten. Die Buchung und die Zahlung werden über die Webseite abgewickelt.

> **Tipp-Erhalte Rabatt**
>
> Wenn du AirBnB noch nie verwendet hast, bekommst du mit meinem Link einen Rabatt auf deine erste Unterkunft. -> Sichere dir deinen Rabatt hier: www.kanadabuch.de/airbnb

Couchsurfing

Couchsurfing ist die billigste Art zu reisen und eine tolle Möglichkeit, Einheimische kennenzulernen. Das Prinzip ist einfach: Über die Website www.couchsurfing.com suchst du nach Hosts, welche dich kostenlos auf ihrer Couch schlafen lassen. Die Philosophie hinter dem Ganzen: "Geben und Nehmen".

Die Hosts sind meistens Reisende, die in anderen Ländern selbst Couchsurfing genutzt haben. Deswegen bieten sie ihr Zuhause anderen Travelern ebenfalls an. Couchsurfing ist also eine Community von Reisenden. Auf der Website kannst du dir vorher, wie bei AirBnB, Bewertungen anzeigen lassen. Außerdem gibt es auf Couchsurfing auch riesige Communitys. Auch wir haben eine Kanada Community auf Couchsurfing. Schau gerne mal vorbei: www.kanadabuch.de/surf

Mieten einer Wohnung oder eines Zimmer

Wenn du länger an einem Ort bleibst und arbeitest, dann kannst du dir auch eine eigene Wohnung mieten oder in ein Zimmer einer Wohngemeinschaft (Shared Flat) ziehen. Das ist langfristig sogar günstiger als in einem Hostel. Eine WG ist hervorragend, um nicht allein in einer Wohnung zu leben und sich die Kosten zu teilen. Du kannst dich sogar mit mehreren anderen Backpackern zusammentun und eure eigene WG gründen.

Um eine Wohnung oder ein Zimmer zu finden, kannst du die verschiedenen Work and Travel Gruppen auf Facebook verwenden. Heutzutage gibt es für fast jede größere Stadt auch eine Rental-, Apartment-, Rooms-Gruppe. Suche einfach mal auf Facebook, ob du eine passende Gruppe für deine aktuelle Stadt findest.

Wenn es dort keine Angebote gibt, ist Craigslist die beste Webseite, wo du nach Wohnungen schauen kannst. Die Webseite ist eine Mischung aus Jobportal, Ebay, Real Estate und Automarkt. In Kanada wird die Seite für fast alles verwendet. Hier findest du unter der Rubrik "rooms & shares" viele verschiedene Angebote.

Hilfreiche Webseiten zur Wohnungssuche

- Craigslist.ca
- Easyroommate.com
- Roomies.ca
- kijiji.ca

Wichtig
Achte auf einen Vertrag, den du monatlich kündigen kannst. So bist du flexibel, falls sich deine Pläne kurzfristig ändern und außerdem auch rechtlich auf der sicheren Seite. Mach keine Anzahlungen auf Objekte, die du nie gesehen hast. Heutzutage gibt es viele Scammer die versuchen dich zu betrügen.

Leben im Auto: Vanlife & Camping

Camping bietet sich vor allem im Sommer auf einem Road Trip durch die Nationalparks an. Als Alternative zu den klassischen Unterkünften kannst du in deinem Auto schlafen. Am besten eigenen sich Vans, weil sie mehr Platz bieten, wenn du diese in einen Campervan umwandelst. Vor allem, wenn du auf einem Road Trip bist, kannst du dir so die kompletten Unterkunftskosten sparen. Ich habe eineinhalb Jahre in Kanada in zwei selbst umgebauten Campervans gelebt. Da ich die Vans selbst umgebaut habe, konnte ich sie am Ende sogar gewinnbringend verkaufen.

Okay, to be fair: Mein erster Dodge Grand Caravan war nach neun Monaten Schrott und ich habe nur noch CAD 100 erhalten. Dafür war die Ersparnis aus dieser Zeit größer als der Kaufpreis (CAD 1.500), der Umbau (CAD 350), alle Reparaturen (CAD 4.500) und mein Werkzeug (CAD 500), das ich in den neuen Van mitnehmen konnte. Dafür habe ich meinen zweiten Van "Betty", ein Dodge B2500, am Ende sogar für CAD 4.000 mehr verkauft. Ich hatte also 11 Monate keine Unterkunftskosten und CAD 4.000 mehr in der Tasche.

Du musst aber nicht selbst einen Campervan umbauen, denn es gibt viele umgebaute Campervans von anderen Backpackern. Wenn du in deinem Auto lebst, bist du im Vergleich zum Camping sogar mehr gegen Wind, Regen und Wetter geschützt als in einem Zelt. Wenn du sogar außerhalb von Campingplätzen schläfst, zahlst du nichts für eine Übernachtung. Ist das möglich? Ich habe in meiner Zeit in Kanada nicht einen einzigen Cent fürs Camping gezahlt. Du musst nur darauf achten, dass nicht überall Wildcamping erlaubt ist. In Städten wie Vancouver habe ich mich sogar in die Wohngegend gestellt, wo die Fahrzeuge an der Straße parkten. So fällt man überhaupt nicht auf. Mehr dazu findest du im Kapitel 7 "Im Auto Leben (Vanlife)"

Wwoofing

Wwoofing verbindet das Arbeiten auf einer Farm gegen Kost und Logis. In Kanada gibt es folgende Webseiten, die du dafür verwenden kannst.

- Wwoof.ca
- Helpx.net
- Workaway.info

Wwoofing (World Wide Opportunities on organic Farms) ist eine tolle Möglichkeit, Land und Leute besser kennenzulernen. Du lebst bei einer Gastfamilie auf einer Farm und hilfst ihnen bei täglichen Arbeiten. Die Arbeitszeiten liegen meistens zwischen vier und sechs Stunden, an fünf Tagen in der Woche. Die Arbeiten reichen vom Füttern der Tiere bis hin zum Bauen von Zäunen. Im Gegenzug bekommst du dafür ein Zimmer und Essen.
Eine Möglichkeit, durch Farmjobs günstig Kanada zu bereisen, ist, alle paar Wochen auf eine neue Farm zu wechseln. Ausführliche Informationen zum Wwoofing und Farmjobs findest du im Kapitel 6 "Farm"

Housesitting

Eine weitere Alternative ist das Housesitting. Hier verlassen die Besitzer ihr Haus für einige Zeit, weil sie zum Beispiel für zwei Monate eine Kreuzfahrt gebucht haben. Sie brauchen jemanden, der sich um das Haus und die Arbeiten im Haus kümmert. Dazu gehört Saubermachen, auf die Haustiere aufpassen, den Garten oder einfach nur auf das Haus aufpassen. Als Gegenleistung kann man kostenlos in dem Haus wohnen. Über die Webseite Helpx.net kannst du neben Farmen auch Housesitting finden.

5.4 | Post und Pakete aus Kanada versenden

Wenn du Work and Travel in Kanada machst, kommst du früher oder später zum Thema Post und Pakete. Was kostet es, ein Paket von Kanada nach Deutschland zu schicken und lohnt sich das überhaupt?

Wie lange dauert ein Paket von Kanada nach Deutschland?

Durchschnittlich dauert das Versenden eines Paketes von Kanada nach Deutschland zwischen einer und drei Wochen. Das ist abhängig von verschiedenen Faktoren. So kann es sein, dass es einige Tage beim Zoll liegenbleibt. Daher solltest du den Inhalt möglichst genau beschreiben und keine Sachen einpacken, die nicht erlaubt sind. Die Versandzeiten hängen auch von der Lage ab. Im hohen Norden dauert es etwas länger als beispielsweise in eine der größeren Städte wie Vancouver oder Toronto.

Lohnt es sich ein Paket von Kanada nach Deutschland zu schicken?

Ich kam im Sommer nach Kanada und merkte schnell, dass ich zu viele Winterklamotten dabei hatte. Ich überlegte, sie mit einem Paket zurück nach Deutschland zu schicken. Leider habe ich dann festgestellt, wie teuer es ist, ein Paket von Kanada nach Deutschland zu schicken.

Wichtig
Achte beim Packen, dass du nicht zu viel mitnimmst! Alles, was du nicht einmal pro Woche benutzt, nimmt nur unnötigen Platz weg. Mehr Infos und Tipps zum Packen findest du im Kapitel 3: "10 Tipps zum Packen".

Wieviel kostet es, ein Paket von Kanada nach Deutschland zu schicken?

Du kannst Pakete über die Canada Post versenden. Hier unterscheiden sich die Preise je nach Größe, Gewicht und wohin du das Paket senden möchtest. Bedenke, dass Kanada so groß ist, dass die Preise von Toronto an der Ostküste günstiger sind als von Vancouver an der Westküste. Deshalb gebe ich dir hier Richtwerte. Am besten erkundigst du dich über den exakten Preis selbst bei der Canada Post.

Briefe
- bis zu 100 g = CAD 6
- bis zu 200 g = CAD 10

Mini-Pakete bis zu 500 g
- International Air (per Luftpost, 5 - 7 Tage) = CAD 19
- International Surface (per Schiff, 4 - 6 Wochen) = CAD 10

Pakete bis zu 2 kg
- International Air (per Luftpost, 5 - 7 Tage) = CAD 55
- International Surface (per Schiff, 4 - 6 Wochen) CAD = 25

Pakete bis zu 10 kg
- International Air (per Luftpost, 5 - 7 Tage) = CAD 193
- International Surface (per Schiff, 4 - 6 Wochen) = CAD 102

Pakete über 15 kg
- Bei Paketen über 15 kg kommst du schnell auf über CAD 150.

Wichtig
Ein Paket kann also schnell ziemlich teuer werden. Da die meisten Backpacker am Anfang ihrer Reise zu viel dabei haben, empfehle ich, dass du diesen Fehler nicht begehst. Dinge, die du in Kanada brauchst, kannst du in Kanada auch nachkaufen. -> ultimative Packliste: www.kanadabuch.de/bonus

Versenden von sperrigem Gepäck innerhalb Kanadas

Eine Alternative zur Canada Post, gerade für großes und sperriges Gepäck (wie z.B. ein Snowboard) ist das Versenden via Bus. Linien-Busanbieter wie *Greyhound* bieten auch einen günstigen Paketversand an. Abgeben kannst du dein Paket in jedem Busbahnhof, und der Empfänger kann es entweder an seinem nächstgelegenen Busbahnhof abholen oder gegen Aufpreis auch nach Hause liefern lassen.

Wo bekommst du die Materialien für ein Paket?

Wenn du Work and Travel in Kanada machst, wirst du vermutlich keine Schere, Tesafilm, Klebeband, Kartons etc. dabei haben - also alles, was du zum Verpacken eines Paketes brauchst. Du kannst entweder im Baumarkt (Canadian Tire / Wal-Mart) alles einzeln besorgen oder du nutzt einen sogenannten Verpackungsshop. Dort bekommt man seine mitgebrachten Gegenstände ordentlich eingepackt. Der Service liegt unter CAD 20.

Wie kann ich als Backpacker Post in Kanada empfangen?

Da du als Traveler meistens keine feste Adresse hast und auch Hostels nicht immer Post für Gäste entgegennimmt, hast du sechs Möglichkeiten, dir deine Post in Kanada zuschicken zu lassen:

1. Lass dir deine Post an einen Freund oder Bekannten in Kanada senden.
2. Nutze die Adresse deiner Arbeitsstelle in Kanada.
3. Verwende die Adresse deiner Farm.
4. Miete dir für etwa CAD 20 im Monat bei der Canada Post ein Postfach.
5. Lass dir die Post über „General Delivery" an ein beliebiges Postamt in Kanada schicken. Deine Post wird dort bis zu 14 Tage lang gelagert. Solange hast du Zeit, sie dort abzuholen, danach geht die Post automatisch an den Absender zurück. Wichtig: Du musst dich vorher bei dem Postamt, dessen Service du nutzen willst, kostenlos registrieren. So bekommst du auch die exakte Adresse der Filiale.
6. Falls Du mit einer Work and Travel Organisation nach Kanada gereist bist, bieten diese oft eine Kontaktperson in den großen Städten wie Vancouver, Toronto und Montreal. Sie nehmen meistens auch deine Post entgegen.

5.5 | Reisepartner finden

Du möchtest während deines Work and Travel in Kanada nicht alleine reisen? – Perfekt! Dann such dir doch am besten einen Travel-Buddy! Denn genau so wie du, wollen auch die meisten anderen Backpacker lieber zusammen die Abenteuer erleben. Auch finanziell lohnt es sich, zusammen durch Kanada zu reisen. Aber wo und wie findest du einen geeigneten Reisepartner?

Ich zeige dir, wie einfach du einen geeigneten Reisepartner für dein Work and Travel Kanada findest.

Warum sollte ich in Kanada in einer Gruppe reisen?

Das Reisen in einer Gruppe bietet dir mehr: Angefangen von Freundschaften und jeder Menge Spaß bis hin zu der Sicherheit, dass du dich auf jemanden anderen verlassen kannst, wenn du mal Hilfe brauchst.

„Das Glück ist das einzige, das sich verdoppelt, wenn man es teilt!" – Albert

Das gilt auch für das gemeinsame Reisen. Gemeinsam erlebst, lachst du, passiert einfach mehr! Der beste Teil ist, dass ihr euch zusammen an die schönsten Momente erinnert – so bleibt die Reise lebendig. So beginnt ihr die Reise als Fremde, und ihr werdet danach Freunde fürs Leben. Mit Reisepartnern erweiterst du deinen Horizont. Wo sonst triffst du weltoffene Menschen mit völlig unterschiedlichen Hintergründen und Erfahrungen? Je bunter gemischt die Gruppe ist, desto spannender wird die Reise. Geteilte Kosten sind halbe Kosten. Egal ob du mit deinen Reisepartnern ein Zimmer teilst (zb. AirBnB), oder ob ihr gemeinsam auf einen langen Road-Trip startet. Dadurch verringern sich die Kosten und ihr könnt länger reisen und müsst in Kanada weniger arbeiten. Und das Wichtigste: Du bist nicht allein! Ihr könnt eure Abende gemeinsam verbringen, ob in einer Bar in der Stadt oder am Lagerfeuer auf einem Campingplatz in einem spektakulären Nationalpark.

Worauf solltest du bei der Suche nach Reisepartnern achten?

Wenn du in Kanada nach Reisepartnern suchst, solltest du darauf achten, dass ihr die gleichen oder ähnliche Reiseziele habt. Außerdem ist es wichtig, sich zu verstehen. Versuche mit den anderen vor der Reise in Kontakt zu kommen. Am einfachsten geht das persönlich bei einem Bier oder einem Kaffee. So habt ihr die Möglichkeit, euch besser kennenzulernen und auch über die Reisepläne zu sprechen. Manchmal ist dies nicht möglich, sich persönlich zu treffen. Zum Beispiel, weil sich einer von euch beiden gerade noch auf der Durchreise befindet. Dann lohnt es sich, sich per Video-Chat zu sehen. Auch in diesem Fall treffe ich mich gern kurz vor dem Start der Reise mit meinem Reisepartner. Es ist dein Work and Travel. Hast du ein ungutes Gefühl oder denkst du, ihr werdet euch nicht verstehen, dann lass es lieber. Genau deshalb trefft ihr euch. Gerade bei einem Road-Trip lebst du mit deinem Reisepartner auf engstem Raum miteinander, da solltet ihr euch schon verstehen.

Themen, über die ihr sprechen könnt:

- Wie stellt sich dein Reisepartner die Route durch Kanada vor?
- Wollt ihr beide dieselben Orte besuchen?
- Wie steht ihr beide zur Jobsuche und das Arbeiten unterwegs?

Wenn dein Reisepartner andere Vorstellungen hat als du, dann ist das kein guter Start. Während du vielleicht lieber Land und Leute kennenlernen möchtest, versucht er die besten Partys mitzunehmen? Da kann es schon mal, unabhängig von der gemeinsamen Route, zu Auseinandersetzungen kommen.

Sympathie, gemeinsame Ziele und Vorstellungen: Das sind die drei wichtigsten Dinge, die du bei der Auswahl deines Reisepartners beachten solltest. Nur so wird die Kanadareise zum großartigen Erlebnis und nicht zum Albtraum.

Was ist, wenn deine Reisepartner nicht zu dir passen?

Vorab: Durch Work and Travel hast du ohnehin schon eine großartige Auswahl an potentiellen Reisebegleitern. Denn die meisten Traveler sind ebenfalls weltoffen, Reise-Liebhaber sind echte Weltbürger – offen und relaxed. Es könnte eher der Fall eintreten, dass ihr es am Ende schwer habt "Tschüss" zu sagen. Gerätst du wider Erwarten doch in die Situation, in der du mit den anderen trotz versuchter Kommunikation nicht klarkommst, dann kann es manchmal helfen, über deine Gefühle und Gedanken offen zu sprechen. Lass die anderen wissen, was du denkst. Fühlst du dich auch dann nicht wohl, dann verlasse die Gruppe! Du musst deine Zeit nicht mit Menschen verbringen, nur weil ihr euch auf die gleiche Route geeinigt habt. Mach neue Pläne und suche dir neue Reisepartner! Vielleicht fällt es dir schwer, vielleicht willst du den anderen mit deiner Entscheidung nicht wehtun, aber nachdem du diesen Schritt gegangen bist, fühlst du dich besser. Wenn sich eine Tür schließt, dann stehen dir Hunderte neuer Türen offen. Stell dir vor, du befindest dich gerade in den Rocky Mountains. Geplant hattet ihr, ein paar Tage hier zu verbringen. Warum also beim Verlassen der anderen nicht etwas mehr Zeit in Banff, einem der schönsten Orte in Kanada verbringen? Vielleicht triffst du dort auf neue Freunde.

Wo findest du einen Reisepartner für Work and Travel Kanada?

Es gibt verschiedene Portale, die sich nur mit dem Thema Reisepartner beschäftigen. Trotzdem möchte ich das Offensichtliche nicht außer Acht lassen: Mit aktuell fast zwei Milliarden Nutzern, bietet Facebook einfach die größten Chancen, einen Reisepartner zu finden. Ich habe bisher alle meine Reisepartner über Facebook in den verschiedenen Work and Travel Gruppen gefunden. Leider hat Facebook einen großen Nachteil bei der Reisepartnersuche: Je größer die Facebook Community ist, desto schneller rutschen Beiträge im Feed nach unten. Erstellst du einen Post mit einer Route, kann derjenige, der sich für deine Route interessiert, deinen Beitrag womöglich nicht mehr sehen. Um dem entgegenzuwirken, kannst du einen Beitrag erstellen der für Interaktionen sorgt (Z.B. in dem du deinem Post eine Frage hinzufügst). Dadurch rutscht dein Beitrag wieder nach oben und wird von mehr Teilnehmern in der Gruppe gesehen. Außerdem solltest du auf jeden Fall ein Bild posten, denn Bilder kommen besser an, als einfach nur ein Text.

Trotz des Nachteils, lassen sich über Facebook Travel-Buddys finden. Außerdem habe ich dir noch eine Liste mit anderen Plattformen, auf denen du nach Travel-Buddys suchen kannst:

Facebook
- Facebook Working Holiday Kanada Gruppe (www.kanadabuch.de/gruppe)

Webseiten und Service zum Finden von Reisepartnern
- Urlaubspartner
- JoinMyTrip
- Reisepartner-Gesucht

Finde Reisepartner in Hostels

Hostels sind generell die perfekte Wahl, um günstig zu übernachten und auf andere Backpacker und Traveler zu treffen. In fast jedem Hostel gibt es auch einen Aufenthaltsraum oder eine Gemeinschaftsküche. Sprich die anderen einfach an:

- Where are you from?
- What are your plans?
- What can you reccommend doing here in City XY?

Du wirst relativ schnell merken, ob du jemanden der gleichen Wellenlänge findest. Oft kannst du von hier schon gemeinsam die Stadt oder die Gegend erkunden oder ganz spontan einen Travel-Buddy für deinen nächsten Road-Trip bekommen.

Tipp
Du kannst auch einen Aushang am schwarzen Brett hinterlassen, auf dem du deine Pläne kurz umreißt und einen Kontakt hinterlässt. (E-Mail Adresse oder Telefonnummer).

Couchsurfing

Wusstest du, dass Couchsurfing in den letzten Jahren viel in die Entwicklung und den Aufbau ihrer Community gesteckt hat? Du kannst einen Trip in der Community erstellen und so nach Reisenden suchen.

Was ist Couchsurfing?
Über diese Webseite kannst du auf der Couch eines Host, der vermutlich selbst als Reisender Couchsurfing in einem anderen Land genutzt hat, schlafen. Traveler unterstützen sich gegenseitig. Meistens verbringst du auch Zeit mit dem Host. Du bekommst oft eine Menge guter Insider-Infos über die Gegend.

-> Wir haben ebenfalls eine Couchsurfing Kanada Community: www.kanadabuch.de/surf

Verwende Kijiji und Craigslist speziell für Kanada!

Die Webseiten Craigslist und Kijiji werden in Kanada für fast alles verwendet. Beide Seiten vereinen Ebay, Amazon, Auto-, Job- und einen Immobilienmarkt. Hier habe ich meine Autos in Kanada gefunden und auch meine Zimmer in Vancouver. Du kannst auch eine Anzeige erstellen und nach Mitreisenden für einen Road-Trip suchen. Es gibt die Kategorie „Rideshares".

Fahre per Anhalter oder nimm selbst Anhalter mit!

Wenn du per Anhalter (hitchhiking) fährst oder selber einen Anhalter mitnimmst, kann es ebenfalls zu interessanten Kontakten kommen. Bei dieser Variante überlässt du allerdings auch Vieles dem Zufall. Und es kann sehr lange dauern, mitgenommen zu werden.

Vorlage für ein Inserat
Road Trip USA – Suche nach Travel-Buddy!
Ich plane, die Westküste von Vancouver bis nach San Francisco zu fahren und von dort über Yosemite NP, Death Valley und den Grand Canyon wieder Richtung Norden über Salt Lake City, Yellow Stone NP zurück nach Alberta Kanada und die kanadischen Rockies zu fahren.
Reservierungen oder Pläne gibt es noch nicht. Campingausrüstung habe ich und man kann zu dritt gut im Auto schlafen; alternativ im Zelt (Zelt habe ich ebenfalls). Campen würde ich aus Preisgründen bevorzugen. In Städten würde ich Couchsurfen oder gelegentlich in Hostels einchecken. Ich fahre einen Dodge Grand Caravan von 2006. Kosten teilen wir gleichmäßig auf.
Ich möchte die Küsten, Strände, Häfen, Städte und Gebirge und was es sonst noch so gibt sehen. Allerdings habe ich noch keine festen Pläne, wenn also eine gute Idee aufkommt, können wir auch das machen.
Momentan bin ich in Vancouver.
Wer will mitkommen?

Tipp

> Die Suche nach Mitfahrern kann ein paar Tage dauern. Am besten beginnst du die Suche ungefähr zwei Wochen vor deiner geplanten Abreise.

5.6 | Fortbewegung in Kanada

Wenn es um die Reisen von Punkt A nach B in Kanada geht, musst du dich nicht auf eine Möglichkeit beschränken. Nein! – Ich empfehle dir sogar, probiere einfach alles Mal aus. Denn es gibt so viele Arten wie du deine Reise gestalten kannst. Und jede einzelne Möglichkeit bietet dabei einen ganz eigenen Reiz und ihre eigenen Vor- und Nachteile.

5.6.1 | Auto & Mietwagen

Egal ob Mietwagen oder eigenes Auto; das eigene Fahrzeug ist in Nordamerika die beste Art, diesen riesigen Kontinent mit der unglaublichen Natur und außergewöhnlichen Landschaften zu erkunden. Es gibt viele wunderschöne Plätze, die du nur mit dem Auto erreichen kannst. Du bist frei und kannst überall hinfahren. Du musst dein Gepäck nicht herumtragen und kannst im Auto sogar schlafen. Um Kanada richtig zu erkunden, kommst du an einer Reise mit dem Auto nicht vorbei. Wenn du dich entscheidest, ein eigenes Auto zu kaufen, findest du alles zum Thema Auto, Mietwagen und Camper (Vanlife) im Kapitel 7: "Auto & Van Life".

Camperüberführung
Eine kostengünstige Möglichkeit ist die Überführung eines Wohnmobils. Viele Touristen beginnen ihren Road-Trip in einer bestimmten Stadt, bringen den Camper am Ende ihres Trips nicht wieder zurück. Viele Camper stehen daher verstreut im Land. Um diesem Umstand entgegenzuwirken, bieten die Vermieter sogenannte Relocations an. Sie suchen nach Fahrern, die die Fahrzeuge wieder zurückbringen. Als Gegenleistung erhältst du als Fahrer einen gewissen Zeitpuffer, den du für einen Mini-Urlaub nutzen kannst. Außerdem bekommst du die Camper teilweise stark reduziert oder gar kostenlos. Selbst wenn du nur von A nach B willst, kannst du so Geld sparen und bekommst noch ein cooles Erlebnis.

- Auf imoova findest du Angebote schon ab CAD 15 pro Nacht
- Bei Cruise Canada unter Hot Deals kannst du neue Wohnmobile fahren

5.6.2 | Hitchhiken

Die günstigste Variante durch Kanada zu reisen, ist das Hitchhiken, bei dem du dich per Anhalter an dein Ziel bringen lässt. Einfach den Daumen raus, lächeln und am besten natürlich dort stehen, wo Autos langsam fahren und auch anhalten können. Ich habe mich immer strategisch an die Straßen gestellt, die in die Richtung führt, wo ich hin wollte.

Auf diese Weise sparst du nicht nur eine Menge Geld, sondern triffst auf unterschiedliche Menschen, Geschichten und Erfahrungen. Die Menschen, die andere mitnehmen sind vor allem andere Traveler, die ein großes Herz und Open Minded sind; Oder Truck Driver, die nicht gern allein auf ihrer Schicht sind. Viele der Leute, die mich mitgenommen haben, waren selbst Hitchhiker.

Beim Hitchhiken lässt du dich wie ein Blatt im Wind treiben. Bring etwas Zeit mit, aber meistens halten die Autofahrer schneller an, als du denkst. Ich hatte schon beides: fünf Minuten Warten und fünf Stunden. Wobei Letzteres an einer Straße war, wo die Autos viel zu schnell vorbeifuhren. Selbst wenn mich jemand gern mitgenommen hätte, hätte er nicht oder nur schwer anhalten können. Platziere dich, wo die Autos gerade erst beschleunigen oder langsam fahren! Das erleichtert das Anhalten.

Angst beim Hitchhiken

Wir alle haben sicher die Horrorgeschichten darüber gehört, was beim Trampen passieren kann. Genau dasselbe denken sich auch die meisten über dich, wenn sie an dir vorbeifahren. Die Wahrheit ist, die Wahrscheinlichkeit, dass dir etwas Negatives beim Hitchhiken passiert, ist sehr gering. Die größte Herausforderung beim Hitchhiken ist es, deine eigene Angst zu überwinden und es einfach auszuprobieren.

Wenn jemand anhält, höre auf dein Bauchgefühl. Schau dir den Fahrer und das Auto genau an. Nur weil jemand angehalten hat, heißt das nicht, dass du einsteigen musst. Ich habe sogar die Erfahrung gemacht, dass ich am Anfang Angst hatte, der Fahrer könnte mich ausrauben. Später saß ich dann als Gast bei seiner Familie zum Abendessen und bekam ein warmes Bett für die Nacht. Am nächsten Morgen fuhr er mich an eine gute Kreuzung, an der es einfacher war, den nächsten Anhalter zu finden. Die Freundlichkeit der Kanadier ist unvergleichlich. Genau diese Geschichten, passieren dir nur beim Hitchhiken.

Kanada eignet sich hervorragend zum Trampen, da es an vielen Orten nur eine Landstraße zur nächsten Stadt gibt. Das heißt, wenn du dich am Ortsausgang an die geeignete Stelle stellst, fährt jedes Auto in die richtige Richtung. Außerdem sind die Kanadier nicht ohne Grund als hilfsbereit und freundlich bekannt. Wenn du ein wenig Zeit mitbringst, wirst du immer jemanden finden, der dich mitnehmen will.

Dennoch ist das Trampen immer mit einem gewissen Risiko verbunden. Gerade als alleinreisende Frau kann es gefährlicher sein. Allerdings wirst du als Frau von viel mehr Menschen mitgenommen. Vor allem auch von anderen Frauen, die sich denken, dich lieber mitzunehmen, bevor du in das falsche Auto einsteigen könntest. Das Hitchhiken ist auch bei weiblichen deutschen Reisenden sehr beliebt, und es gibt Facebook-Gruppen mit Frauen, die allein trampen.

> **Tipp**
> Mehr Infos zum Reisen per Anhalter findest du auf Hitchwiki.org (www.kanadabuch.de/hitch-tipps)

5.6.3 | Fernbus

Wenn du in Kanada ohne Auto unterwegs bist, kommst du am besten mit dem Fernbus an dein Ziel. Gerade Firmen wie der *Greyhound Canada* sind hier am bekanntesten und bieten ein umfangreiches Streckennetz und Nachtfahrten, bei denen du dir die Unterkunft sparst. Der Nachteil beim Schlafen im Bus: du wirst kaum etwas von der Landschaft sehen. Andererseits bist du im Bus niemals allein und triffst auf neue und coole Leute. Außerdem musst nicht selbst fahren und kannst die Zeit zum Lesen, Unterhalten oder Filme schauen nutzen.

Neben *Greyhound* gibt es je nach Region und Größe des Zielorts auch andere Fernbusse wie *Coach Canada*, *Megabus* sowie regionale Gesellschaften, die viele Fahrten täglich oder pro Woche anbieten. Hier lohnt es sich, die Preise zu vergleichen. Gut möglich, so günstigere Fahrten als bei Greyhound zu finden. Informationen gibt es auf den entsprechenden Webseiten oder auch auf den Tourismus-Webseiten der verschiedenen Provinzen Kanadas. Dort werden je nach Region auch die kleineren Busgesellschaften aufgeführt. Um Nationalparks und Provinzparks zu erreichen, brauchst du in den meisten Fällen allerdings ein Auto.

Die Fernbusse in Kanada sind sauber, zuverlässig und verfügen meistens über Toiletten sowie eine Klimaanlage. Es gibt bei langen Fahrten Pausen an Tankstellen.

Spartipps

- Frühbucher sparen. Sobald das Reisedatum näher als zwei Wochen rückt, steigen die Preise von Tag zu Tag.
- Spare 25 Prozent auf den regulären Offline-Ticketpreis beim *Greyhound* mit einer HI-Hostel Membership Card.
- Vergleiche die Preise auch mit regionalen und lokalen Busunternehmen.
- Wenn *Greyhound* ein Angebot mit einem Umstieg vorschlägt, buche statt der gesamten Fahrt lieber die einzelnen Strecken. Oft kannst du so einige Dollar sparen, wirst aber sowieso im gleichen Bus sitzen.

5.6.4 | Zug

Leider ist das Streckennetz in Kanada nicht mit dem unsrigen in Deutschland zu vergleichen. Im Prinzip gibt es nur die Strecke von Ost nach West mit ein paar Abzweigungen in Richtung Norden. Auch die Geschwindigkeit des Zugs ist eher mit einer Schnecke zu vergleichen. Dafür bekommst du gerade auf der Strecke von Vancouver nach Jasper (Rocky Mountains) eine unvergessliche Fahrt geboten. Abseits der Zivilisation und Straßen siehst du Felder, Seen und Berge. Der Zug ist in Kanada die angenehmste, wenn auch eine teure Reisemöglichkeit. Da das Netz nicht gut ausgebaut ist, lohnt sich der Zug nicht wirklich, um das Land ausgiebig zu erkunden. Mit dem Canadian bietet VIA Rail (www.kanadabuch.de/canadian) auch einen Zug mit Panoramadach an. Gerade die Stecke in die Rocky Mountains kann also ein unvergessliches Erlebnis werden.

Spartipps

- Buche so früh wie möglich!
- Abonniere den Newsletter von VIA Rail, so wirst du über Schnäppchen Angeboten Informiert
- Im Sommer gibt es von VIA Rail das Sommerpassangebot (Youth Summer Pass), mit dem du 60 Tage so oft du willst den Zug nutzen kannst.

5.6.5 | Fähre

Auf den ersten Blick eine etwas eingeschränkte, aber durchaus sehenswerte Art, Teile Kanadas zu erkunden, ist mit der Fähre. Mit BC Ferries kannst du dich entlang der Westküste British Columbias bis nach Prince Rupert bringen lassen. Diese Küste ist mit dem Auto nicht zu befahren. Auch wenn die Fähre zwar kostspielig ist, und du dich rechtzeitig um ein Fährenplatz für dein Auto kümmern solltest, bekommst du auf dieser Fahrt Einsicht in die Insel- und Berglandschaft von Kanadas wunderschönster Provinz.

In den verschiedenen Regionen Kanadas gibt es noch sehr viele weitere Fährgesellschaften. Auf der Website canadianferry.ca findest du eine Karte und weitere Informationen zu den Fähren in Kanada.

5.6.6 | Inlandflüge

Weil Kanada sehr groß ist, kann es durchaus Sinn machen, auf Inlandflüge umzusteigen. Mit dem Zug dauert eine Fahrt ungefähr dreieinhalb Tage, mit dem Greyhound drei Tage und mit dem Flugzeug gerade mal fünf Stunden. Die Inlandflüge sind natürlich die teuerste Reisemöglichkeit und lohnen sich nur, wenn du unter Zeitdruck stehst. Da Work and Traveler meistens mehr Zeit haben und auf dem Weg mehr sehen können, planen die meisten auf dem Landweg, durch Kanada zu reisen. Aber du kannst auch hier wie im Kapitel 3: "15 Tipps, wie du IMMER günstige Flüge findest" beschrieben günstige Flüge finden.

Zusätzlich gibt es für Nordamerika den Star Alliance North America Airpass, der ausschließlich durch die Airlines in der Star Alliance angeboten wird. Dieser Zusammenschluss beinhaltet einige der nordamerikanischen Fluggesellschaften, unter anderem auch *Air Canada* und bietet mit diesem Pass vergünstigte Flüge innerhalb Nordamerikas.

Die größte Airline in Kanada ist *Air Canada*, die auch Whitehorse im Yukon und Yellowknife in den Nordwest-Territories anfliegt. Der Billigflieger in Kanada ist *WestJet*.

Es gibt Regionen in Kanada, die du nur mit den lokalen Fluggesellschaften erreichen kannst. Es gibt Orte weit abseits der Straßennetze im Yukon, den Northwest Territories und Nunavut, aber auch in der Region Nunavik im Norden von Labrador und Québec. Je schwieriger die Verbindung ist, desto teurer werden auch die Flüge. Du findest Informationen auf den Webseiten der lokalen Fluggesellschaften sowie auf den Tourismus-Webseiten der kanadischen Provinzen.

Vielleicht wird so ein abgelegener Ort die Erfahrung deines Lebens. Eines ist gewiss: die meisten Traveler werden hier gar nicht erst hinfahren.

5.6.7 | Fahrrad

Nicht wirklich eine Alternative zu Auto, Bus und Bahn, aber dafür vielleicht das Erlebnis deines Lebens? Es gibt so viele Biker auf der Welt, die die ungewöhnlichsten Touren zurücklegen. So ist auch der Trans Canada Trail (thegreattrail.ca) eine dieser unglaublichen Strecken. Kaum eine andere Variante lässt dich so in die Natur Kanadas eintauchen. Stell dir vor, du fährst mit deinem Fahrrad auf dem Highway 93, dem berühmtesten Road-Trip der Welt, entlang des Icefield Parkway in den Rocky Mountains, wo du auf Gletscher triffst, die direkt an der Straße grenzen.

Tipp
Warmshowers.org ist das Couchsurfing für Biker.

5.7 | Nationalparks in Kanada

Bären Familie im Jasper Nationalpark (Alberta)

Um die Natur, Tierwelt, einzigartige Landschaft und historische Bauwerke Kanadas zu schützen, gibt es sogenannte *Nationalparks*, *National Marine Conservation Areas* und *National Historic Sites*. Aktuell (Stand: 2020) gibt es 48 Nationalparks. Geführt und geleitet von Parks Canada. Der Banff National Park in den Rocky Mountains ist nicht nur einer der schönsten, den du sehen solltest, sondern auch der älteste Park. Im November 1885 begann hier die Geschichte der kanadischen Nationalparks. Das Gebiet um die berühmten Basin Hot Springs, mit damals ca. 26 km² wurde im November 1885 gegründet. Heute bedecken die geschützten Gebiete 340.000 km² von Kanada. Das entspricht ca. 3 Prozent der gesamten Landmasse; aufgeteilt in 30 Regionen.

Alle Informationen rund um die Nationalparks in Kanada findest du auf der Webseite von Parks Canada: www.pc.gc.ca

Preise der Nationalparks

Die Preise der Parks unterscheiden sich je nach Lage, Größe und Dauer deines Aufenthalts. Ich empfehle dir den einjährigen Discovery Pass von Parks Canada zu kaufen, denn damit kommst du in über 80 verschiedene Parks. Aktuell kostet der knapp **CAD 70**, jedoch hast du dieses Geld sofort drin, wenn du nur sieben Tage in einen Park gehst. Die meisten Parks wie z.B. Jasper, Yoho und Banff NP kosten CAD 10 pro Tag.

Wichtig
Bitte kaufe deine eigene Karte! Gerade in den Facebook-Gruppen werden die Discovery Pass weiterverkauft. Erstens ist es nicht erlaubt und zweites sind diese Einnahmen die einzigen von Parks Canada, um die Nationalparks auch für künftige Generationen zu erhalten. Wenn dir die Natur am Herzen liegt,

> dann kaufe dein eigenen Pass und verhalte dich mit Respekt in diesen Parks. Lass dein Müll vom Campen nicht liegen. Leider lassen gerade Backpacker zu viel Müll zurück, was dazu führt, dass mehr Restriktionen für Work and Traveler und Backpacker eingeführt werden.

Du bist ein Gast

In Europa wird die unberührte Natur immer weniger, und es sind bereits fast alle wilden Tiere vertrieben. In Kanada kannst du die ungebändigte Natur mit seinen wilden Tieren und Regenwäldern noch erleben. Du bist nicht nur Gast in einem anderen Land, sondern auch Gast in einer mächtigen und dennoch fragilen Natur. Wenn du dich in die Naturlandschaften Kanadas begibst, hinterlasse keinen Müll. Nimm alles mit und lasse die Natur so zurück, wie du sie vorgefunden hast. Genauso wie du es auch machen würdest, wenn du woanders zu Gast wärst, damit auch andere in Zukunft die kanadischen Naturgewalten so erleben können wie du. Leider lassen gerade Backpacker oft zu viel Müll zurück. Das wirft ein schlechtes Licht auf alle Backpacker.

5.8 | Camping in Kanada

Der kanadische Moose unterscheidet sich zum Elch: Geweih häufig schaufelartig

Wie viel kostet das Camping in Kanada?

Campingplätze gibt es schon ab CAD 16 pro Nacht. Die Preise können je nach Jahreszeit, Service und Standort variieren. Du findest Preisinformationen auf den Webseiten deines Ziels.

Ist Wild Camping in Kanada erlaubt?

Ja und Nein! - Um diese Frage eindeutig zu beantworten, hängt es immer davon ab, wo du gerade bist. Generell ist auf privatem Land das Wild Camping verboten. Dafür erlauben einige Provinzparks und Nationalparks das Camping; manche kostenlos und einige gegen Gebühr (Permits). Auf dem sogenannten "crown land" ist das Camping erlaubt. Ontario besteht zu 85 Prozent aus crown land. Privtgrundstücke liegen meist im Süden, je weiter du nach Norden kommst, desto mehr crown land findest du.

Wo kannst du kostenlos in Kanada Campen?

Neben dem crown land gibt es verschiedene Möglichkeiten für kostenloses Camping.

1. Kostenlose Campingplätze mit Feuerstelle in Recreational Sites
2. Camping in den Nationalparks
3. Truck Stops und Road Side Stops
4. Wal-Mart und Supermarkt-Parkplätze

Tipp - kostenlos im Van
Lebst du in einem unscheinbaren Campervan, kannst du oft an Straßen übernachten, an denen ohnehin einige Autos stehen. So fällt dein Van nicht auf. Ich habe so eineinhalb Jahre ohne einen einzigen Cent zu zahlen in Kanada verbracht.

Wo findest du Informationen zu allen Campingplätzen?

Besorg dir die WikiCamps Canada App (ca.wikicamps.co) Die App zeigt dir bezahlte und kostenlose Möglichkeiten an. In WikiCamps Canada findest du auch noch eine Menge anderer nützlicher Dinge wie Duschen, Wasserstationen usw. Das ist die MUST HAVE App für einen Road.Trip in Kanada.

Alternativen zu WikiCamps Canada
- www.rvparky.com
- freecampsites.net
- ioverlander.com
- www.theoutbound.com

Webseiten mit Informationen zu Campingplätzen

Es gibt auch einige Webseiten für die Informationen rund um das Camping in Kanada. Für die Campingplätze in den National Parks, kannst du wieder die Webseite von Parks Canada (www.pc.gc.ca) verwenden.

Provinz	Info
Alberta	**Alberta Parks** (www.kanadabuch.de/AP) - Mit dieser Suchmaschine findest du Campingplätze in vielen Nationalparks Albertas.
British Columbia	**Travel British Columbia** (www.kanadabuch.de/TBC) - Eine Liste mit den Campingplätzen in B.C. **B.C. Parks** (www.kanadabuch.de/BCP) - Die offizielle Reservierungswebseite von BC Parks.
Ontario	**Camping Ontario** (www.kanadabuch.de/CO) - Finde Campingplätze in Ontario mithilfe einer interaktiven Karte. **Ontario Parks** (www.kanadabuch.de/OP) - Die offizielle Reservierungswebseite von Ontario Parks.
Québec	**Camping Québec** (www.kanadabuch.de/CQ) - Die größte Camping Suchmaschine in Quebec. **SEPAQ** (www.kanadabuch.de/SEPAQ) - Das offizielle Reservierungswebseite von Parks Quebecs.

5.9 | Wandern

Kanada ist ein besonders beliebtes Reiseziel zum Wandern. Denn im zweitgrößten Land der Erde (nach Russland) gibt es vor allem eines: viel Raum. Die beeindruckende Fläche von knapp einer Million Quadratkilometern ist mit 37 Millionen Einwohnern nur spärlich besiedelt. Die meisten Metropolen ballen sich im Süden. Das sorgt dafür, dass du in vielen Gebieten über Meilen hinweg kaum einer Menschenseele begegnest – dafür aber jede Menge Natur in ihrem ursprünglichen Zustand erleben kannst. Die wichtigsten Sehenswürdigkeiten Kanadas sind deshalb auch natürlicher Art – wie beispielsweise die verschiedenen Nationalparks des Landes.

Die 10 schönsten Wanderungen in Kanada

Trail	km
Mirror Lake – Lake Agnes Tea House am Lake Louise, Banff NP Alberta	10,6 km

Bridge No. 5 – Maligne Canyon Trail, Jasper NP Alberta	4,07 km
Maligne Lake View – Maligne Lake View Runde im Jasper NP Alberta	13,5 km
Amphitrite Point Lighthouse – Pacific Runde von Peninsula Road auf Vancouver Island, British Columbia	4,14 km
Upper Johnston falls – Lower Johnston falls Runde von Bow Valley Parkway im Banff NP Alberta	12,2 km
Mt. Robson – Kinney Lake Runde von Valemount im Continental Ranges, British Columbia	13,6 km
Emerald Lake – Emerald Lake Trailhead Runde von Emerald Lake Road im Yoho NP, British Columbia	5,34 km
Middle Joffre Lake – Upper Joffre Lake Runde von Joffre Lakes Trail im Mount Currie, British Columbia	8,32 km
Taylor Meadows – Garibaldi Lake Runde von Cheakamus	20,2 km
Garibaldi Lake Trail im Squamish-Lillooet Regional, British Columbia	18,2 km

Wenn du ein Outdoor Mensch bist und in Kanada wandern gehen willst, dann brauchst du die App von www.alltrails.com. Diese App zeigt dir eine riesige Auswahl von Wanderwegen in Kanada und rund um den Globus an. Die Datenbank wird außerdem von den Nutzern der App erweitert.

5.10 | Ausflug in die USA

Einer der Hauptgründe, warum ich mich für Kanada entschieden habe, ist der Nachbar USA. Ich war bereits 2010 auf einem Road-Trip an der Westküste und war völlig fasziniert. Leider viel zu kurz und deshalb wollte ich unbedingt nochmal mehr Zeit in den USA verbringen. Sind wir mal ehrlich: die Landschaft in den USA ist sogar noch beeindruckender und vielfältiger als in Kanada. Es gibt viel mehr Nationalparks, Strände und Metropolen. Leider gibt es kein Working Holiday Visum für die USA, aber mit dem kanadischen Arbeitsvisum kannst du so oft du willst in die USA einreisen.

Wenn du in die USA fährst, bekommst du ein 90 Tage Touristen Visum und musst anschließend die USA wieder verlassen. Ohne das Working Holiday Visum in Kanada würde Kanada für uns als Deutsche nicht als Ausreiseland gelten. Mit dem Work Permit ist das aber anders, und du kannst zurück nach Kanada fahren und anschließend wieder die 90 Tage in den USA beginnen. Fliegst du in die USA, benötigst du ein ESTA, auch wenn du das Working Holiday Visum hast. Nur auf dem Landweg kannst du dir das Geld für das ESTA sparen und benötigst nur das I-94 Formular, das aktuell CAD 7 kostet.

> **Wichtig**
> In den 90 Tagen darfst in den USA auf keinen Fall arbeiten. Du bist damit nur Tourist.

Einreise in die USA

Die Einreise in die USA kann um einiges komplizierter und vor allem nervenaufreibender sein, als nach Kanada. Auch wenn du das Gefühl bekommst, wie ein Verbrecher behandelt zu werden, will der Grenzbeamte im Grunde folgendes sicherstellen:

1. Du bist keine Gefahr für die USA.
2. Du hast keinerlei Absicht, länger als die erlaubten 90 Tage im Land zu bleiben oder illegal zu arbeiten.

Bringe alle wichtigen Dokumente mit, die du auch schon bei der Einreise nach Kanada brauchtest. Vor allem dein kanadisches Work Permit. Du wirst in den meisten Fällen die Dokumente nicht brauchen, steckst du aber in einer längeren Befragung, kannst du mit all den Dokumenten deine Pläne nachweisen.

Der Officer wird dich fragen, wie lange du in den USA bleiben willst und was deine Pläne sind. Auf keinen Fall darfst du hier sagen, dass du länger als die erlaubten 90 Tage bleiben möchtest. Mache eine grobe Angabe deines Reiseplans und versichere, dass du nur für kurze Zeit bleiben willst. Aus formellen Gründen möchte der Beamte auch deine erste Adresse haben. Hier kannst du ein Hostel oder Campingplatz angeben. Ob du dort wirklich bist, interessiert hinterher niemanden.

Außerdem zu beachten:

Die Einfuhr von Früchten wie Äpfeln, Orangen, Tomaten ist nicht erlaubt. Du musst vorher alles wegschmeißen oder essen. Bei der Einreise wird dir ein kleiner Zettel I-94 in den Reisepass geklebt; stell sicher, dass der bei der Ausreise herausgenommen wird, oder du ihn selbst rausnimmst. Sonst denken die Beamten bei der nächsten Rückkehr, dass du viel länger im Land warst.

> **Tipp**
> Mit dem Working Holiday Visum für Kanada, kannst du das 90-Tage-Visum für die USA mehrfach beantragen und innerhalb der 90 Tage so oft du willst aus- und wieder einreisen. Aber, das Arbeiten in den USA ist strengstens verboten!

Kurzinfo USA

- Benzinpreise werden in Gallonen angegeben. (1 GAL = 3,78 l)
- Der Süden der USA (Kalifornien/Florida) ist perfekt im Winter, wenn es zeitweise in Kanada zu kalt wird.
- Erhalte Rabatte mit Kundenkarten im Supermarkt wie "Safeway". Gib bei der Beantragung, irgendeine Adresse ein.
- Road-Trip Vorschlag: Westküste USA von Seattle, San Francisco, Los Angeles, Yosemite, Las Vegas, Grand Canyon, Yellowstone (Siehe Karte: www.kanadabuch.de/RoadTrip-USA)

Kapitel 6 | Arbeiten in Kanada

Kommen wir zum **Work** in Work and Travel. Auch wenn die meisten, mich eingeschlossen, am liebsten ohne Arbeit von einem Ort zum nächsten in Kanada reisen würden, kommt der Punkt, an dem du dir einen Job suchen musst. Rückblickend sind alle meine Joberfahrungen - egal ob gut, schlecht, anstrengend oder entspannt - immer eine Bereicherung gewesen. Du findest neue Kontakte, du lernst Fähigkeiten, die dich später begleiten und sammelst unbezahlbare Erfahrungen. Und deine Persönlichkeit wächst. Die Arbeitserfahrung macht einen erheblichen Anteil deines eigenen Work and Travel aus. Du wirst viel gelassener werden, wenn es um einen Jobwechsel geht oder du etwas Neues ausprobieren willst, was du in Deutschland nie machen würdest. Das Wunderbare am Work and Travel ist die Möglichkeit, in viele Arbeitserlebnisse und verrückte Begebenheiten eintauchen zu können. Du bist gezwungen, Englisch zu sprechen und wirst Teil des kanadischen Arbeitslebens, erfährst, wie die Kanadier ticken und wirst sehen, dass sie gelassener sind als wir in Deutschland. Fühle dich ermutigt, so viele Jobs und Arbeitsbereiche auszuprobieren, wie es nur geht. Das ist dein Jahr - dein Work and Travel!

6.1 | Jobeinschränkungen mit dem WHV

Mit dem Working Holiday Visum bekommst du eine Arbeitserlaubnis, mit der du fast ohne Einschränkungen arbeiten darfst. Lediglich für Berufe im Gesundheitswesen, Kinderbetreuung oder als Lehrer benötigst du eine spezielle medizinische Untersuchung. Diese musst du schon während der Beantragung des Working Holiday Visums machen lassen. Das so genannte „medical exam" kostet ungefähr CAD 250 und verlängert die Bewerbungsdauer für das Visum um vier bis sechs Wochen.

6.2 | Mindestlohn in Kanada

Auch in Kanada gibt es einen Mindestlohn, welcher sich aber von Provinz zu Provinz unterscheidet. Auf der Webseite vom Retailcouncil.org kannst du die aktuellen Mindestlöhne vergleichen. Außerdem wird er jedes Jahr angepasst.

Stand Karte: 1. Oktober 2020

Achtung
Auch in Kanada ist es gesetzlich festgelegt, dass du beim Arbeiten mindestens den Mindestlohn erhältst. Lass dich also auf Jobs, die dir keinen Vertrag oder keinen Mindestlohn zahlen wollen, nicht ein. Such dann lieber weiter!

6.3 | Wie bekommt man in Kanada einen Job?

Möglichkeit 1: Gehe persönlich vorbei!

Drucke dir deinen Lebenslauf aus und laufe die Straßen deiner Stadt ab. Es ist in Kanada möglich einen Job zu bekommen, wenn du persönlich in einen Laden gehst und deinen Resume abgibst. Anders als in Deutschland brauchst du hierzu wirklich weder ein Anschreiben noch eine Bewerbungsmappe. Gerade die kleineren Jobs sind so mit am besten zu bekommen. Meistens hängen in den Schaufenstern auch Zettel mit „staff wanted" oder „now hiring".

Mein Tipp: Frage gleich nach dem Manager oder dem Vorgesetzten, denn so kannst du sofort eine Art Mini-Bewerbungsgespräch führen. Du siehst, wie der Chef drauf ist und er kann dich sofort kennenlernen. Du wirst dich anderen Bewerbern gegenüber abheben.

Du zeigst weiteres Engagement, wenn du nach einigen Tagen nochmals vorbeigehst und nachfragst, wie es mit dem Job aussieht.

Tipp
Schau dir mein Video "Arbeit finden bei Work and Travel???" (www.kanadabuch.de/work) an; ich nehme dich mit zu meinen Bewerbungen und zeige dir, wie ich zwei Jobs in nur drei Tagen bekommen habe.

Möglichkeit 2: Online bewerben

Meine Jobs in Kanada habe ich über eine einzige Plattform gefunden. Craigslist.ca ist in Kanada die Webseite für alles. Und ich meine ALLES. Die Webseite vereint Ebay, Jobbörse, Autobörse, Partnerbörse und Wohnungsmarkt. Ich habe meine Zimmer, Jobs sowie die Autos über Craigslist gefunden.

Weitere Onlineplattformen für die Jobsuche sind:

- Indeed
- Workopolis
- Canadajobs
- Jobbank
- Monster
- LocalWork
- Kijiji

Möglichkeit 3: Jobmessen

Es finden auch regelmäßig sogenannte Jobmessen (Job Fair / Hiring Fair) statt. Auf diesen Messen suchen die Arbeitgeber nach Personal. Es lohnt sich, mit deinem Lebenslauf hinzugehen. Du findest Jobmessen in deiner Nähe, wenn du bei Google den Name deiner Stadt und „Job Fair" oder „Hiring Fair" eingibst.

Möglichkeit 4: Anzeigen und das schwarze Brett

Wie auch bei den Schaufensteranzeigen kannst du in Hostels an das schwarze Brett schauen. Nicht selten werden dort Jobs angeboten. Dasselbe gilt auch für die schwarzen Bretter an den Universitäten. Auch viele Supermärkte haben solche Anzeigetafeln. Die Auswahl, auf diese Weise einen Job zu finden, ist zwar begrenzt, aber ein Blick kann nicht schaden.

Möglichkeit 5: Netzwerken

Das Netzwerken kann auch in Kanada eine gute Möglichkeit sein, um einen Job zu finden. Ich rede davon, dass du bei Gesprächen mit anderen Backpackern erwähnst, dass du auf Jobsuche bist. Du wirst nicht nur Infos erhalten, sondern oft wissen sie, wo bereits Arbeitskräfte gesucht werden oder eine Stelle frei wird. Außerdem können sie dich auf ihrer Arbeitsstelle empfehlen.

Möglichkeit 6: Hilfe durch die Organisation

Wenn du mit einer Organisation nach Kanada kommst, dann bieten auch diese vor Ort eine Datenbank, mit welcher du Jobangebote findest. Die Wahrheit ist aber, dass sie die Jobs meistens aus Craigslist nehmen und in ihre Datenbank übertragen. Es ist nicht selten, dass deren Datenbank sogar veraltet ist oder die Auswahl klein ist.

Möglichkeit 7: Zeitarbeit und Jobvermittler

Auch eine „Employment Agency", die Zeitarbeitsfirma, könnte sich für dich lohnen. Wenn du einen Job bei einer solchen Agentur hast, wirst du für einen befristeten Zeitraum an eine andere Firma ausgeliehen. Dadurch bekommst du dein Geld von der Agentur und wirst von dieser vermittelt. Vor allem, wenn du bereits eine abgeschlossene Ausbildung oder ein abgeschlossenes Studium aus Deutschland vorweisen kannst, wirst du so schnell einen Job erhalten.

6.4 | Verschiedene Jobmöglichkeiten

Bei der Einreise nach Kanada wird dir ein „Open Work Permit" (offene Arbeitsgenehmigung) ausgehändigt. Mit diesem darfst du bis zu ein Jahr legal in Kanada arbeiten. Als Backpacker stehen dir dabei verschiedene Möglichkeiten zur Verfügung. Viele Work and Traveler arbeiten zum Beispiel als Tellerwäscher, Bedienung, Barista, Verkäufer oder auf Farmen. Je nach deiner Berufserfahrung kannst du aber auch einen besser bezahlten Job bekommen. Es gibt unzählige Möglichkeiten, für einen Job in Kanada. Manchmal musst du einfach clever sein.

You don't speak English?

Du wirst deine Englischkenntnisse im Alltag in Kanada verbessern. Ich empfehle dir, einfach ins kalte Wasser zu springen und loszuschwimmen. Wenn du dich dennoch langsam in die englischsprachige Arbeitswelt einleben willst, findest du mit etwas Glück einen Job, in dem du Deutsch sprechen kannst:

- Deutsches Restaurant oder deutsche Bäckerei
- Wohnmobilvermietung wie www.fraserway.com - Dort werden Deutschsprachige für die Hochsaison gesucht, um die Wohnmobile an die nächsten deutschen Kunden zu übergeben.
- Auf dem Weihnachtsmarkt in Vancouver oder Québec City
- Deutsche Reiseorganisation - Du begrüßt andere Reisende in Kanada und führst sie in das Leben in Kanada ein.
- Deutschübersetzer
- Deutschlehrer oder Trainingspartner zum Deutschlernen - Das kannst du sogar auf Craigslist anbieten.

Im Grunde kannst du hier kreativ werden und Firmen ansprechen, die in irgendeiner Form mit deutschen Kunden zu tun haben.

6.4.1 | Hostel

Es gibt auch die Möglichkeit, direkt in einem Hostel zu arbeiten. Es könnte sein, dass dir sogar eine Unterkunft angeboten wird, und du eine Menge Geld sparen kannst. Hostels suchen meist Vollzeit- oder Teilzeitkräfte (Reception, Housekeeping etc.). In Vancouver hatte ich einen Mitbewohner, der 14 Stunden in der Woche für das Hostel gearbeitet hat. Wenn du nach Möglichkeiten suchst, günstig zu reisen, ist das eine gute Option.

Tipp
Suche nach Jobs, die dir weitere Vorteile bringen: Bei einer Arbeit im Hostel greifst du vielleicht eine kostenlose Unterkunft ab; in der Gastronomie bekommst du eine kostenfreie Mahlzeit oder zumindest einen starken Rabatt.

6.4.2 | Hospitality Gewerbe

Unter Hospitality Gewerbe werden alle Jobs verstanden, die etwas mit der Gastfreundlichkeit und Kundennähe zu tun haben. Im Prinzip sind das die ursprünglichen Bereiche aus Gastronomie und Tourismus. Dort stand der Gast schon immer im Zentrum. Der Gast soll sich wohlfühlen – das war und ist die oberste Prämisse.

Es beinhaltet Jobs im Restaurant, in Cafés, Bars und im Hotel Management. Hospitality ist sehr schnelllebig und ein ständiger Wechsel der Mitarbeiter gehört zum Standard. Deshalb sind diese Jobs besonders gut geeignet für Backpacker, denn du hast es einfacher, auch ohne Berufserfahrung einen Job zu finden. In Kanada ist es einfach, sich innerhalb des Hospitality Gewerbes hochzuarbeiten. Sprichwörtlich vom Tellerwäscher zum Millionär, oder Barkeeper und Manager.

Die Arbeit in der Gastronomie kann stressig sein, dafür vergeht die Zeit wie im Flug. Denn gerade in einem stressigen Restaurant, bist du nonstop beschäftigt. Und es ist ein hervorragender Einstieg, um deine Englischkenntnisse zu verbessern. Nur als Front-Staff, wenn du direkt mit den Kunden zu tun hast, sollte dein Englisch gefestigt sein.

> **Tipp**
> Spare dir das Geld fürs Fitnessstudio, wenn du als Fahrradkurier für Foodora oder Uber-Eats Essen auslieferst!

6.4.3 | Labour Worker

Ein weiterer Bereich, in dem du schnell einen Job erhalten kannst, ist im Bau und Construction Gewerbe, als Aushilfskraft, dem sogenannten Labour Worker. Hier solltest du eine gewisse Flexibilität und Fitness mitbringen. Die Arbeit kann durchaus anstrengend werden. Der Stundenlohn liegt meist ein paar Dollar über dem Mindestlohn und viele Backpacker nutzen dies als Übergang bis zum nächsten Job. Als Labour Worker benötigst du deine eigenen **Arbeitsschuhe**, **Helm** und eine **Schutzweste**. Am besten kaufst du die Dinge gebraucht von einem anderen Backpacker auf Cragslist oder Facebook. Wenn du fertig bist mit dem Job, kannst du deine Arbeitskleidung wieder verkaufen.

Vancouver: Die Firma Pristine Labour (www.pristinelabour.com) vermittelt Arbeiter an verschiedene Baustellen. Das Ganze läuft so ab: Sie schreiben dir ein bis zwei Tage vorher eine SMS, und du kannst entscheiden, ob du an dem entsprechenden Tag arbeiten willst. Der Vorteil ist, dass du schnell an Arbeit kommst. Der Nachteil: Du hast keinen geregelten Ablauf und arbeitest auf Abruf.

Toronto: Bei der Firma ECM (www.e-c-m.ca) kannst du einen Labour-Job zum Ausladen von Containern erhalten.

> **Tipp**
> Du kannst auch Häuser und Fenster putzen bei www.shackshine.com

6.4.4 | Farm

Beim Arbeiten auf einer Farm in Kanada unterscheidet man zwischen zwei Modellen:

1. Arbeiten für Kost und Logis

Hierbei erhältst du keinen Lohn, bekommst aber die Verpflegung und eine Unterkunft gestellt. Dazu gehört das klassische **Wwoofing** (World Wide Opportunities on Organic Farms), wofür du über die Webseite wwoof.ca für aktuell CAD 55 eine einjährige Mitgliedschaft bekommst und direkt über das Portal Farmen finden und anschreiben kannst. Obwohl du beim Wwoofing kein Geld bekommst, ist es eine beliebte Art für Work and Traveler durch Kanada zu reisen. Du reduzierst deine Ausgaben enorm und hast neben der Arbeit auf der Farm die Chance, die Gegend zu erkunden. In der Regel arbeitest du zwischen 15 und 20 Stunden in der Woche. Hast du das Gefühl, eine Farm nutzt dich aus oder du arbeitest zu viel, kannst du jederzeit gehen.

Neben wwoof canada gibt es auch noch zwei alternative Webseiten, die neben Farmen auch noch Housekeeping und Homestay anbieten:

- wwoof.ca
- helpx.net
- Workaway.info

2. Arbeiten auf einer Farm gegen Entlohnung

Die zweite Möglichkeit ist die bezahlte Arbeit, wie beim Fruitpicking oder als Erntehelfer. Du hilfst gegen Bezahlung auf einer Farm bei der Ernte. Bedenke jedoch die Saisons der jeweiligen Ernten. Vor allem das Okanagan Valley in British Columbia eignet sich für das Fruitpicking. Hier kannst du einen Job über die klassischen Job-Boards und Online Portale finden. Hast du ein Auto, fahre mit deinem Lebenslauf direkt bei den Farmen vorbei und ergattere sofort einen Job!

- Allgemeine Pickingjobs (www.kanadabuch.de/picking)
- Fruit Picking im Okanagan (www.kanadabuch.de/Picking-Okanagan)
- BC Cherry (www.kanadabuch.de/bccherry)
- BC Farm Work Facebook Gruppe (www.kanadabuch.de/FarmGruppe)
- Pflanze Bäume in BC Facebook Gruppe (www.kanadabuch.de/baum)

Darfst du Wwoofing auch ohne Working Holiday Visum machen?

Da man beim Wwoofing kein Geld verdient, kursieren viele Gerüchte im Internet: So behaupten viele (Backpacker und auch manche offizielle Berater), dass es kein Problem sei, weil es Freiwilligenarbeit ist. Die anderen sagen, es sei ein Job und damit nur mit gültigem Arbeitsvisum erlaubt. Das Beantworten der Frage ist komplex. Kanada unterscheidet zwischen kommerziellen und nichtkommerziellen Wwoofing-Farmen. Die Arbeit auf **nichtkommerziellen Wwoofing-Farmen** (das sind in Kanada rund 80 Prozent aller Farmen) fällt offiziell in die Kategorie „**Freiwilligenarbeit**" und ist **ohne Working Holiday Visum** erlaubt.

Was ist eine kommerzielle Wwoofing-Farm?

Eine kommerzielle Wwoofing-Farm wird betrieben, um Produkte herzustellen und Leistungen zu erbringen, die gewerblich verkauft werden (Beispiel: Anbau von Früchten und Obst, die in großen Mengen verkauft oder gleich auf der Farm zur eigenen Joghurtmarke verarbeitet werden.)

Was ist eine nichtkommerzielle Wwoofing-Farm

Eine solche Farm wird von einer Familie betrieben, um Produkte herzustellen, welche die Familie hauptsächlich selbst verzehrt oder nur verkauft werden, um den Lebensunterhalt der Familie zu bestreiten (z.B. ein kleiner Ziegenbauernhof, der ab und zu auf regionalen Märkten an einem kleinen Stand, Käse an Leute aus der Umgebung verkauft). Wo die Grenze verläuft, ist nicht immer eindeutig zu bestimmen und oft Auslegungssache der Behörden.

Tipp
Du kannst nach deinem einen Jahr Working Holiday in Kanada auch bis zu ein Jahr als Tourist in Kanada bleiben, wenn du dich online für ein Touristenvisum bewirbst. Dieses kostet CAD 100 und du musst nachweisen, dass du ausreichend finanzielle Mittel besitzt. Anschließend kannst du auf nichtkommerziellen Wwoofing-Farmen weiter in Kanada arbeiten.

6.4.5 | Skigebiet

Die Jobs in den Skigebieten in Kanada sind sehr beliebt. Deshalb solltest du dich bereits im September/Oktober um einen Job kümmern. Besonders beliebte Skigebiete sind Whistler. Das größte Skigebiet ganz Nordamerikas befindet sich zwei Stunden nördlich von Vancouver; die Skigebiete bei Banff in den Rocky Mountains.

Ich habe einen Artikel mit einem Überblick aller kanadischen Skiresorts in den Rocky Mountains und die Job Kontakte geschrieben: "Alle Skigebiete in den kanadischen Rocky Mountains + JOBS" (www.kanadabuch.de/ski-rocky)

6.4.6 | Öl- und Gasindustrie

Du möchtest eine Menge Geld verdienen? Dir machen 12 Stunden Arbeitstage nichts aus? Abseits der Zivilisation und allen anderen zu leben, stört dich nicht? Dann bist du vielleicht der Richtige, um in der Öl- und Gasindustrie Kanadas zu arbeiten. Ich habe nie in der Öl- und Gasindustrie gearbeitet. Dafür habe ich aber einen sehr interessanten Artikel gefunden:-> "Ölsand in Kanada Alberta" (www.kanadabuch.de/Oel)

6.4.7 | Filmindustrie

Vancouver wird nicht umsonst „Hollywood North" genannt. Denn neben Los Angeles und New York ist Vancouver die drittgrößte Filmstadt in Amerika. Viele Filme und Serien wurden hier produziert. Um nur mal eine kleine Liste von bekannten Filmen und Serien zu geben:

Filme: Twilight Saga, Man of Steel, Mission Impossible IV, X-Men Saga, Planet der Affen, Tomorrowland, 50 Shades Of Grey, Fantastic Four, I Robot, Nachts im Museum, Godzilla

Serien: Supernatural, Supergirl, iZombie, the 100, Stargate, 21 Jump Street, The X-Files, The Killing, Arrow, The Flash, Once Upon a Time, MacGyver, Smallville, Battlestar Galactica, Fear the Walking Dead

Ich habe ein Jahr lang in Vancouver in der Filmindustrie gearbeitet, in der Produktion der Requisiten aus Styropor und Kunststoff. Wenn du bei Google nach „**Vancouver Extra**" suchst, kannst du dich in die Datenbanken der Casting Agenturen eintragen. Weil viele Produktionen gleichzeitig laufen, werden regelmäßig Statisten gesucht. Die Arbeit wird natürlich bezahlt und besteht meistens aus mehreren, kleineren Events. Mal ein Tag, mal ein Wochenende. Es ist kein Vollzeitjob. Es ist dennoch eine gute Möglichkeit, um in die Filmindustrie zu schnuppern und Kontakte zu knüpfen. Und wer weiß, vielleicht entwickelt sich daraus mehr.

Tipp
Welche Produktionen aktuell in BC abgedreht werden, findest du auf: www.kanadabuch.de/Production

6.4.8 | Ungewöhnliche Jobs

Jedes Land hat auch seine ganz eigenen Jobs, von denen du vielleicht noch nie gehört hast. Ich liste dir die Jobs auf, die für mich total verblüffend waren oder außergewöhnlich sind:

Verdiene bis zu CAD 1000 am Tag als Pilzsammler!

Für einen geübten Pilzsammler im Norden BCs und im Yukon ist das ein normaler Arbeitstag. Vor allem, wenn im vergangenen Jahr viele Waldbrände gewütet haben, sprießen in den Wäldern des Nordens heißbegehrte Pilze, die als Delikatessen nach Asien verkauft werden. Hunderte Pilzsammler durchstreifen die kanadischen Weiten, um in der kurzen Saison das große Geld zu machen. Du kannst auch dazugehören. Allerdings gehört ein wenig Pilzfachkundigkeit dazu, und das Arbeiten in der kanadischen Wildnis ist nicht ganz ungefährlich. Bei Interesse wendest du dich am besten direkt an einen erfahrenen Pilzsammler in einer der Facebook Gruppe: www.kanadabuch.de/pilz

Weihnachtsbäume sammeln

Im Winter kannst du auf einer Christmas tree farm (www.kanadabuch.de/tree) in Nova Scotia helfen Weihnachtsbäume, aus dem Wald zu ziehen.

Arbeite als "Chick Sexer"

Als Chick Sexer arbeitest du auf kanadischen Farmen und bestimmst das Geschlecht von Küken. Klingt seltsam, aber du kannst CAD 25 pro Stunde verdienen.

Montreal Bagel Maker

Wenn du denkst, dass der Ahornsirup-Job schon der leckerste ist, dann hast du dich geirrt. In Montreal gibt es in der ganzen Stadt Bagel Shops, die immer auf der Suche nach Bäckern und Helfern sind. Zum Beispiel für die Bestückung der Backbretter mit dem leckeren Teig.

Ombudsmann in der Bierindustrie

Bier-Ombudsmänner bzw. Ombudsfrauen sind dafür verantwortlich, dass die Bierherstellung und der Biergeschmack den strengen provinziellen Vorschriften entsprechen. Stellen wie diese gibt es meist nur in Ontario.

Lehrer in Nunavut

Die Provinzen Nunavut und die Northern Territories sind immer auf der Suche nach Englisch- und Französischlehrern, die mit in der Gemeinde leben und arbeiten. Das ist eine einmalige Erfahrung, die mehr abverlangt, als du zunächst denkst.

Trete dem Edgewalk-Team bei!

Nervenkitzel Suchende können in Toronto als Mitglieder des Edgewalk-Teams auf dem C.N. Tower eine lukrative Sommerbeschäftigung finden.

Wurmsammler/Verpacker (Worm Picker/Packer)

Als Wurmsammler arbeitest du in der Agrarindustrie und lieferst verpackte lebende Köder für die Fischereiindustrie.

Kanufahrer

Durch und durch kanadisch ist dieser Job: Kanufahrer können für Sommerlager, Kanuhersteller und die Sportindustrie arbeiten, um die Qualität von Kanus zu testen und sogar Kanuexkursionen für Touristen planen.

6.5 | Bewerbung

Ich weiß nicht wie es bei dir ist, aber ich bin Ehrlich. Vor Kanada hab ich mich nie um meinen Lebenslauf gekümmert. In Deutschland war ich seit der Ausbildung in derselben Firma und war zu faul mein Lebenslauf vor der Reise schon vorzubereiten. Als dann im Oktober 2015 mein Geld knapp wurde, saß ich über Tage hinweg in einem Starbucks in Vancouver (Kreuzung W 41st Ave und Yew St) und erstellte meinen englischen Lebenslauf. Diese Zeit, kannst du dir natürlich sparen, wenn du dich schon vor der Reise darum kümmerst. Aber selbst wenn nicht, dann machst du es eben wie ich. In diesem Abschnitt geht es um die komplette Bewerbung in Kanada.

6.5.1 | Lebenslauf (Resume)

Das wichtigste Dokument ist der Lebenslauf (auch Resume oder CV genannt), denn durch ihn kann sich dein zukünftiger Arbeitgeber ein erstes Bild von deinen Fähigkeiten und deiner Arbeitserfahrung verschaffen. Der kanadische Lebenslauf hat einige Unterschiede zu dem deutschen. So gehört kein Bild von dir hinein. Daten, wie dein Alter und dein Geburtsdatum werden nicht angegeben. Es soll verhindert werden, dass Menschen aufgrund dieser Merkmale diskriminiert werden. In Kanada brauchst du nur die Arbeits- und Schulerfahrung der letzten fünf Jahre angeben. Alles vorher interessiert nicht mehr. Auch solltest du darauf achten, dass dein Lebenslauf nicht länger als zwei Seiten ist. Schreibe ihn entweder in Englisch oder Französisch, denn Kanada besitzt zwei

Nationalsprachen. Französisch brauchst du jedoch nur in der Provinz Quebec.

> **Info**
> Lass dir in Kanada nach deinem Job ein Empfehlungsschreiben ausstellen! Frage deinen Chef oder Manager, ob du ihn als Referenzen im Resume angeben darfst. Denn kanadische Arbeitserfahrung wird in Kanada hoch angerechnet.

Brauchst du Zertifikate und Empfehlungsschreiben aus Deutschland?

Nein! - Für die meisten Jobs, auch die besser bezahlten, kommt es auf das Bewerbungsgespräch an. Ich habe einen Job als Designer bekommen, ohne dass sie meine Zeugnisse oder irgendwelche Nachweise meiner Ausbildung sehen wollten. Ob du das Wissen hast oder nicht, lässt sich während eines Gesprächs herausfinden. Dennoch kann es nicht schaden, Empfehlungsschreiben und Zeugnisse zu übersetzen oder von deinem alten Arbeitgeber in Englisch eines ausstellen zu lassen. Das macht aber nur für die Work and Traveler Sinn, die vorher schon Berufserfahrung gesammelt haben.

Wo kann ich meine Dokumente übersetzen lassen?

Zum Übersetzen deiner Dokumente (Resume, CV, Führungszeugnisse, Zertifikate…) empfehle ich lingoking: www.kanadabuch.de/lingoking

Erstelle deinen eigenen Lebenslauf für Kanada einfach und schnell mit meiner Vorlage!

Wenn du dir Arbeit ersparen möchtest, dann verwenden meine Vorlage für den Lebenslauf (Resume) in Kanada. In diesem Paket findest du Vorlagen zum Resume, Cover Letter sowie Anleitungen und Infos, wie du eine Bewerbung für die typischen Backpacker Jobs erstellst.

> **Resume Vorlagen für Backpacker in Kanada**
> Nur 2 Prozent der Lebensläufe überstehen die erste Runde. Sei auch du dabei!
>
> - Bessere Chancen für dich mit dem richtigen Resume (Lebenslauf)
> - Viele Informationen und Anleitungen zu Backpacker Jobs
> - Profitiere von meinen Work and Travel Erfahrungen

> -> Hier geht's zum Vorlagen Resume Packet: www.kanadabuch.de/resume

6.5.2 | Anschreiben (Cover Letter)

Für die meisten Backpacker Jobs brauchst du kein Anschreiben, oder nur ein paar einfache Zeilen; eine Einleitung in einer E-Mail sind völlig ausreichend. Der Cover Letter wird bei besser bezahlten Jobs wichtiger.

Im ersten Absatz erwähnst du, wie du auf die Stelle aufmerksam geworden bist. Anschließend sprichst du über deine Qualifikationen, und warum du glaubst, für den Job geeignet zu sein. Erwähne auch, dass du ein Working Holiday Visum hast, und warum du gerade diesen Job machen willst. Zum Schluss verweist du auf deinen Lebenslauf und fragst nach einem persönlichen Gespräch (Interview). Es gibt im Internet viele kostenlose Vorlagen für einen guten Cover Letter. Im meinem Resume Paket, bekommst du eine geeignete Vorlage dazu: www.kanadabuch.de/resume

6.5.3 | Vorstellungsgespräch (Interview)

Für die meisten Backpacker Jobs benötigst du kein klassisches Bewerbungsgespräch. Oft wird das Interview casual abgehalten. Wenn du beispielsweise mit deinem Lebenslauf in ein Restaurant gehst, hast du nicht selten die Chance, sofort und direkt mit dem Manager zu sprechen. Es kommt vor allem auf deine Ausstrahlung an. Bist du freundlich und interessiert? Lächelst du? Wie gut ist dein Englisch, und hast du schon Erfahrungen in dem Job gemacht?

Wirst du doch zu einem Interview eingeladen, solltest du die üblichen Regeln zu angemessener Kleidung und zu üblichen Umgangsformen beachten. Nach zwei bis drei Tagen kannst du dich persönlich, per Telefon oder E-Mail für das Gespräch bedanken und den aktuellen Stand erfragen, um dein Interesse deutlich zu machen.

Tipp
Sei immer proaktiv! Nicht selten wartest du auf einen Anruf und dieser kommt nicht. Das bedeutet nicht, dass sie dich nicht einstellen wollen, sondern zu beschäftigt sind. Ich hatte schon zweimal den Fall, dass ich den Job sofort bekam, als ich nochmal vorbeigegangen bin und gefragt habe, wie es aussieht. Das zeigt deinem Arbeitgeber außerdem, dass du engagiert bist.

6.6 | Contractor oder Angestellter?

In Kanada kannst du als Angestellter (Employee) oder auch als selbstständiger Contracor einen Job bekommen. Contractor ist vergleichbar mit dem Freelancer.

Achtung
Wenn du als Contractor arbeitest, musst du dich selbst um die Abgabe deiner Tax (Steuern) kümmern und dich selbst krankenversichern. Achte darauf, denn es gibt Arbeitgeber (Employer), die dir mehr Lohn anbieten - was auf dem ersten Blick verlockend wirkt - dich aber nur als Contractor anstellen wollen. Wenn du das vorher nicht weißt, nutzt er dich nur aus. Denn er hat weniger Risiko und auch weniger Abgaben. Ich empfehle dir, immer nochmals klarzustellen, dass du als Angestellter den Job beginnst.

6.7 | Gehalt in Kanada

In der Regel wirst du in Kanada alle zwei Wochen bezahlt. Kanada ist im Grunde ein modernes und fortschrittliches Land, z.B. gehört das kontaktlose Zahlen zur Tagesordnung, selbst der Kaffee für CAD 2 oder das Taxi zahlt der Kanadier mit seiner Debit Card. Wenn es jedoch um das Gehalt geht, wirst du dein Geld in Form eines Cheques erhalten. Diesen bringst du dann zu deiner Bank. - Was? Richtig gelesen, alle zwei Wochen reihst du dich in eine Schlange in deiner Bank und gibst deinen Gehalts-Cheque ab. Banküberweisung wie bei uns? Nein, das ist nicht der Standard. Zumindest kannst du bei einigen Banken deinen Cheque auch am Geldautomaten auf dein Konto einzahlen. So musst du nicht in der Schlange stehen.

Achtung Cheque Betrüger
Pass auf, wenn dich Leute ansprechen und dir erzählen, dass sie gerade Ihren Cheque nicht einlösen könnten. Mein Arbeitskollege hat auf diese Weise in Vancouver CAD 1.000 verloren: Er wurde von einer schwangeren Frau angesprochen, die Essen für ihre Familie kaufen wollte. Sie hätte einen Cheque und bot meinem Arbeitskollegen an, CAD 100 zu behalten, wenn er ihr das Geld in bar gibt. Sie gingen gemeinsam zum nächsten Geldautomaten und er zahlte den Cheque auf sein Konto. Der Automat bestätigte die Transaktion und sein Kontostand zeigte die Einlösung an. Er schöpfte keinen Verdacht und gab der Frau das Bargeld. Doch 24 Stunden später war das Geld nicht mehr auf seinem Konto. Der Cheque war geplatzt! Das wäre nicht passiert, wenn er direkt zum Schalter gegangen wäre. Diese Art von Betrug funktioniert nur am Bankautomaten. Da in den Banken jedoch immer lange Schlangen sind und der Betrüger dir versichert, dass alles in Ordnung sei und du das Geld im ersten Moment auf deinem Konto siehst, bist du geneigt, ihm zu glauben. Gehe auf solche Deals nicht ein! Falls doch, gehe direkt zum Schalter! Ist es ein Betrüger, wird er versuchen, sich irgendwie rauszureden und dich versuchen, dazu zu bringen doch einen Automaten zu verwenden.

> **Tipp Cheque**
> Weil du einen Gehalts-Cheque bekommst, solltest du auf jeden Fall ein Bankkonto in Kanada eröffnen. Wenn du dein Geld in Wechselstuben wie Western Union eintauschst, wirst du viele Gebühren zahlen müssen.

Manche Arbeitgeber bieten dir an, dein Gehalt direkt zu überweisen. Ich hatte in der Movie Industrie das sogenannte Interac E-Transfer, bei dem du den Lohn per E-Mail versenden kannst. Das Gute daran: Du musst deine Kontodaten nicht deinem Arbeitgeber mitteilen und bestimmst selbst, auf welches Konto es geschickt wird. Es ist sicherer, als du zunächst glaubst.

1. Geht die Transaktion nur auf ein Konto mit deinen Namen.
2. Du musst dich in dein Online Banking einloggen.
3. Du musst ein weiteres Passwort eingeben, welches du und dein Arbeitgeber untereinander vereinbart.

Mit deiner ersten Abrechnung wirst du auch sehen, wieviel Tax du zahlst und die Abkürzungen wie CPP und EI lesen. Der größte Betrag, der deinem Gehalt abgezogen wird ist die Lohnsteuer (Income Tax). Diese setzt sich aus 15 Prozent der landesweiten Lohnsteuer (Federal Tax) und vier bis 11 Prozent der Lohnsteuer der jeweiligen Provinz (Provincial Tax) zusammen. Du zahlst weitere fünf Prozent für die kanadische Rente "CPP" (Canada Pension Plan) und zwei Prozent für Arbeitslosenversicherung, die Employment Insurance (EI). Die Abgaben richten sich nach deinem Jahresverdienst und werden jedes Jahr angepasst. Du siehst die aktuellen Abgabenhöhen auf der offiziellen kanadischen Regierungswebseite: www.kanadabuch.de/Revenue-Agency

Einen Teil der Steuern kannst du am Ende deiner Working Holiday Zeit zurückerhalten. Mehr dazu im nächsten Abschnitt.

6.8 | Steuererklärung in Kanada

Wenn du mit dem Working Holiday Visum in Kanada arbeitest, musst du dein Einkommen versteuern. Hierzu wird dir von deinem Lohn etwa 20 Prozent abgezogen. Die gute Nachricht: Du kannst nach deinem Aufenthalt einen Teil der gezahlten Steuern zurückfordern. Ich zeige dir in diesem Abschnitt die wichtigsten Infos.

Kanada Steuererklärung: Wann muss ich sie abgeben?

Das kanadische Steuerjahr geht vom 1. Januar bis zum 31. Dezember. Die Steuererklärung musst du bis zum 30. April des Folgejahres auf Englisch abgeben. Wenn du eine Steuererstattung erwartest, hast du drei Jahre Zeit, die Steuererklärung einzureichen. Auf besonderen Antrag hast du höchstens zehn Jahre Zeit. Solltest du keine Steuererklärung abgeben, wirst du im schlimmsten Fall eine Aufforderung von der kanadischen Steuerbehörde "Canada Revenue Agency"(CRA) erhalten: www.kanadabuch.de/Revenue-Agency

Wie setzen sich meine Abgaben zusammen?

Dein Arbeitgeber zieht im Durchschnitt 20 Prozent Steuern (Income Tax) von deinem Lohn ab. Zusätzlich werden noch Beiträge zur Rentenversicherung "Canada Pension Plan" (CPP) und zur Arbeitslosenversicherung "Employment Insurance" (EI) abgezogen. Bei deiner Lohnsteuererklärung kannst du entweder einen Teil oder alle gezahlten Steuern zurückerhalten. Den aktuellen Steuersatz findest du hier: www.kanadabuch.de/tax

Was ist das T4 Dokument?

Für die kanadische Steuererklärung brauchst du das sogenannte T4 von deinem Arbeitgeber. Es ist vergleichbar mit der Lohnsteuerbescheinigung und wird dir bis Ende Februar ausgestellt. In diesem Dokument findest du deine Einkünfte und Abzüge des gesamten Jahres. Solltest du mehrere Arbeitgeber gehabt haben, bekommst du auch von allen ein T4 zugesendet. Dabei ist es wichtig, dass du ihnen deine aktuelle Anschrift mitteilst. Denn das T4 wird an die letzte bekannte Adresse geschickt. Du hast die Möglichkeit, dir das T4 per PDF zuschicken zu lassen. Dazu kontaktiere deine Arbeitgeber und bitte ihnen darum.

Wieviel Steuern kann ich zurückerhalten?

Mit der Steuererklärung hast du die Möglichkeit, deine Steuern zurückzufordern. Ob du eine Steuererstattung bekommst, hängt dabei von folgenden Faktoren ab:

- verdientes Einkommen
- gezahlte Steuern
- ob du vor oder nach deinem Aufenthalt in Deutschland gearbeitet hast
- Aufenthaltsdauer

Bei der Aufenthaltsdauer unterscheidet man zwischen Resident oder Non-Resident. Resident bist du, wenn du mindestens sechs Monate im Kalenderjahr in Kanada gelebt hast. Als Resident bekommst du einen Freibetrag, den du dir anrechnen lassen kannst. Um herauszufinden, wieviel Geld du erhalten wirst, kannst du entweder einen Online Tax-Kalkulator verwenden oder dir eine kostenlose Steuerberechnung von Taxback (www.kanadabuch.de/taxback) machen lassen.

Wie bekomme ich mein Geld zurück?

Wenn du über ein kanadisches Konto verfügst, wird dir der Betrag dorthin überwiesen. Leider ist es nicht möglich ein deutsches Konto anzugeben, da nur kanadische Konten akzeptiert werden. Solltest du kein kanadisches Konto mehr besitzen, wird dir ein Cheque in CAD zugesendet. Diesen kannst du gegen eine Gebühr bei deutschen Banken einlösen.

Wichtiges Update: Ich habe mein Bankkonto in Kanada nicht aufgelöst. Ich wollte die Steuererstattung auf das kanadische Konto auszahlen lassen. Leider hat das nicht geklappt und mir wurde ein Cheque nach Deutschland gesendet. Blöd, denn zu dieser Zeit war ich bereits in Neuseeland. Zusätzlich wurde mir nur ein Drittel des Geldes erstattet. Nach einem Einspruch bei der kanadischen Behörde wurde mir zwar alles ausgezahlt. Es war trotzdem sehr ärgerlich. Der ganze Ablauf hat sich fast ein Jahr hingezogen. Durch den Kurswechsel und die Gebühren habe ich für das Einlösen des Cheques noch mehr Geld verloren. Ich hatte vor Ort in Kanada eine Privatperson (die sich auf Work and Traveller spezialisiert hat) als Unterstützung der Steuer aufgesucht. Sie sicherte mir zu, dass es mit dem Konto klappen und auch die volle Summe erstattet würde. Heute würde ich nicht mehr eine private Person um Hilfe bitten. **Lass dir bei der kanadischen Steuer lieber von einem Spezialisten als einer privaten Person helfen.** Du sparst dir am Ende Zeit, Geld und Nerven. Deshalb empfehle ich mittlerweile Taxback.

Soll ich mir bei der Steuererklärung helfen lassen?

Die Steuererklärung ist ein sehr trockenes Thema. Außerdem musst du sie auf Englisch erstellen. Viele lassen sich dabei helfen. Ob dies für dich in Frage kommt, musst du selbst entscheiden. Ich wollte mir die Zeit und Nerven sparen. Solange du noch in Kanada bist, kannst du zu einem Tax Back Office gehen und die Steuererklärung dort machen lassen. Solche Büros gibt es fast überall. Bist du wieder in Deutschland, gibt es verschiedene Anbieter, die dir die Arbeit abnehmen. Sie haben meist eine Grundgebühr und verlangen zusätzlich einen prozentualen Anteil.

Achtung
Es gibt private Personen, die Steuerhilfe anbieten. Das kann zwar billiger sein. Da sich das Steuerthema jedoch jährlich ändert und ich selbst schlechte Erfahrungen damit gemacht habe, würde ich mir heute nur noch von einem wirklichen Steuerexperten helfen lassen. Taxback (www.kanadabuch.de/taxback) macht auch die kanadische Steuererklärung für deutsche Work and Traveler mit dem Working Holiday Visum. Außerdem wird dir kostenlos berechnet, wieviel Geld du zurückbekommst.

Die Vorteile von Taxback

- Kostenlose Schätzung der Rückerstattung
- Freundliche Steuerexperten
- 24-Stunden Online Chat-Betreuung
- Du kannst deine Steuererklärung auch aus Australien, Neuseeland, den USA und mehr Ländern erstellen lassen.
- Dein Geld wird direkt auf dein Konto überwiesen. Egal ob es ein kanadisches, deutsches, australisches oder neuseeländisches Bankkonto ist. (Hätte ich das vorher gewusst, hätte ich mir eine Menge Zeit und Probleme ersparen können.)

Kanada Steuererklärung mit Taxback

Wenn du dein T4 erhalten hast, kannst du direkt bei Taxback eine kostenlose Schätzung der Rückerstattung vornehmen lassen. Wenn du weitere Fragen hast, telefoniere oder chatte direkt mit dem Kundenservice. Für deine Steuererklärung füllst du das Steuerformular auf Taxback.com aus.

Kosten: Aktuell verlangt Taxback.com für eine Erstattung unter CAD 500 eine Gebühr in Höhe von CAD 75 (51,70€.) Über CAD 500 sind es 15 Prozent.

Ablauf: Du musst nicht in Vorleistung gehen. Der Betrag wird von der Steuer abgezogen, die dir dann auf dein Konto deiner Wahl ausgezahlt wird. Solltest du also kein Geld bekommen, musst du auch keine Gebühren zahlen.

Wie lange dauert die Bearbeitungszeit?

Die Bearbeitungszeit der Steuererklärung dauert zwischen acht und 12 Wochen, weil sie vom internationalen Steuerbüro in Ottawa bearbeitet werden muss. Anschließend erhältst du einen Bescheid von der kanadischen Regierung. Wenn du den Service von Taxback.com verwendest, wird dir deine Erstattung auf dein Bankkonto ausgezahlt. Nach meiner Erfahrung mit den Cheque in Deutschland, und dass manche Banken die Cheques nicht akzeptieren, sparst du dir so eine Menge Nerven.

Mein Fazit

Gerade als Reisender kann es sich lohnen, eine Steuererklärung in Kanada zu machen.

Wenn du keine machst, kannst du auch nichts zurückbekommen. Ich empfehle dir, zumindest deine Steuern zu berechnen. So siehst du, ob eine Steuererklärung für dich in Frage kommt. Du kannst dir deine Steuer unverbindlich und kostenlos von Taxback (www.kanadabuch.de/taxback) berechnen lassen. Außerdem würde ich mir heute nur noch von wirklichen Steuer-Spezialisten helfen lassen.

-> Direkt zum Ausfüllen des Antrags für Taxback kommst du hier: www.kanadabuch.de/Tax-Antrag

Kapitel 7 | Auto & Van Life

7.1 | Allgemeines zum Auto

Vorab ein paar Infos zum Auto in Kanada. Ob du überhaupt ein Auto brauchst, wie das mit dem Führerschein eintauschen abläuft und wie sind so die wichtigsten Straßenregeln auf die du achten solltest. Egal ob du ein Auto kaufst oder Mietest.

7.1.1 | Eigenes Auto kaufen Ja oder Nein?

Nordamerika ist bekannt für seine riesigen Entfernungen und die unglaubliche Landschaft. Die angenehmste Art, diesen Kontinent zu erkunden, ist mit dem eigenen Fahrzeug. Außerdem gibt es viele wunderschöne Plätze, die du nur mit dem Auto erreichen kannst. Du bist frei, ungebunden und kannst überall hinfahren, wohin du willst. Du musst dein Gepäck nicht herumtragen und kannst im Auto sogar schlafen. Um Kanada richtig zu erkunden, kommst du um eine Reise mit dem Auto nicht vorbei. Die wichtigere Frage ist, muss es ein eigenes Auto sein?

Ein eigenes Auto hat Vor- und Nachteile. Wenn du dir ein eigenes Auto kaufst, brauchst du dafür Kapital. Mit Versicherung, Reparatur und Kaufpreis bist du schnell bei **CAD 5.000**. Natürlich gibt es auch günstigere Fahrzeuge, doch steigt die Wahrscheinlichkeit von Problemen und notwendigen Reparaturen je günstiger das Auto ist und je länger du damit herumfahren willst. Glaub mir, ich weiß, wovon ich spreche. Mein erstes Auto in Kanada war ein roter Dodge Grand Caravan, denn ich für CAD 1.500 in Abbotsford, in der Nähe von Vancouver gekauft habe. Nach neun Monaten war das Auto dann ein Totalschaden und ich hatte während dieser Zeit eine Menge Geld in Reparaturen gesteckt.

Beim Kauf meines ersten Autos in Kanada zahlte ich **insgesamt CAD 4.270**:

- CAD 1.500 - Dodge Grand Caravan
- CAD 180 - Verkaufssteuer in British Columbia (HST 12 %)
- CAD 2.200 - Einjährige Kfz-Versicherung in British Columbia
- CAD 150 - Neue Batterie
- CAD 60 - Neue Zündkerzen

Das war eine Menge Geld, bevor ich überhaupt einen einzigen Kilometer gefahren bin. Wenn du ein Auto besitzt, musst du immer damit rechnen, dass etwas kaputtgeht. Ein eigenes Fahrzeug beinhaltet also auch ein gewisses finanzielles Risiko. Die Benzinpreise sind in Amerika zwar geringer als bei uns, jedoch kommst du wegen längerer Strecken schnell auf den gleichen Preis. Dafür kannst du dir Unterkunftskosten sparen, wenn du im Auto lebst oder campst. Das rechnet sich vor allem dann, wenn du länger im Auto lebst. Mit einem Reisepartner macht die Reise außerdem nicht nur mehr Spaß, sondern du kannst dir die Kosten sogar teilen.

Ich bin ein Fan vom eigenen Auto. Ich liebe das Gefühl der Freiheit. Die unbegrenzten Möglichkeiten, die es dir gibt. Und nur du bestimmst, wie deine Reise verläuft. Ich liebe es, die Initiative zu ergreifen und aktiv nach Reisepartnern zu suchen.

Achtung
Wenn du in einem Auto lebst, kannst du auch einsam werden. Vor allem, wenn du ohne Reisepartner unterwegs bist. Du musst aktiver auf andere zugehen. Da das Fahrzeug auch Sicherheit ist, kann es zu deiner neuen Komfortzone werden und dich von Erfahrungen abhalten. Stell dir vor du bist ohne eigenes Auto auf einer Farm die dir nicht gefällt. Mit Auto wärst du sofort weg, ohne ziehst du es dann trotzdem durch. Wachstum beginnt, wenn du aus deiner Komfortzone gehst. Also negative Erfahrungen können dich einiges für die Zukunft lehren.

Mietwagen oder eigenes Auto?

Diese Frage war für mich schnell klar. Nachdem ich auf Vancouver Island CAD 500 pro Woche für einen kleinen Mietwagen gezahlt habe, wusste ich, dass es auf **einem längeren Road Trip von ein bis zwei Monaten und mehr billiger sein wird, ein eigenes Auto zu kaufen**. Du kannst das Auto am Ende wieder verkaufen und je länger du es besitzt, umso günstiger wird diese Rechnung. Ein Mietwagen lohnt sich für Kurztrips und als Gruppe. Das reduziert die Kosten für jeden und keiner muss ein Auto kaufen. Außerdem sind Reparaturkosten so gut wie ausgeschlossen, da Mietwagen meist neu und gut erhalten sind.

Reisen ohne ein eigenes Auto - Ist das möglich?

Falls du dich fragst, wie die Reise ohne ein eigenes Auto möglich ist, gibt es natürlich die Klassiker wie Busse, Züge, Fähren und Inlandsflüge. Du hast aber auch die Möglichkeit, dich anderen Travelern als Reisepartner anzuschließen. Es gibt viele Backpacker, die ein eigenes Auto kaufen und nach Mitfahrern suchen. Hier eigenen sich die Facebook-Gruppen hervorragend. Du kannst auch einen Beitrag erstellen, mit dem du selbst nach einem Reisepartner suchst. Mit etwas Glück kannst du direkt mit jemandem aus deinem Hostels auf einen Road-Trip starten. Weil du ständig neue Leute triffst, kann eine Reise ohne Auto sogar entspannter sein.

Beispiel: Du bist ohne Auto im Hostel in Downtown von Vancouver. Du brauchst dir am Abend keine Gedanken machen, wo dein Auto steht. Du musst nicht aus Downtown raus, um nach einem kostenlosen Stellplatz oder Schlafplatz zu suchen. Richtig gelesen: Downtown Vancouver hat keine kostenlosen Parkplätze und erlaubt kein Overnight Parking. Ohne Auto hast du in diesem Fall weniger Sorgen. Gehst du in eine Bar, triffst dich mit Leuten und hast Spaß, gehst du zum Schlafen zurück ins Hostel. All das kannst du auch mit einem eigenen Auto erleben, aber wenn du auf dem Spartrip bist, wirst du nicht in ein Hostel gehen und lieber in deinem kostenlosen Auto schlafen. Das sind im Grunde nichts Schlechtes und eine coole Erfahrung. Macht aber nur auf einem Road Trip außerhalb der großen Städte Sinn. Wenn du in eine Großstadt kommst, kann die allabendliche Suche nach einem Schlafplatz stressig sein. Fazit: Ohne Auto hast du es in Städten oft einfacher. Hast du ein Auto, plane in einer Stadt nur ein paar Nächte in einem Hostel ein. So triffst du neue Leute und dein Road Trip wird abwechslungsreicher.

Reisen mit deinem eigenen Auto

Wenn du dein Auto auch noch mit dem Van Life verbindest, kannst du eine Menge Geld sparen und länger reisen. Das und die vorigen Punkte, würden mich immer dazu bewegen, mein eigenes Auto zu kaufen.
Ganz nebenbei: die schönsten Erinnerungen, die ich in den Ländern bisher gesammelt habe, waren immer auf den Road Trips.

Auto: Ja oder Nein? Meine Antwort hast du. Ob es für dich Sinn macht, kannst nur du entscheiden. Beides ist möglich und macht Spaß. Es gibt kein richtig oder falsch.

Welcher Typ bist du?
Der Auto-Typ, wie ich. Oder bist du der, der gerne unabhängig ist und sich anderen anschließt? Schreib mir auf Instagram, wofür du dich entschieden hast. www.Instagram.com/ex.lima

7.1.2 | Führerschein eintauschen Ja/Nein?

Wenn du in Kanada in einer Provinz für eine bestimmte Zeit als Resident lebst, also arbeitest und auch eine Wohnung hast, musst du deinen deutschen Führerschein gegen einen kanadischen Führerschein eintauschen. Wobei hier jede Provinz ihre eigenen Regeln hat; z.B. in British Columbia und Alberta sind es 90 Tage und in Ontario 60 Tage. Außerdem bekommst du nicht einen kanadischen Führerschein, sondern einen Führerschein der entsprechenden Provinz. Du kannst diese Regelung umgehen, wenn du durch Kanada reist, und in den Provinzen nicht länger als die vorgegebene Zeit als Resident lebst. Denn die Zeit beginnt immer wieder von vorn, wenn du neu in eine Provinz ziehst.

Beispiel: Du kaufst dir ein Auto in British Columbia und nach zwei Monaten gehst du auf einen dreimonatigen Road Trip durch die USA. Anschließend kehrst du zum Arbeiten nach B.C. zurück. Die 90 Tage beginnen wieder von vorn. Vor Ablauf der 90 Tage ziehst du nach Calgary, Alberta. Nun beginnen auch hier die 90 Tage von vorne.

Achtung
Wenn du deinen Job und deine Wohnung in B.C. behältst und nur für einen kurzen Urlaub nach Alberta fährst, beginnt die Zeit nicht von vorn. In diesem Fall, giltst du weiterhin als Resident von British Columbia.

Bekomme ich eine Strafe, wenn ich meinen Führerschein nicht eintausche?

Bis heute habe ich noch von keinem Backpacker gehört, der bei einer Polizeikontrolle Strafe zahlen musste, weil er seinen Führerschein nicht umgetauscht hatte. Der Führerscheinbehörde ist es im Grunde egal, ob und wann du deinen Führerschein eintauschst. Auch die meisten Polizeikontrollen werden dich für wegen anderer Dinge kontrollieren als wegen des Führerscheins. Sollte dich doch jemand danach fragen, kannst du immer sagen, dass du gerade erst in die Provinz gekommen bist.

Achtung Versicherung
Bei einem Schadensfall kann es jedoch sein, dass die Versicherung nicht zahlt,

> wenn sie feststellt, dass du deinen Führerschein nach Ablauf der Regelzeit nicht eingetauscht hast. Wenn du aber nachweisen kannst, dass du immer wieder die Provinz gewechselt hast, bist du auf der sicheren Seite.

Wann solltest du den Führerschein eintauschen?

Wenn du länger in einer Provinz lebst und arbeitest, und vor allem wenn du für deine Arbeit viel fahren musst. Ansonsten, können die meisten sicher darauf verzichten, ihren Führerschein umzutauschen.

Muss ich die Führerscheinprüfung in Kanada machen?

Da Kanada mit Deutschland eine Vereinbarung zur Anerkennung des Führerscheins hat, brauchst du beim Umtausch keine weitere Theorie- oder Fahrprüfungen ablegen. Das gilt aber nur, wenn du deinen deutschen Führerschein seit mindestens zwei Jahren hast.

Was passiert, wenn ich meinen deutschen Führerschein noch keine zwei Jahre besitze?

Wenn du deinen Führerschein noch keine zwei Jahre besitzt, dann musst du das entsprechende "**graduated licensing program**" der Provinz absolvieren. Wenn du noch gar keinen Führerschein hast, kannst du den Führerschein zwar in Kanada machen, beachte aber, dass du im ersten Jahr nicht allein fahren darfst. Das könnte sich für einen Work and Traveler als schwierig herausstellen. Denn du musst immer einen Beifahrer haben, der einen vollwertigen Führerschein besitzt.

> **Info**
> Mehr Infos zum Führerschein in Kanada (BC) findest du auf der Webseite der ICBC: www.kanadabuch.de/ICBC

Wo tausche ich den Führerschein in Kanada um?

- Alberta: In jeder "registry" der Stadt.
- BC: In einem ICBC "driver licensing office"
- Ontario: In einem "DriveTest centre"

Welche Dokumente benötigst du für den Umtausch in Kanada?

Du benötigst für den Umtausch eine kanadische Adresse und deinen deutschen Führerschein mit einer beglaubigten Übersetzung. Wenn du einen internationalen Führerschein hast, kannst du versuchen, diesen zusammen mit deinem Führerschein vorzulegen. Leider akzeptieren nicht alle Zulassungen den internationalen Führerschein und bitten dich um eine beglaubigte Übersetzung.

Achtung
Der internationale Führerschein allein genügt nicht, um den kanadischen Führerschein zu erhalten. Denn der internationale Führerschein ist lediglich eine englische Übersetzung deines deutschen Führerscheins und nur im Zusammenhang mit diesem gültig.

Wo kann ich in Kanada eine beglaubigte Übersetzung machen lassen?

Wenn du eine beglaubigte Übersetzung brauchst, kannst du das bei einem **"certified translation service"** machen lassen. Einfach mal bei Google danach suchen oder du verwendest "lingoking": www.kanadabuch.de/lingoking

Der Ablauf beim Umtausch des Führerscheins in Kanada

1. Sehtest
2. Foto erstellen
3. Beantwortung einfacher Fragen zu den Straßenverkehrsregeln
4. Zahlung der Bearbeitungsgebühr
5. Erhalt eines vorläufigen Führerscheins
6. Der fertige Führerschein mit dem Foto wird an deine kanadische Adresse geschickt.

Muss ich beim Umtausch den deutschen Führerschein abgeben?

Ja! - Du darfst in Kanada keine zwei Führerscheine besitzen. Deshalb wird der deutsche Führerschein beim Umtausch gegen den kanadischen Führerschein einbehalten. Dein Führerschein wird entweder direkt zurück nach Deutschland an die ausstellende Behörde geschickt oder einbehalten und/oder direkt zerstört.

Was passiert mit meinen anderen Führerscheinklassen? - Verfallen diese?

Nicht alle deutschen Führerscheinklassen werden von den kanadischen Behörden anerkannt. Wenn du zum Beispiel auch den LKW- bzw. Busführerschein hast und willst diesen auch in Kanada nutzen, musst du die kanadische Führerscheinprüfung (Fahrstunden, Theorie- und und Praxisprüfung) vor dem Umtausch ablegen. In der Regel wird beim Umtausch nur der PKW-Führerschein eingetauscht (in B.C. auch der Motorrad-Führerschein). Aber du verlierst deine Führerscheinklassen beim Umtausch in Kanada nicht, da diese beim Kraftfahrt-Bundesamt (KBA) hinterlegt sind. Wenn du deinen kanadischen Führerschein wieder gegen den deutschen Führerschein eintauschst, hast du alle deine Klassen wieder verfügbar.

Wie lange ist der kanadische Führerschein in Deutschland gültig?

Mit dem kanadischen Führerschein darfst du in Deutschland bis zu sechs Monate fahren. Anschließend muss der Führerschein gegen den deutschen Führerschein eingetauscht werden. Hierzu einfach bei der Führerscheinzulassungsstelle einen neuen beantragen.

7.1.3 | Straßenverkehr und Regeln

Wusstest du, dass Kanada die längste geteerte Straße der Welt besitzt? Der **Trans-Canada Highway** mit **7.821 km** verbindet den Westen mit dem Osten. Wegen der Größe Kanadas und der geringeren Anzahl an Einwohnern sind die Straßen im Vergleich zu Deutschland ziemlich unbefahren. Außerdem sind die Highways doppelt so breit im Vergleich zur deutschen Autobahn. Die Landstraßen sind in einem guten Zustand, jedoch solltest du besonders auf Tiere achten. Nicht selten kannst du Elche sehen, die sich mitten auf der Landstraße sonnen. Kanadas Autofahrer sind gelassener und scheinen alle Zeit der Welt zu haben, denn hier gilt "Tiere haben Vorrang!". Es wird so lange gewartet bis der Elch von selbst die Straße verlässt.

Fahrstil

Kanadische Autofahrer sind äußerst höflich und haben eine achtsame Grundeinstellung. Sie halten sofort an, wenn ein Fußgänger die Straßen überqueren will, egal ob ein Fußgängerüberweg existiert oder nicht. Ich hatte schon den Fall, dass ich nicht die Straße überqueren wollte und trotzdem Autos angehalten haben. Auch unter den Fahrern herrscht Respekt und Vorsicht. Konflikte im Straßenverkehr kommen so gut wie gar nicht vor. Selbst mit einem großen Camper kannst du dich einfädeln, und wann immer du die Fahrbahn wechselst, wirst du sofort reingelassen. Niemand hat es eilig und auf den Autobahnen wird nicht dicht aufgefahren. Kurzum, es gibt weder auf den Freeways noch auf den Landstraßen Gedrängel. Es stört nicht, wenn es in den Städten wie Vancouver, Montreal und Quebec mal etwas hektischer zugehen kann.

Höchstgeschwindigkeit

In Kanada sind die Geschwindigkeitsregelungen sehr streng und die Geschwindigkeiten werden oft von der Polizei überprüft. Um hohe Geldstrafen zu umgehen, rate ich dir, dich unbedingt an die Höchstgeschwindigkeiten zu halten. Diese variieren zwischen den Provinzen und liegen innerorts zwischen 30 km/h und 50 km/h. Auf Landstraßen liegt die Höchstgeschwindigkeit zwischen 80 km/h und 100 km/h. Auf den Highways zwischen 100 km/h und 120 km/h.

Promillegrenze

Die Promillegrenze ist in Kanada ebenfalls abhängig von der Provinz. Grundsätzlich liegt sie bei 0,8 Promille. In Newfoundland, Manitoba, British Columbia sowie in New Brunswick gilt allerdings die 0,5 Promillegrenze. Fahranfänger und Fahrer unter 21 Jahren müssen sich jedoch an die Grenze von 0,0 Promille halten.

Anschnallen

Genau wie in Deutschland gilt auch in Kanada eine Gurtpflicht für alle Insassen. Zudem tragen Erwachsene die Verantwortung für Kinder unter 16 Jahren, dass diese vorschriftsmäßig angeschnallt sind.

Überholen

Anders als in Europa, ist es in Kanada auf Autobahnen erlaubt und zudem sehr üblich rechts zu überholen. Achte also beim Einscheren verstärkt auch auf die rechte Spur!

Parken

In Kanada variieren die Parkregelungen von Provinz zu Provinz und unterliegen der Verantwortung der Gemeinden. Gewöhnlich ist es auf Straßen nur erlaubt, in Richtung des Straßenverkehrs zu parken. Zudem ist es in einigen Wohngebieten im Winter nicht gestattet, auf der Straße zu parken, um den Weg für Schneepflüge freizuhalten. Im Allgemeinen sind an den meisten Straßen allerdings Park- und Halteverbotsschilder angebracht, nach denen du dich richten musst.

> **Wichtig**

Bei einem Parkschild mit 2 h muss dein Auto nach 2 Stunden bewegt werden, egal ob es ein bezahlter oder kostenloser Stellplatz ist.

Das Ampelsystem

Achtung! Ampeln befinden sich an Kreuzungen immer hinter der Kreuzung. Du musst aber vor der Kreuzung anhalten und darfst nicht bis zur Ampel vorfahren. Die Anhaltestelle ist oft mit einer gelben oder weißen Linie gekennzeichnet. Der Vorteil: Du siehst die Ampel und musst deinen Kopf nicht verrenken. Außerdem wird bei den meisten Fußgängerampeln die verbleibende Zeit in Sekunden angezeigt.

Eine blinkende grüne Ampel bedeutet, dass das Signal für Fußgänger aktiviert ist. Wenn du dich also einer blinkenden grünen Ampel näherst, sei vorsichtig, denn das Signal kann jederzeit umspringen und du musst den Fußgänger überqueren lassen.

In Kanada darfst du auch an einer roten Ampel rechts abbiegen. Trotzdem musst du zunächst anhalten und auf den Straßenverkehr sowie die Fußgänger achten. An einem Schild, das das rechts Abbiegen verbietet, darfst du nur bei Grün fahren.

Gibt es keine Ampel, findest du an Kreuzungen Stoppschilder, die den Verkehr regeln. Sind nur zwei Stoppschilder vorhanden, gilt die Regel einer Haupt- und Nebenstraße und derjenige ohne Stoppschild hat Vorfahrt. Sind jedoch vier Stoppschilder vorhanden, gilt das Gesetz "first come, first serve". Anders als in Deutschland hat dann derjenige Vorfahrt, der als erstes an die Kreuzung kam. Das mag verwirrend klingen, klappt aber sehr gut. Denn so fährt jeder vorausschauend.

Schulbusse

Schulbusse sind in Kanada orangefarben und dürfen unter keinen Umständen überholt werden. Darüber hinaus dürfen sie nicht vom Gegenverkehr passiert werden. Du erkennst sie außerdem an den Warnblinkern, und teilweise befinden sich Stoppschilder am Bus. Die einzige Ausnahme, wo du den Bus überholen darfst, ist auf Straßen, die in der Mitte durch etwas geteilt sind. Zum Beispiel eine Leitplanke.

Nützliche Infos und Tipps
In vielen Gebieten ist verordnet, tagsüber mit Licht zu fahren.
Achte bei Kreuzungen auf die Ampeln, die, nicht wie gewöhnlich an der rechten oder linken Seite, sondern auf der gegenüberliegenden Seite der Kreuzung sind.
Unabhängig von der Ampel die Rot oder Grün ist, darfst du rechts abbiegen.
Es gibt zwei Arten von Tankstellen: Full Service mit Bedienung und Self Service. Beachte beim Self Service, dass du einen Hauptschalter an der Säule betätigst, damit das Benzin läuft.
In Vancouver zahlst du zuerst und tankst dann. Solltest du deine bezahlte Summe nicht ganz ausschöpfen, erhältst du den Restbetrag zurück.
Schulbusse, die eine Warnanlage besitzen dürfen vom Gegenverkehr nicht passiert werden.
Ab zehn Jahren herrscht keine Kindersitzpflicht mehr.
Lege im Winter auf alle Fälle warme Decken und zusätzliche warme Kleidung in dein Auto. Am besten auch noch eine Taschenlampe und etwas zu Essen und Trinken. Bei bis zu – 40 Grad sind schon viele Menschen erfroren, die wegen einer Panne auf Hilfe warteten.
Achte auf die Stoppschilder mit der Schrift 4-Way-Stop. Hier müssen alle Fahrzeuge an der Kreuzung halten, und je nach der der Reihenfolge der Ankunft weiterfahren.

7.1.4 | Autobegriffe in Englisch

Deutsch	Englisch
Motor	Engine / Motor
Kühler	Radiator

Wasserpumpe	Water Pump
Ölfilter	Oil Filter
Lichtmaschine	Alternator
Zündung	Ignition
Zündschloss	Ignition Lock
Zündkerze	Spark Plug
Zündspule	Ignition Coil
Auspuff	Exhaust
Luftfilter	Air Filter
Zylinderkopfdichtung	Cylinder Head Gasket
Dichtung	Seal / Gasket
Sicherung	Fuse
Spurstange	Tie Rod
Benzinpumpe	Fuel Pump
Bremsen	Break
Bremsscheibe	Break Pad
Rad / Reifen	Tire / Wheel
Allrad Antrieb	4-Wheel Drive

7.2 | Auto kaufen

Ich habe mittlerweile in allen Ländern wo ich Work and Travel gemacht habe auch ein Auto gekauft. Wenn du dich entscheidest ebenfalls eines zu kaufen, dann gebe ich dir in diesem Abschnitt alles wichtige was du wissen musst.

7.2.1 | So findest du ein Auto

Beginne deine Suche, indem du ein Gefühl für den Automarkt und die Preise in Kanada bekommst. Je nach Jahreszeit verändert sich das Angebot. Nutze dafür die gängigen

Online Portale (Links kommen weiter unten). Auf der Webseite von VMR Canada (www.kanadabuch.de/VMR) gibt es eine Auflistung der Preise für Gebrauchtwagen.

Neben dem Preis und dem Zustand eines Autos, achte darauf, welches Modell du kaufst. In Amerika dominieren Automarken wie Dodge, Chrysler, GM und Toyota. Wenn du Ersatzteile benötigst, sind sie von diesen Herstellern günstiger und häufiger verfügbar als von Marken, die du in Amerika nur selten findest. Dasselbe gilt auch für exotische Motoren.

Informiere dich darüber, welche Probleme die typischen Modelle haben können (Radiator, Alternator, Tie Rod ...), und wie du diese bei einer Besichtigung erkennen kannst.

Die Typischen Fahrzeuge, die als Backpacker-Fahrzeug in Frage kommen sind: Doge Grand Caravan, Chrysler Town & Country, Toyota Sienna oder Toyota Previa. Wenn es etwas größer sein soll, dann schau z.B. nach einem Ford Econoline oder Chevrolet Astro.

Tipp
Informiere dich auch darüber, welche Motoren als langlebig gelten. Einen älteren Gebrauchtwagen zu kaufen, hat den großen Vorteil, dass es fast alle Informationen dazu im Internet kostenlos zu finden gibt.

Welches Modell ist das Richtige für mich?

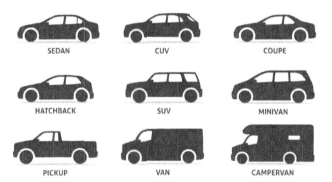

In Nordamerika werden Fahrzeuge unterschieden nach ihrer Größe und dem Gewicht (size) und nach dem Autotyp (type). Meiner Meinung nach sind der SUV, Minivan und der Van die besten Modelle, die für eine längere Reise in Frage kommen. Sie sind nicht zu groß, denn mit einem großen Campervan, Truck oder sogar Bus hast das Problem, geeignete Parkplätze (vor allem in Städten) zu finden. Außerdem fallen die großen

Fahrzeuge schneller auf. Mit einem SUV oder Minivan kannst du dein Fahrzeug sogar in Wohngegenden parken, da dein Fahrzeug genauso aussieht, wie all die anderen. Vans sind natürlich komfortabler und bieten mehr Platz. Sie eigenen sich, wenn du länger im Auto leben willst. Leider zahlst du hier auch mehr bei der Anschaffung.

Mein erstes Auto in Kanada war ein Dodge Grand Caravan (Minivan). Mit einer großen Matratze konnten wir sogar zu dritt darin schlafen. Für zwei Personen war es perfekt. Ich habe neun Monate darin gelebt. Aufgrund der günstigeren Anschaffung, und wenn es dein erstes Fahrzeug ist, würde ich dir empfehlen, ebenfalls mit einem SUV oder Minivan zu starten. Weißt du bereits, dass du die komplette Zeit das Vanlife genießen willst, dann kannst du natürlich auch nach einem Van oder sogar Campervan suchen.

Was ist mit den anderen Modellen? - Der Vorteil von Sedan, CUV, Coupé und Hatchback ist ein besseres Preis-Leistungsverhältnis. Du kannst für den gleichen Preis ein neueres Modell mit weniger gefahrenen Kilometern finden. Ob das Fahrzeug allerdings weniger Probleme macht, steht auf einem anderen Blatt. Es gibt Fahrzeuge mit über 200.000 Km Fahrleistung im besseren Zustand finden, weil sie regelmäßig gewartet wurden, und dagegen welche mit "nur" 130.000 km, die nie gewartet wurden und in einem schlechteren Zustand sind. Trotzdem sind 200.000 Km ein guter Indikator. Viele Fahrzeuge erreichen die 200.000 km nicht einmal.

Tipp für die Zukunft
Welches Auto du auch in Deutschland besitzt, als Faustregel gilt, alle 5.000 km einen Ölwechsel vorzunehmen. So bleibt der Motor am längsten erhalten.

Pickups sind in Amerika sehr beliebt und daher auch teurer in der Anschaffung. Der Benzinverbrauch lieg etwa bei dem eines Vans, da es meist die gleichen Chassis und Motoren sind. Da du in einem Pickup nicht schlafen kannst, kommen sie für dich eigentlich nicht infrage.
Ich habe zwei Varianten gesehen, die äußerst interessant sind:

1. Du kannst ein Zelt dauerhaft auf der Pickupfläche montieren. So verwandelt sich deinen Pickup einfach und schnell zu einem komfortablen Zelt. Drei Personen können so auf Campingplätzen schlafen. Durch die Ladefläche ist dein Zelt sogar besser geschützt als direkt auf dem Erdboden. Der Nachteil ist, dass du sofort auffällst. Daher eignet sich dieses Modell nur in der Natur und auf Campingplätzen.

Tipp
Die Idee mit dem Zelt lässt sich auch für normale Fahrzeuge auf dem Dach umsetzten. Aber du fällst auch damit schneller auf. Für Road-Trips in den Nationalparks und auf Campingplätzen ist dies durchaus eine interessante Lösung.

2. Es gibt Camper-Aufsätze direkt für Pickups. Damit bleibt dein Camper mobil wie ein Pickup. Die Camper sind natürlich kleiner, aber dafür komfortabler als nur eine Matratze in einem SUV oder Minivan. Diese Variante kostet aber um einiges mehr und ist auch seltener verfügbar.

Wo finde ich ein Auto?

Hier sind die gängigen Online Portale, bei denen du in Kanada nach Autos suchen kannst:

- Craigslist.ca
- used.ca
- kijiji.ca
- autotrader.ca

Neben diesen Portalen findest du auch in den Work and Travel Gruppen auf Facebook vor allem bereits umgebaute Campervans. Außerdem gibt es zu fast jeder Gegend oder Stadt eine örtlichen Verkaufsgruppe (Buy & Sell) wo du ebenfalls nach Angeboten schauen kannst.

Weitere Alternativen

- **Autohändler** (Trader) - Händler sind meist teurer als Privatverkäufer. Dafür bekommst du oft eine dreimonatige Gewährleistung. Wobei Händler in Kanada nicht gleichbedeutend ist mit besserer Qualität. Da es etwas wie den TÜV nicht gibt, kannst du auch bei einem Händler Schrott kaufen. Lass dich nicht blenden und vertraue auf dein Gefühl!
- **Schwarzes Brett** - In Supermärkten und Hostels am schwarzen Brett findest du Angebote zu Autos.
- **Zeitungsanzeigen** - Zeitungen klingen veraltet, aber weil fast alle online suchen, hast du gute Chancen ein Schnäppchen zu machen.
- **Am Straßenrand** - In Kanada stehen Fahrzeuge auch am Straßenrand zum Verkauf. Dabei kleben die Besitzer einen Zettel an das Fenster. Diese Möglichkeit ist zwar mehr zufällig, es aber wert, einen Blick darauf zu werfen. Es gibt immer Verkäufer, die zu faul sind, sich anders um ihren Autoverkauf zu kümmern. Dabei kann man ein gutes Fahrzeug finden.

7.2.2 | Bester Zeitpunkt zum Kauf & Verkauf

Der Sommer gilt als die Road-Trip Reisezeit. Dann ist die Nachfrage nach Autos und Campervans am höchsten. Du zahlst im Sommer für Campervans am meisten. Andersherum, wenn du einen Campervan verkaufst, bekommst du im Sommer das meiste Geld. Gerade Travelvans oder Campervans mit Campingausrüstung unterliegen den größten preislichen Schwankungen über das Jahr verteilt. Im Herbst will jeder sein Campervan loswerden und die Nachfrage ist so gut wie erloschen. Jedes Jahr gibt es viele Backpacker, die ihr Fahrzeug unter Wert verkaufen, weil die Abreise bevorsteht. Wenn du ein Schnäppchen machen willst, kaufe ein Fahrzeug im Herbst. Im Winter ist es vor allem im Osten viel zu kalt, und der Automarkt ist eingeschlafen.

Tipp
Im Winter lohnt sich ein Road_Trip nach Kalifornien in den USA.

Wenn du dir ein Auto im Herbst kaufst, nur um Geld zu sparen, bedenke aber, dass du mehr Versicherung und evtl. Verschleiß- und Reparaturkosten zahlst. Daher gilt beim Kauf in erster Linie deine eigene Planung. Brauchst du so oder so ein Fahrzeug, dann vermeide den Autokauf im Sommer.

Die preislichen Schwankungen gibt es auch bei allen anderen Fahrzeugen, aber hier sind die Preise gerade in Großstädten wie Vancouver, Toronto und Montreal eher stabil.

Im Frühling lohnt es sich, um bis zum Sommer den Wagen zum Campervan umzubauen.

7.2.3 | Worauf du beim Autokauf achten solltest

Ich habe während meiner Working Holiday Zeit insgesamt vier Autos gekauft (zweimal in Kanada, einmal in Neuseeland und einmal in Australien). Jedes Mal stand ich vor der Herausforderung, mir in einem fremden Land einen Überblick über den Automarkt verschaffen zu müssen. Ich hatte keinerlei Vorkenntnisse. Ernsthaft: In Deutschland war ich sogar zu faul gewesen, meinen Ölwechsel selber zu erledigen. Diese Dinge lernte ich erst während meines ersten Work and Travel Jahres. Ich bin kein Automechaniker und habe trotzdem gelernt, mich durch den Wirrwarr des Automarkts durchzuwelzen. Und ich bin mir sicher, dass du das ebenfalls schaffst!

Wenn du in einem neuen Land bist, verschaff dir zunächst einen Überblick. Beobachte, was andere Backpacker kaufen und verkaufen. Stell dich an eine vielbefahrene Straße und beobachte, welche Automodelle du häufig siehst. Gleiches wirst du auf den Online Portalen wiederfinden.

Wichtig
Mache nicht den Fehler, dich nur auf ein spezielles Modell festzulegen. So

> erhältst du ein falsches Bild und siehst nicht, was auf dem Automarkt für den gleichen Preis verfügbar ist.
>
> **Beispiel**: Der Klassiker ist der VW Westfalia Bus. Diese sind in Nordamerika um ein Vielfaches teurer als in Deutschland. Vor allem, wenn sie bereits umgebaut sind. Deshalb ist der Bus aber nicht unbedingt besser. Mein Dodge B2500 hatte sogar mehr Style und mehr Platz als ein Westfalia. Außerdem sind diese VW Modelle gerade in Nordamerika nicht so geläufig. Bei Reparaturen zahlst du ebenfalls weitaus mehr als für ein geläufiges Modell der Konkurrenz.

Pre Sale Check

In Kanada gibt es keinen TÜV. Deshalb rangieren die Autos in total verschiedenen Zuständen. Ich würde daher immer einen sogenannten "Pre Sale Check" in einer Werkstatt deiner Wahl machen. Das kostet dich CAD 120 und ist meiner Meinung nach aber jeden Cent wert.

1. Du siehst vielleicht selbst, was bei dem Auto als nächstes anstehen würde. Ein Experte sieht nochmal andere Dinge. Ich würde auch dann den Pre Sale Check machen lassen, wenn du bereits Wissen mitbringst. Stimmt etwas nicht mit dem Auto, kann dich das vor einem Fehlkauf bewahren. Besser CAD 120 investieren und unter Umständen CAD 5.000 wegen eines unvorhergesehenen Motorschadens vermeiden.
2. Sollten weitere Macken auftreten, die dir der Verkäufer nicht erwähnt hat, kannst du das Ergebnis des Pre Sale Checks verwenden, um den Preis neu zu verhandeln. Bei meinem Dodge B2500 wurde festgestellt, dass der Katalysator defekt war. Der Austausch sollte CAD 1.000 kosten. Weil mir der Verkäufer versichert hatte, alles wäre in Ordnung, hab ich ihm das Ergebnis gezeigt. Ich sagte ihm, ich könnte die verlangten CAD 8.000 nicht mehr zahlen, weil ich die Reparatur für CAD 1.000 zahlen musste. Wir haben uns auf CAD 7.000 geeinigt.
3. Wenn du dein Auto wieder verkaufst, kann es das Vertrauen und auch den Wert steigern, wenn du Fahrzeugpapiere und Reparaturen vorweisen kannst. Du glaubst nicht, wieviele Autos keine Papiere haben Mit vorhandenen Papieren stichst du aus der Masse heraus.

Leider hatte ich bei meinem ersten Auto keinen Pre Sale Check machen lassen. Das hätte mir eine Menge Geld gespart. Mach also nicht denselben Fehler wie ich, und lass vor dem Kauf einen Pre Sale Check machen. Weigert sich der Verkäufer, einen Pre Sale Check zu machen, dann ist ohnehin etwas faul und du solltest die Finger von dem Wagen lassen.

Out of Province Inspection

Achte beim Autokauf oder Verkauf darauf, aus welcher Provinz die Registrierung des Autos kommt. Wenn du ein Auto aus Quebec kaufst, muss es in British Columbia neu registriert werden. Dazu wird eine Out of Province Inspection gemacht. Das ist eine einmalige Untersuchung ähnlich wie bei uns der TÜV. In den meisten Fällen kümmert sich der Verkäufer darum, weil man so mehr Kunden finden kann.

Kaufst du ein Auto mit einer Registrierung aus einer anderen Provinz, können also weitere Reparaturen auf dich zukommen. Das kann nicht nur eine Menge kosten, sondern du darfst das Fahrzeug nicht anmelden, bevor die Mängel nicht repariert sind. Das lässt sich am einfachsten umgehen, wenn du ein Auto aus derselben Provinz kaufst.

Besorg dir ein Vehicle Claims History Report

Der Vehicle claims History Report gibt dir darüber Auskunft, ob Firmen oder Personen Ansprüche auf das Auto erheben (z.B. wegen unbezahlter Finanzierungsraten). Bestenfalls hat der Verkäufer einen aktuellen Report. Wenn nicht, kostet der Report zwischen CAD 25 und 80 und gibt dir Informationen darüber, ob das Auto einen Unfall hatte, Reparaturen über CAD 2.000 durchgeführt wurden und wo das Auto bereits angemeldet war. Eine Menge Infos, die dir ebenfalls einen Fehlkauf ersparen können.

- **British Columbia**: ICBC Vehicle Claims History Report (www.kanadabuch.de/VHR)
- **Rest von Nordamerika**: CARFAX Report (www.carfax.eu)

Lohnt es sich ein günstiges (Schrott-)Auto zu kaufen?

Als Backpacker haben wir nicht viel Geld und wollen so viel Geld sparen wie möglich. Mit eben dieser Einstellung kaufte ich mein erstes Auto in Kanada. Bei einem Preis von CAD 1.500, dachte ich, bin ich immer noch günstiger als mit einem Mietwagen, wenn ich es zu Schrott fahre.

Nein. Heute würde ich das nicht mehr machen. Am Ende hat mich das Auto mehr Geld gekostet, als hätte ich gleich ein teureres gekauft. Es hatte alle zwei Wochen ein neues Problem und nach neun Monaten war es ein Totalschaden. Insgesamt steckte ich CAD 6.000 in die Reparaturen. Außerdem habe ich eine Menge Zeit durch die viele Reparaturen verloren. Zeit, die ich lieber in der Natur oder auf einem Road-Trip verbracht hätte. Bei meinem Auto begannen die Probleme bereits nach der ersten Woche. Ich bin sicher, mit dem Pre Sale Check wäre mir das erspart geblieben.

Passiert das bei jedem Auto? - Natürlich nicht, das macht den Autokauf auch so schwer. Ich kenne Backpacker, die ihr Auto das gesamte Jahr ohne Probleme hatten. Du wirst auch Facebook Anzeigen sehen, die schreiben:

"Das Auto hat nie Probleme gehabt" - **Achtung**: Bei diesem Satz werde ich skeptisch. Entweder ist es gelogen, oder die Probleme kommen noch. Denn wenn ein Auto schon älter ist, dann ist es nur eine Frage der Zeit, bis etwas kaputt geht. Es ist besser, wenn schon Reparaturen gemacht wurden und die Belege vorhanden sind. Trotzdem, kannst du für einen kurzen Trip Glück mit einem günstigen Auto haben.

Mein Fazit

Ich kaufe keine Autos mehr für CAD 2.000. Schau lieber nach Fahrzeugen ab CAD 3.000. Die Preise ändern sich natürlich entsprechend den aktuellen Angeboten auf dem Markt. Brauchst du ein Fahrzeug nur für eine kurze Road Trip, dann kannst du auch mit den günstigeren Autos Glück haben. Wenn du dich trotzdem für ein günstigeres Auto entscheidest, dann gehe bitte vor dem Kauf in eine Werkstatt. Sage dem Automechaniker, dass du das Auto nur für einen dreimonatigen Road-Trip brauchst; und frage ihn, was er an deiner Stelle machen würde?

Je länger du ein günstiges Fahrzeug besitzt, desto wahrscheinlicher ist es, dass etwas kaputtgeht. Überstürze den Autokauf nicht und nimm dir Zeit! Bei diesem Thema lohnt es sich, gründlich zu recherchieren und zu vergleichen.

Fahrzeug von anderen Backpackern kaufen

Viele Backpacker verkaufen ihre bereits umgebauten Autos zusammen mit der Campingausrüstung. Du findest viele von ihnen in den Work and Travel Gruppen auf Facebook. Der Vorteil ist, dass du dich nicht mehr um den Umbau kümmern musst. Der Nachteil ist, dass du nicht weißt, wieviele Vorbesitzer es gab. Außerdem werden die umgebauten Fahrzeuge oft teurer verkauft, als es dem eigentlichen Marktwert des Fahrzeugs entspräche. Außnahme: du kaufst ein Auto im Herbst, wenn die meisten Backpacker ihr Auto loswerden wollen.

Meistens haben die Backpacker-Fahrzeuge mehr Kilometer auf dem Buckel. Die Wahrscheinlichkeit für Probleme steigt. Hier kommt es aber darauf an, wie gut das Auto in Schuss gehalten wurde. Das Problem ist, dass du oft Probleme hast, nachzuprüfen, wieviele Backpacker das Auto vor dir schon hatten.

Lass dich nicht von der Ausrüstung blenden. Die bringt dir nichts, wenn dein Auto nicht mehr fährt. Mache auch hier den Pre Sale Check und lass dich auf keine Deals ein, ohne das Auto persönlich gesehen und eine Probefahrt gemacht zu haben.

Habe ich mehr Sicherheit bei einem Autohändler?

In der Regel sind die Preise bei Autohändlern teurer, als wenn du privat kaufen würdest. Was nicht bedeutet, dass du keine guten Deals bei Händlern findest. Es ist immer gut bei deiner Suche alle Quellen zu berücksichtigen. Oft bieten Händler eine dreimonatige Garantie an. Hake in diesem Fall nach, was in der Gewährleistung abgedeckt ist. Wie bereits erwähnt, gibt es in Kanada keinen TÜV, daher variiert auch die Qualität der Autos bei den Autohändlern. Außerdem gibt es viele Autohändler die versuchen, dich über den Tisch zu ziehen.

Storytime

In Vancouver gibt es den Stadtteil Surrey. Der Stadtteil ist bekannt für die größte Anzahl an Halsabschneider-Autodealern, die ihre Autos loswerden wollen. Das bedeutet nicht, dass jedes dieser Fahrzeuge Schrott ist. Aber günstige Fahrzeuge mit vielen Kilometern Laufleistung werden bei diesen Händlern oft über dem Wert verkauft. Sie verpassen dem Fahrzeug eine Tiefenreinigung und Spritzen sogar den Motor ab um Ölflecken zu verschleiern.

Ich besuchte einen Autohändler in Surrey. Er versicherte mir am Telefon, dass alle Papiere vorhanden seien. Auf dem Hof bekam ich bereits ein mulmiges Gefühl. Die Autos standen ineinander verschachtelt. Er bot eine große Auswahl an und viele alte Autos. Außerdem sah der Verkäufer aus wie ein Mafioso in einem Film. I know … Vorurteil. Aber der Anzug und das gegelte Haar passten nicht zum Erscheinungsbild des Autohofs.

Das Auto meiner Wahl (wieder ein Dodge Cravan) war optisch in einem TOP-Zustand. Alles war gereinigt und sauber. Man konnte sogar die frische Reinigung riechen. Der Motor glänzte wie neu. Beim näheren Hinschauen stellte ich dicke tiefschwarze Ölreste am Motor fest. Die Papiere konnte er plötzlich nicht mehr finden, versicherte mir aber, alle Services wären gemacht worden. Im nächsten Moment kam Rauch aus dem Motor. Der Motor war überhitzt, dasselbe hatte ich auch bei meinem alten Dodge gehabt, womöglich bereits ein Motorschaden. Als ich ihn fragte, was es mit dem Rauch auf sich hatte, versuchte er mir zu erzählen, dass das bei diesen Modellen völlig normal sei.

Sei vorsichtig, misstrauisch und glaube nicht alles, was dir ein Verkäufer erzählt. Ich würde lieber gebraucht einen Wagen kaufen, dessen Besitzer den Motor nicht sauber gemacht hat. Denn dann sehe ich genau, wie der Motor aussieht. Wenn du dich entscheidest, bei einem Händler ein Auto zu kaufen, kannst und solltest du einen Pre

Sale Check machen lassen. Suche selbst nach einer Werkstatt! Wenn er dir eine empfiehlt, könnte es sein, dass sie zusammenarbeiten. Weigert sich der Händler oder erzählt dir eine Geschichte, würde ich einfach nach einem anderen Auto schauen.

> **Pro-Tipp**
>
> Auf der Seite des Council of Better Business Bureaus (www.kanadabuch.de/bbb) kannst du nachschauen, wie gut ein Unternehmen bewertet wurde oder ob es gegen den Händler vielleicht schon Beschwerden gibt. Für British Columbia gibt es auch eine offizielle Liste von geprüften Werkstätten (www.kanadabuch.de/listbc) als PDF.

Was ist mit dem Benzinverbrauch?

Auch wenn die Benzinpreise in Amerika günstiger sind als in Deutschland, wirst du bei vielen tausend Kilometern, die du fährst, das im Geldbeutel spüren. Achte deshalb bei der Wahl des Autos auch auf den Verbrauch. Minivans sind natürlich besser im Verbrauch, als der Van mit einem größeren Motor und mehr Gewicht.

7.2.4 | Autobesichtigung

Bevor du dir ein Auto kaufst, mache immer eine Besichtigung und eine Probefahrt! Lass dich auf nichts ein, wenn du zahlen sollst, ohne das Auto gesehen zu haben. Leider gibt es im Automarkt viele Betrüger. Wenn du jemanden findest, der sich mit Autos auskennt, umso besser. Trotzdem kannst auch du den Zustand eines Autos grob einzuschätzen, und es gibt ein paar Dinge, die auch du feststellen kannst. Findest du ein Auto, das dir zusagt, lass auf jeden Fall einen Pre Sale Check machen!

Tipps für die Besichtigung

- **Siehst du Rost?** - Wenn du Rost findest, schau dir genau an wie groß der Rostschaden ist. Schaue in die Radkästen und unter die Karosserie. Gerade in Quebec sind Rostschäden keine Seltenheit (Wegen dem Wetter).
- **Schau dir die Fahrzeugpapiere an!** - Welche Reparaturen wurden bereits gemacht? Was wurde bei den letzten Inspektionen bemängelt? Wurden alle Mängel behoben? Wie lange ist die letzte Inspektion her?
- **Wirf einen Blick auf den Motor!** - Welchen Eindruck macht die optische Erscheinung des Motorraums? Sieht alles übermäßig sauber aus, als hätte jemand geputzt? Das könnte bedeuten, dass es Probleme gibt, die vertuscht werden sollen. Sind die Motorteile extrem dreckig und ölig oder sammelt sich sogar an der Unterseite des Motors viel Öl? Das ist meist ebenfalls ein schlechtes Zeichen.

- **Check den Ölstand!** - Wurde der Wagen ordnungsgemäß gewartet? Der Pegel sollte zwischen der MIN- und MAX-Markierung stehen. Ist das Öl tief schwarz und sogar zähflüssig, dann wurde schon länger kein Ölwechsel gemacht. Ist es bräunlich bis golden und leicht transparent und sauber, dann wurde das Öl ganz aktuell gewechselt.
- **Überprüfe die anderen Motorflüssigkeiten!** - Bremsflüssigkeit, Servoflüssigkeit und Kühlflüssigkeit. Auch hier sollte der Stand innerhalb der Markierung liegen. Wenn du nicht weißt, wie du den Stand überprüfen kannst, findest du auf YouTube zu allen Modellen Videos. Oder schaue im Fahrzeug-Handbuch nach! Überprüfe die Kühlflüssigkeit auf keinen Fall, wenn der Motor noch heiß ist! Die Flüssigkeit kann herausspritzen und dich verbrühen.

Achtung
Entferne NIEMALS den Kühlerdeckel (Radiator Cap), wenn das Auto noch heiß ist!

- **Prüfe alle Schläuche!** - Schau dir die Schläuche um den Motor an und prüfe, ob sie noch elastisch sind, keine Löcher haben und nicht porös sind.
- **Reifenprofil - Wie sehen die Reifen aus?** Ist noch genug Profil vorhanden? Sind die Reifen gleichmäßig abgefahren oder sogar porös? Das Alter des Reifens erkennst du an der vierstellige DOT Nummer (Department of Transportation). Die ersten beiden Ziffern sind die Kalenderwoche und die hinteren beiden das Jahr. Ist die Nummer dreistellig, dann wurde der Reifen vor dem Jahr 2000 hergestellt. Als Richtwert sollten Reifen nicht älter als 10 Jahre sein.
- **Steinschlag?** - Gibt es auf der Windschutzscheibe Steinschlagschäden? Die können dazu führen, dass bei einem Out of Province Check eine neue Windschutzscheibe eingebaut werden muss.
- **Überprüfe alle elektronischen Geräte!** - Funktionieren alle Leuchten und Blinker? Funktioniert die Klimaanlage, Fensterheber, Zigarettenanzünder, Radio, Lautsprecher usw.?
- **Starte den Motor!** - Achte auf die Geräusche. Hört sich der Startvorgang rund und normal an? Läuft der Motor ruhig und ohne Klackern oder Piepsen?
- **Lass den Motor warm laufen!** - Manche Probleme wie Ölverlust oder Rauch kommen erst, wenn der Motor warm wird. Während der Motor läuft, schau nochmals unter das Auto, ob du Öl herunter tropfen siehst.
- **Mach eine Probefahrt!** - Driftet das Auto nach links oder rechts, wenn du das Lenkrad loslässt? Funktionieren die Bremsen richtig? Bremse kräftig!

Achtung
Achte auf Fahrzeuge hinter dir! Quietschen die Bremsen? Greifen die Bremsen richtig? Knarrt die Federung? Je leiser die Fahrgeräusche sind, desto besser ist der Zustand des Autos. Versuche während der Probefahrt so viel auszureizen

> wie möglich. (Beschleunigen, Bremsen, im Kreis fahren …) Nach der Probefahrt schaue nochmals unter das Auto und in den Motor!

Lass dir vom Verkäufer keine Lügen erzählen.

Z.B. Motorkontrollleuchte ist an:

"Ach, das ist kein Problem. Die leuchtet schon, seitdem ich das Auto habe. Da ist nur ein Sensor kaputt. Das Auto funktioniert immer noch ohne Probleme und hat mich durch meinen letzten Road-Trip gebracht."

Es gibt einen Grund, warum ein Auto all diese Warnhinweise hat. Selbst wenn es nur ein Sensor ist, sind diese Sensoren ebenfalls wichtig und ein Indikator, dass bald etwas Schlimmeres kommen kann. Verkäufer verdrehen gerne die Wahrheit. Sie sagen, der Mechaniker meinte, das Auto sei in einwandfreiem Zustand. Glaub nicht alles was dir der Verkäufer sagt! Bleib misstrauisch!

> **Tipp**
> Auf YouTube findest du zwei hilfreiche Videos zur Autobesichtigung:
>
> • Auf Englisch mit einem amerikanischen Auto (www.kanadabuch.de/carinspectionen)
> • Auf Deutsch von Autoscout24 (www.kanadabuch.de/Autobesichtigungde)

Wenn das Auto nach diesen Tests schon Probleme hat und du ein ungutes Gefühl hast, ob wegen des Verkäufer oder des Autos, dann rate ich dir: "**Lass die Finger davon!**" Suche einfach weiter. Ein Autokauf sollte nicht überstürzt sein. Das Risiko ist zu hoch, gerade bei günstigen alten Fahrzeugen. Du willst deine kostbare Roadtripzeit nicht wegen eines Fehlkaufs verlieren.

Hast du einen Kandidaten gefunden, der dir gefällt und keine offensichtlichen Probleme aufweist, lass den Pre Sale Check machen. Bevor du das Auto kaufst, solltest du immer zuerst zu einer Werkstatt fahren! Ich kann das gar nicht oft genug sagen.

> **Wichtig**
> Ich kenne viele Traveler, die sich von ihrem Wunschauto blenden ließen. Endlich haben sie ein günstiges gefunden. Dann wollten sie einfach nur noch los. Lieber früher als später. Wenn der Verkäufer auch noch Andeutungen machte, dass er viele Käufer hätte und du dich schnell entscheiden solltest.

> Lass dich nicht verarschen und drängen!
>
> In Australien habe ich einer Freundin genau das gesagt, was ich dir hier empfehle. Trotz verschiedener Macken, bei denen ich bereits skeptisch wurde, wollte sie das Auto unbedingt kaufen. Ich konnte sie überreden, den Pre Sale Check zu machen. Der Mechaniker sagte ihr, dass das Auto ein Unfallauto war, bereits einen Motorschaden hatte (Zylinderkopfdichtung) und das Chassis völlig verzogen war. Sie glaubte dem Fachmann. und sparte knapp CAD 4.000.

Hat dein Kandidat all diese Hürden gemeistert: Glückwunsch! Du hast deinen neuen Begleiter für Kanada gefunden!

7.2.5 | Der Kaufabschluss

Auto anmelden in Kanada

Zusammen mit dem Verkäufer gehst du zur nächsten Geschäftsstelle einer Autoversicherung. In British Columbia gibt es nur eine einzige, und zwar ICBC. Dort füllt ihr einen Kaufvertrag mit euren persönlichen Daten aus, tragt den Kaufpreis ein und unterzeichnet den Vertrag. Wenn du keine eigene Adresse hast, kannst du auch die Adresse eines Hostels, Freundes oder einer Farm angeben. Du kannst dir den Vertrag auch vorher schon besorgen und dann gemeinsam mit dem Verkäufer ausfüllen. So muss er dich nicht zur Registrierung begleiten. Am einfachsten ist es jedoch, wenn ihr gemeinsam geht. Du zahlst die Steuer auf den Kaufpreis und das Auto gehört dir.

In Bar zahlen oder überweisen?

Meine Autos habe ich in Kanada bar gezahlt. Wobei ich beim zweiten Mal erst nach der Verhandlung das Geld bei meiner kanadischen Bank abgehoben habe. Du kannst dir auch einen Cheque ausstellen lassen und zusammen zur Bank gehen. Das habe ich gemacht, als mein zweites Auto verkauft wurde. Damit auch alles passte, habe ich den Cheque am Schalter meiner Bank eingelöst.

Welche Unterlagen brauchst du zum Anmelden?

Jede Provinz hat ihre eigenen Regeln. Was du aber immer brauchst, ist dein Führerschein, eine Bestätigung des Kaufs (Kaufvertrag oder der Verkäufer kommt einfach mit zum Anmelden) und die originale Zulassung mit dem ausgefülltem Transfer Teil.

Welche Kosten kommen noch auf dich zu?

Neben dem Verkaufspreis erwarten dich noch die Steuern (HST). Wie in Kanada üblich ist der Preis ohne Steuern angegeben. Somit muss man zum Verkaufspreis noch 12 Prozent addieren.

> **Tipp**
> Bei Privatverkäufen kannst du dich mit dem Verkäufer auf einen geringeren Preis einigen, den ihr bei der Anmeldung eintragt. Bei mir haben wir anstatt der CAD 7.000 nur CAD 2.500 angegeben. Das konnten wir mit dem Alter des Fahrzeugs rechtfertigen. Gib also nur etwas an, was auch logisch klingt.

Wenn du bei einem Händler kaufst, kommen meist noch die sogenannte DOC Fees hinzu. Dabei handelt es sich um eine Bearbeitungsgebühr. Diese ist nicht festgelegt und kann von jedem Händler selbst bestimmt werden. Schnell kann diese also CAD 500 betragen. Frag immer nach, ob es eine DOC Fee gibt und wie hoch diese ist!

7.2.6 | Kfz-Versicherung in Kanada

Du bist in Kanada gesetzlich verpflichtet eine Autoversicherung abzuschließen und diese im Auto mit dir zu führen. Je nach Provinz unterscheiden sich die Versicherungen und das Angebot. In Britisch Columbia, Manitoba und Saskatchewan gibt es nur eine einzige verstaatlichte Versicherung, während es in den anderen Provinzen viele private Versicherungen gibt.

Die Preise der Versicherungen unterscheiden sich nach deinem Anmeldeort. Selbst in B.C. wo es nur die ICBC Versicherung gibt, können die Preise von Stadt zu Stadt unterschiedlich sein. Das hat meistens damit zu tun, wie besiedelt der Ort ist. Innerhalb Vancouvers zahlt man mehr als außerhalb oder in einer Kleinstadt.

Ontario gilt als am teuersten und Quebec am günstigsten. Aber Achtung: nicht alle Versicherungen decken die USA und British Columbia mit ab. Stell also sicher, dass deine Versicherung überall gültig ist, wohin du auch fahren willst!

TOP-Tagesversicherung

Ohne Versicherung darfst du in Kanada nicht mit dem Auto fahren. Willst du das Auto nur für einen Tag bewegen, kannst du dir ein Temporary Operation Permit (TOP) besorgen. Damit kannst du dein Auto sogar bis zu 14 Tage zulassen und versichern. Die Zulassungsgebühr beträgt etwa CAD 25.

Abschluss der Versicherung

Entweder schließt du deine Haftpflichtversicherung direkt in einer der vielen Versicherungs-Offices ab oder, falls du dein Auto bei einem Händler kaufst, ruft dieser sogar direkt beim Broker an, welcher mit den Nummernschildern und Unterlagen direkt zum Autohaus kommt.

Du benötigst für die Versicherung eine Adresse. Hast du keine feste Adresse, kannst du auch die Adresse eines Hostels, Freundes oder einer Farm angeben. Bei einem Autohaus kannst du auch fragen, ob du die Adresse des Autohauses verwenden kannst.

Du musst bei der Versicherung auch angeben, ob du dein Fahrzeug hauptsächlich in derselben Provinz verwenden wirst, oder ob du viel und weiter unterwegs sein wirst. Gib hier an, dass du das Auto überwiegend für Freizeitaktivitäten nutzen wirst und nicht für deine Arbeit innerhalb verschiedener Provinzen fährst! Anderenfalls wird die Versicherung teurer. Aber Achtung: trotzdem sollte deine Versicherung eine Reise in die USA und die anderen Provinzen mit abdecken. Wo du dann genau deine Zeit verbringst, interessiert nachträglich niemanden mehr.

Tipp
Kläre auch ab, ob weitere Fahrer mit abgedeckt sind oder nicht!

Welche Versicherungssumme?

Hier muss jeder selbst wissen, wie gut er versichert sein möchte. In Kanada ist die Haftpflicht bei Personenschäden mit nur CAD 200.000 in meinen Augen unterversichert, weshalb ich zusätzlich auf CAD 5 Mio. Deckungssumme erhöht habe.

Tipp
Da du in Kanada als Fahranfänger giltst, lass dir deine Versicherungsunterlagen all deiner Kfz-Versicherungen ins Englische übersetzen. Etwas wie der Schadenfreiheitsrabatt wird in Kanada nicht akzeptiert. Du musst also mit einer Versicherungsdauer nachweisen, dass du wirklich versichert warst. So kannst du bis zu 40 Prozent bei der Versicherung einsparen.

In meinem ersten Jahr in Kanada habe ich als Fahranfänger und ohne Unterlagen aus Deutschland CAD 2.200 gezahlt. Im Zweiten Jahr waren es mit der Reduzierung dann CAD 1.800.
Der Preis variiert natürlich, je nachdem wie gut du versichert sein möchtest, in welcher Provinz du dich befindest und bei welcher Versicherung du dich versichern lässt.

Welche Versicherungsdauer?

Bei der Dauer kannst du dich unterschiedlich versichern lassen. Ich hatte mich für 12 Monate entschieden, weil das die günstigste Variante war und ich das Geld bereits eingeplant hatte. Dafür musste ich aber auch den gesamten Betrag auf einmal bezahlen. Wenn du das Jahr nicht ausnutzt und früher abreist, kannst du dir den Restbetrag auszahlen lassen.

Roadside Assistance Cover

Wenn du in Kanada ein Auto kaufst, schließe zusätzlich noch eine Roadside Assistance Cover ab. Die kosten ungefähr CAD 100 für ein Jahr, übernehmen aber die Kosten, wenn du abgeschleppt werden musst. Bei CAA (Canadian Automobile Association) - das entspricht dem ADAC in Deutschland - kannst du diese Versicherung zusätzlich abschließen. Als mein Auto am Grand Canyon abgeschleppt werden musste, hat das fast CAD 500 gekostet. Diese Kosten hätte die Roadside Assistance Cover übernommen. Leider hatte ich sie nicht abgeschlossen.

Nachdem du die Haftpflichtversicherung abgeschlossen und bezahlt hast, erhältst du vom Versicherungsvertreter deine neuen Kennzeichen. Fertig und Glückwunsch, du bist stolzer Besitzer eines Autos in Kanada. Nun kann die Reise beginnen.

7.3 | Im Auto Leben (Vanlife)

Für mich ist Vanlife ganz stark mit meiner eigene Work and Travel Zeit verknüpft. Insgesamt lebte ich fast 3 Jahre "on the road". Ich baute bisher 3 Vans selbst um. Und während ich diese Zeilen schreibe, träume ich schon von meinem nächsten Van. Ich könnte wohl ein eigenes Buch nur über das Vanlife schrieben. Bisher habe ich das nicht vor aber hey: Wenn du denkst, dass ich das machen sollte, dann schreib mir auf Instagram @ex.Lima, dass ich das machen soll! – Auf den nächsten Seiten gebe ich dir trotzdem einen Überblick und meine 10 Besten Tipps für das Leben im Van.

7.3.1 | Was ist Vanlife

Vanlife, das Leben im Bus, ist zu einer richtigen Bewegung, einem Lebensgefühl geworden. Zahlreiche Traveler richten sich in ihrem Van für das Nötigste ein und ziehen auf diese Weise durchs Land. Vor allem Nordamerika gehört zu den beliebtesten Zielen. Vanlife ist ein modernes Nomadenleben in einem Auto, Van, Kleinbus oder Camper. Unterwegs sein, ohne Hektik, sich einlassen auf die Natur, Begegnungen, Erlebnisse und das materielle Leben auf das Notwendigste beschränken. Manche Menschen unternehmen das am Wochenende, andere gehen auf lange Road-Trips und wieder andere steigen ganz aus dem normalen Leben und begeben sich auf den Weg, ohne ein Ende festzulegen.

Genau so war es auch bei mir. Gestartet mit einem Road Trip an der Westküste der USA habe ich fast drei Jahre im Van gelebt. Meine Work and Travel Geschichte ist eng mit dem Vanlife verbunden. Insgesamt habe ich drei verschiedene Vans selbst umgebaut und mehr als 60.000 Kilometer in Kanada, den USA, Neuseeland und Australien zurückgelegt.

Morgens direkt am Stand aufwachen? Kein Problem, du kannst dort schlafen, wo du willst. Die Freiheit und die Kosten, die ich für eine Unterkunft sparen konnte, waren für mich Grund genug, das Vanlife auszuprobieren. Für Kanada wollte ich ohnehin ein eigenes Auto haben, also bat sich der eigene Umbau einfach an.

Je länger du im Auto lebst, umso mehr macht sich die Ersparnis bemerkbar.
Ich wurde oft gefragt, wie ich mir die lange Reise leisten kann. Für dich ist das natürlich kein Geheimnis mehr, während des Work and Travel arbeitet man schließlich auch. Aber durch das Vanlife konnte ich mehr sparen, sodass ich ohne Probleme jedes Jahr mindestens drei oder vier Monate am Stück auf einen Road Trip gehen konnte.

> **Info**
>
> In zwei Jahren Kanada hatte ich insgesamt acht Monate, in denen ich machen konnte, was ich wollte. Stell dir vor: jemand der kein Work and Travel macht und jedes Jahr drei Wochen für einen Urlaub nach Kanada fliegt. Der braucht 11 Jahre, um auf die gleiche Freizeit zu kommen. Erst durch diesen Gedanken habe ich verstanden, wie wertvoll diese Zeit ist!

> **Update**: Nach fünf Jahren sind es bereits 20 Monate. Das entspricht 27 Jahren eines normalen Urlaubers.

Minimalismus

Durch das Vanlife wirst du zum Minimalist. Du lernst, mit dem zu leben, das du wirklich benötigst. Ich trage diese Mentalität noch heute mit mir. Während meiner Zeit im Van ist mir bewusst geworden, wieviel materielle Dinge ich mir im Laufe meines Leben angehäuft habe. Dinge, die ich nicht brauche! Dinge, die mich nur mental belasten und am Ende in einer Kiste landen.

Alle Sachen die du besitzt, besitzen irgendwann dich!

Besitzt du ein Auto, kann es kaputt gehen und du musst Zeit und Geld investieren, um es zu reparieren. Besitzt du ein großes Haus, brauchst du Zeit und Geld, um alles zu entstauben und instandzuhalten. Dasselbe kann auch mental in deinem Kopf passieren. Zu viele Dinge, um die du dich kümmern musst, können Stress verursachen. Weniger zu besitzen, gibt dir also nicht nur mehr Freizeit, sondern ist sogar mental heilend.

> **Was ist Vanlife**
> Für mich ist Vanlife die absolute Freiheit, Abenteuer und Persönlichkeitsentwicklung!

7.3.2 | Vor und Nachteile des Vanlife

Vorteile des Vanlife:

- **Freiheit**: Wenn du mit deinem Van reist, stehen dir alle Wege offen. Das einzige, an das du gebunden bist, ist Benzin, befahrbare Straßen und deine Abenteuerlust. Da du mit deinem Zuhause überall hin kannst, bist du nicht wie mit einer Wohnung an einen Ort gebunden.
- **Komfort – da weiß man, was man hat**: Im Vergleich zum Backpacking ist das Vanlife-Leben um einiges komfortabler: du hast deine eigene Küche, dein eigenes Bett, dein eigenes Geschirr, und musst deinen Rucksack nicht die ganze Zeit auf dem Rücken tragen. Ich hatte sogar eine Gitarre dabei. Wenn du deine eigene Ski-Ausrüstung dabeihaben willst, kein Problem. Das ist purer Luxus auf Reisen. Im Vergleich zum Zelten, bist du in einem Van sogar besser gegen Wind und Wetter geschützt.

- **Günstige Lebenshaltungskosten**: Wenn man das Leben im Van vergleicht mit dem Leben zu Hause, dann ist es um einiges günstiger. Du musst keine Miete zahlen, keine Nebenkostenrechnungen. Wenn du dir deinen Van angeschafft hast, dann kommen nur noch Kosten wie Benzin, Versicherungen und Instandhaltung auf deine monatliche Rechnung.
- **Minimalismus**: Du lernst mit dem Wenigen glücklicher zu sein.
- **Zeit**: Ein wichtiger Faktor beim Leben im Van ist die Zeit. Du reist langsam und hast mehr Zeit, um das Land mit allen Facetten kennenzulernen und tiefer in die Kultur einzutauchen. Im Vergleich zum Backpacking sparst du die Zeit, die für die nach einer Unterkunft, Transport und ähnliches draufgeht.
- **Die Natur zu den Füßen**: 4*-Sterne Hotel in Strandlage? Das kann dein Campervan besser: unter Millionen Sternen einschlafen und am nächsten Morgen direkt ins Meer springen. Der Vorteil liegt auf der Hand. Mit deinem Van bist du flexibel und hast die Natur zu deinen Füßen.
- **Mitfahrer und flexibel**: Du kannst andere Backpacker mitnehmen und bestimmst gemeinsam, wo es hingeht. Du bist nicht wie bei einer Pauschalreise an einen festen Plan gebunden. Gefällt es dir, bleib einfach länger dort.

Nachteile des Vanlife:

- **Höhere Anschaffungskosten:** Du musst mit mindestens CAD 5.000 beim Kauf rechnen. Baust du dein Auto selbst um, brauchst du weiteres Material und Zeit. Das kostet auch noch einmal Geld. Siehst du das positiv, kannst du beim eigenen Umbau aber eine Menge lernen.
- **Schlafplatzsuche**: Am Anfang ist es total aufregend und eines der Vorteile. Aber mit der Zeit kann es nervig werden, immer wieder nach einem neuen Schlafplatz zu suchen. Zum Glück gibt es Apps, die die Suche vereinfachen.
- **Der Alltag ruft**: Selbst das abenteuerreiche Leben im Van wird irgendwann zur Gewohnheit. Das atemberaubende Bergpanorama schätzt du irgendwann nicht mehr so sehr wie bei deinem ersten Ausflug. Was da hilft? Eine Pause.
- **Könnte eng werden**: Du bist eine große Wohnung gewöhnt? Dann kann die Umstellung hart werden. Ein Van bietet dir zwar jeden Luxus, den du dir wünschst, aber eben auf engstem Raum. Sei dir dessen bewusst! Es kann vor allem hart für Pärchen werden. Wenn ihr das allerdings übersteht, dann seid ihr für einander gemacht.
- **Hygiene**: Je nachdem, wie gut dein Van ausgebaut ist, kann es sein, dass du mehrere Tage auf eine (warme) Dusche verzichten musst. In den meisten Vans hast du kein WC und keine Dusche. Dir sollte also der Weg in die Natur oder in Restaurants, Tankstellen nichts ausmachen. Aber auch Duschen findet man viel öfter, als man anfangs glaubt. Mehr dazu in den Tipps zum Vanlife.

- **Pannen**: Unfälle, Pannen oder auch Diebstähle bleiben selbst den größten Vanlife-Liebhaber nicht erspart. Lass niemals deine Wertsachen offen im Van zurück. Das Wichtigste solltest du immer mit dir tragen oder wirklich gut im Auto verstauen.
- **DIY**: Beim Umbau oder auch bei Pannen auf der Straße ist dein handwerkliches Können gefragt. Nicht immer ist eine Werkstatt direkt an der nächsten Ecke. Je mehr du selbst erledigen kannst, umso günstiger wird dein Vanlife.
- **Einsamkeit**: Gerade wenn du allein unterwegs bist und lange niemanden um dich hast, kann die Einsamkeit ein Problem werden. Wenn ich mit meiner Freundin unterwegs war, machte ich sogar die Erfahrung, dass andere Traveler sich nicht trauten uns anzusprechen. Die Lösung ist, aktiv auf andere Backpacker zuzugehen. Übernachte dort, wo auch andere Camper stehen. Geh auf Campingplätze oder nimm Travel-Buddies mit!
- **wetterabhängig**: Bei Regen feuchte Wäsche aufhängen? Jede Menge Dreck und Staub beim Durchqueren einer Steppe? All das gehört ebenfalls zum Vanlife. Je besser du dich an solche Situationen anpassen kannst, umso einfach wird es für dich.

Vanlife - Probiere es Mal aus!

Zum Vanlife gehören auch Dinge, die nicht so toll sind. Vanlife besteht nicht nur aus den schönen Bildern, die du von Instagram kennst. Diese erzeugen nicht selten ein verzerrtes Bild vom Leben im Van. Zum #VanLife gehört definitiv mehr, als Fotos von dir und deinem Van zu posten. Aber aus meiner Sicht, sind es eben gerade auch die negativen Erfahrungen, die dich prägen. Wenn dich all das nicht abschreckt oder sogar motiviert, dann bist du genau der Richtige, das Vanlife auszuprobieren!

7.3.3 | Tipps fürs Van Life

Tipp 1: Vanlife Campervan kaufen oder selbst umbauen?

Bei der Wahl des richtigen Campers hast du eine Menge Möglichkeiten. Du kannst bereits umgebaute Camper mit voller Ausstattung von andern Backpackern kaufen oder dir ein Auto selbst umbauen. Wenn du bereits einen fertigen Camper kaufst, liegt der Vorteil auf der Hand: Du kannst sofort auf deinen Road-Trip starten.

Um Campervans zu finden, kannst du die Facebook Kanada Gruppe (www.kanadabuch.de/gruppe) verwenden oder direkt auf der Webseite Craigslist.ca danach suchen.

Ich habe alle meine Campervans selbst umgebaut. Ich konnte jedes der Fahrzeuge ohne großen Verlust wieder verkaufen. Um hier ehrlich zu sein, meine Arbeitszeit habe ich dabei nicht mitgerechnet. Mein letzter Umbau hat mich drei Wochen gekostet. Dabei konnte ich aber eine Menge lernen.

Mein erster Umbau war eine sehr simple Konstruktion und kostete mich nur einen Tag und CAD 250 inklusive einer Matratze. Mit einem Holzgestell verlängerte ich die umgeklappten Sitze und legte eine Matratze darauf. Fertig!

Ein weiterer Vorteil des eigenen Umbaus ist, dass alle Dinge zum ersten Mal von dir verwendet werden und dass du für den Preis ein Auto mit weniger Kilometern auf dem Tacho bekommen kannst.

Was nun die bessere Wahl für dich ist, kommt ganz auf dich an.

Vorteile vom eigenen Umbau
• **Freie Gestaltung**: Lass deiner Kreativität freien Lauf! Du bestimmst, wie dein Auto umgebaut wird. • **So gut wie neu**: Deine Ausrüstung, Matratze, Wäsche besorgst du selbst. Entweder neu oder im Second Hand Shop. Niemand anderes hat vor dir im Auto gelebt. • **Neue skills**: Du wirst neue Fähigkeiten beim Umbau lernen. Sowohl über das Vanlife selbst, als auch handwerklich. Das schadet nie. • **Besseres Preis-Leistung**: Bereits umgebaute Camper sind meist etwas teurer als dieselben Modelle ohne Umbau und mit weniger Kilometern. Außerdem sind Camper oft von mehr Vorbesitzern gefahren. • **Wertsteigerung**: Gute Umbauten kannst du nach deiner Reise mit Gewinn verkaufen; wenigstens ohne Wertverlust. In der Regel haben Autos sonst immer einen Wertverlust.

Nachteile des eigenen Umbaus
• **Zeitverlust**: Für den eigenen Umbau brauchst du Zeit, und je aufwendiger der Umbau ist, desto teurer wird es. • **Wertverlust**: 1. Deine Arbeitszeit, die du investierst, bekommst du nicht in Form von Geld zurück. 2. Alles, was du an Ausrüstung gekauft hast, wird meistens unter dem Wert weiterverkauft. • **Fehler beim ersten Umbau**: Beim ersten Umbau wirst du selbstverständlich jede Menge Dinge falsch machen, die du beim nächsten Umbau anders lösen würdest. Gefällt dir das Vanlife und du willst das nach Kanada weiterführen, dann gibt es nichts Besseres, als mit jedem neuen Van etwas Neues dazuzulernen. • **Werkzeug**: Gerade beim Work and Travel hast du kein Werkzeug dabei. Einige Werkzeuge lohnen sich fürs Vanlife ohnehin im Auto zu haben, für Pannen und Reparaturen. Aber gerade bei aufwendige Umbauten brauchst du

mehr Werkzeug, das du entweder kaufen oder ausleihen musst.

Tipp 2: Mach deinen Campervan zu deinem Zuhause!

Einrichtung von "Betty", meinem zweiten Campervan (Dodge B2500)

Beim Vanlife wirst du viel Zeit in deinem Auto verbringen. Deshalb ist es wichtig, dass du dich wohlfühlst und dich gern darin aufhältst. Am wichtigsten ist das Bett. Es sollte bequem und vor allem lang genug sein. Nichts ist schlimmer, wenn du deine Füße nicht ausstrecken kannst oder das Bett zu hart ist.

Meine erste Vanlife Erfahrung machte ich 2015 in einem gemieteten Toyota Yaris. Für eine Woche auf Vancouver Island war es völlig okay, auf den zurückgeklappten Sitzen zu schlafen. Die Wahrheit ist aber, dass die Nächte nicht sehr erholsam waren. Deshalb entschied ich mich bei meinen ersten eigenen Campervan, ein roter Dodge Grand Caravan, ein großes und bequemes Bett einzubauen. Ich ging sogar so weit, eine **Foam mattress** (Schaumstoff Matratze) auf die Maße des Dodges zuschneiden zu lassen.

Einfacher Umbau aus Holz: CAD 50 (Erster Van – Dodge Grand Caravan)

> **Tipp Foam mattress**
>
> Foam mattress sind Matratzen aus Schaumstoff, die nicht so hoch wie normale Matratzen mit Federn sind. Damit gewinnst du mehr Kopffreiheit. Außerdem kannst du die Matratze auf deine Wunschmaße zuschneiden lassen.

In Kanada entschied ich mich für eine etwas teurere Schaumstoffmatratze, da diese sich nicht so leicht zusammendrücken ließ und blieb für die zwei Jahre komfortabel. In Neuseeland entschied ich mich der Kosten wegen für die günstigste Schaumstoffmatratze und schon nach ein paar Wochen konnte ich den Lattenrost spüren.

Zur Einrichtung deines Campers gibt es tausend verschiedene Möglichkeiten. Als Faustregel gilt: alles sollte in deinem Auto einfach und gut zugänglich sein. Du willst nicht Zeit damit verbringen, an deine Sachen zu kommen oder diese zu suchen. Dasselbe gilt auch für komplizierte Konstruktionen.

In "Betty", meinen zweiten Campervan, konnte ich das Bett in einen Tisch mit einem Sofa umwandeln. Klingt super praktisch, nicht wahr? Tatsächlich dauerte der Umbau zu lange und ich musste sogar Sachen aus dem Auto räumen. Am Ende habe ich das Bett nie umgebaut. Anders bei meinem dritten Campervan „Brad" in Neuseeland. Hier konstruierte ich ein ausziehbares Bett dass in zwei Sekunden vom Bett zum Sofa umgewandelt werden konnte.

Tipp 3: Wo duschst du, wenn du im Auto lebst?

Waschtag: Von außen und von innen. Wenn man im Van lebt, kommt ziemlich viel Dreck ins Auto.

Eine der häufigsten Fragen, die ich gestellt bekomme: "**Wo duschst du eigentlich beim Vanlife?**" - Die Antwort ist relativ einfach: Es gibt in jeder Stadt Community Center, Recreation Center, Fitness Studios, Camping Plätze, Hostels und öffentliche Schwimmbäder. Am einfachsten verwendest du die Google Suche.

Entweder nutzt du den Anlass, um gleich im GYM oder dem Schwimmbad zu trainieren oder du fragst, ob du dort gegen einen kleinen Betrag duschen darfst. Geht auch bei Campingplätzen und in Hostels).

Werde kreativ! Ich habe schon kostenlos in einer Kirche duschen dürfen. Oder du verwendest die vielen Flüsse und Seen in den Nationalparks. Achte aber bitte auf die Umwelt und verwende nur umweltfreundliches Shampoo!
Du kannst dich auch in Fitnessstudioketten anmelden, die ein 24/7 anbieten. So verbindest du Training und Dusche kannst duschen, wann immer du willst.

Vanlife Hack
Goodlife Fitness (www.kanadabuch.de/goodlife14) bietet in Kanada einen zweiwöchigen Vertrag für CAD 14 an, den man nur online abschließen kann. Das ist ein hervorragendes Angebot, da der einmalige Eintrittspreis für viele Studios oft um die CAD 15 kostet. Außerdem kannst du dich in jeder neuen Stadt mit einer neuen E-Mail-Adresse das Angebot erneut starten.

Auch Toiletten sind kein Problem, denn fast jeder Supermarkt, jede Mall, Fast Food Kette, jedes Restaurant und Café bieten öffentliche Toiletten.

Tipp 4: Wifi und Strom

Auf dem Weg nach Alaska Highway 97

Auch auf einem Road-Trip braucht man ab und zu Internet, sei es nur, um Nachrichten zu checken oder Fotos hochzuladen. In Nordamerika gibt es überall gratis Wifi. Fast jeder Supermarkt hat sein eigenes Wifi, welches oft sehr gut funktioniert. Mein persönlicher Favorit ist Starbucks. Dort gibt es gutes Internet, Steckdosen und oft haben die Cafés bis zum Abend, 22 oder gar 23 Uhr geöffnet. Für mich war das perfekt, da ich hier an dem Kanada-Blog arbeiten konnte.

Bei Starbucks gibt es die sogenannte Starbucks Card, mit welcher du Treuepunkte sammeln kannst. Ab einer bestimmten Anzahl darfst du dir bei jedem Besuch gratis Kaffee oder Tee nachfüllen lassen. Allerdings musst du im Laden bleiben und kannst das Café nicht verlassen. Das war vor allem an regnerischen Tagen super, oder als ich mich um meine Bewerbungen gekümmert habe.

Du kannst deine elektrischen Geräte auch in Bibliotheken aufladen. Die haben den Vorteil, dass du nichts kaufen musst und solange bleiben kannst, wie du willst. Noch ein kleiner Geheimtipp von mir sind Universitäten, denn diese haben oft gemütliche Aufenthaltsräume mit Steckdosen. Allerdings gibt es dort oft kein öffentliches Wifi.

Tipp 5: Kochen

Camping in Neuseeland mit meinem dritten Campervan "Brad"

Um überall kochen zu können, solltest du dir auf jeden Fall eine Camping- und Kochausrüstung besorgen. Campingstühle mit einem Tisch, etwas Geschirr, Kochutensilien und ein Gaskocher reichen schon aus. Um Geld zu sparen, kannst du dir die Dinge auch in Second Hand Shops wie "Value Village" und "Salvation Army" kaufen.

Wenn du kein richtiges Wohnmobil mit integrierter Küche besitzt, kannst du etwas mehr Geld für einen guten Gaskocher ausgeben. Denn ich muss zugeben, dass mir das Kochen auf meinen Road-Trips in Kanada wenig Spaß gemacht hat. Das lag vor allem an einem zu kleinen Campingkocher und der kleinen Kochflamme. Außerdem hatte ich keinen Windschutz, was das Kochen an windigen Tagen zu einer echten Herausforderung machte. In Neuseeland nahm ich etwas mehr Geld in die Hand und kaufte einen großen Gaskocher mit zwei Flammen und Windschutz und LPG Gas, das man an Tankstellen auffüllen kann. Schon war das Kochen einfacher und hat wesentlich mehr Spaß gemacht.

Tipp
Besorg dir am besten die App GasBuddy (www.kanadabuch.de/gasbuddy). Dort findest du die günstigsten Tankstellen.

Tipp 6: Schlafmöglichkeiten

Auf einigen Wal-Mart Parkplätzen darfst du kostenlos übernachten.

Wo parkt man das Auto zum Schlafen? Diese Frage stellen sich viele, die mit Vanlife beginnen. Das Offensichtliche sind natürlich Campingplätze. Aber das kann auf Dauer einiges an Geld kosten. In den Nationalparks in Kanada und den USA ist es jedoch verboten, außerhalb eines Campingplatzes im Auto zu übernachten. Ich würde es nicht riskieren, denn die Ranger machen Kontrollen und evtl. musst du Strafe zahlen. Außerhalb der Parks und in Städten schaut das Ganze allerdings anders aus.

Ich habe in zwei Jahren in Kanada nicht einen einzigen Dollar für einen Campingplatz ausgegeben. Gerade in Wohngegenden, in denen ohnehin viele Autos parken, fällt es kaum auf, wenn du dich für eine Nacht dort hinstellst. Natürlich solltest du dabei Rücksicht auf die Anwohner nehmen.

> **Tipp**
> Parke in einer ruhigen Straße, an der mehrere Autos stehen und wo du durch eine Hecke oder Bäume geschützt bist. Komm am erst spät am Abend und verhalte dich ruhig, damit du niemanden störst.

Eine andere Möglichkeit sind die Wal-Mart Parkplätze, die oft kostenlos für Camper sind. Es heißt, die Gründer von Wal-Mart hätten selbst als Camper gelebt. Auf manchen Parkplätzen gab es sogar Stromsteckleisten und Wifi.

Informier dich dennoch, ob du auf dem gewählten Wal-Mart Parkplatz wirklich stehen bleiben darfst. Mittlerweile habe ich mitbekommen, dass das freie Camping auf Wal-Mart Parkplätzen mehr und mehr eingeschränkt wird.

> **Apps Empfehlung**
> Du kannst die App WikiCamps Canada (ca.wikicamps.co) verwenden, um die

> Campingplätze und Übernachtungsmöglichkeiten anzeigen zu lassen.
> Alternativen zu WikiCamps Canada:
>
> - www.rvparky.com
> - freecampsites.net
> - ioverlander.com
> - www.theoutbound.com

Tipp 7: Sicherheit beim Vanlife

"Betty" und Daniel in Kelowna Kanada: Living the Vanlife!

Das Thema Sicherheit war mir beim Vanlife sehr wichtig. Meine Wertgegenstände verstaute ich so, dass sie schwer zugänglich waren. Gelegenheit machen Diebe!
Lass am besten nichts offen rumliegen. Wenn du dir unsicher bist, nimm die Wertgegenstände mit. Auch bei der Wahl des Schlafplatzes verlass dich auf dein Bauchgefühl und fahre weiter, wenn du dich unwohl fühlst.
Wobei ich sagen muss, dass ich in Kanada und den USA sowie in Neuseeland und Australien mich sehr selten unsicher gefühlt habe.

Tipp 8: Offline Karte

Seit Kanada verwende ich die kostenlose App Maps.Me!
Du kannst Karten für die gesamte Welt herunterladen, dich navigieren lassen und eigene Markierungen setzen. Selbst wenn du keine Sim Karte hast, funktioniert das GPS und du kannst es in Nationalparks und auf deinem Road-Trip verwenden. Mittlerweile bietet auch Google Maps Offline Karten an. Trotzdem verwende ich immer noch Maps.Me

Tipp 9: Nützliche Tools

Besorg dir am besten ein Doppel / Duales Port USB Autoladegerät. So kannst du gleich zwei Smartphones auf einmal laden. Außerdem sind Duct Tape (Gaffer Tape) und Cable Ties (Kabelbinder) die besten Werkzeuge, die du dabeihaben kannst. Damit kannst du alles reparieren. Besorg dir auch eine Schnur, um deine Wäsche zum Trocknen aufzuhängen.

Backpacker Shop
▷ Mehr Camping, Vanlife und Work and Travel Ausrüstung findest du in unserem Work & Travel Shop: www.kanadabuch.de/shop

Tipp 10: Schlechtes Wetter

Geheimtipp: Waterton Lakes Nationalpark im Süden der Rocky Mountains

Vanlife ist schön, solange die Sonne scheint. Hat man aber einen schlechten Tag mit viel Regen, muss man sich irgendwie die Zeit vertreiben. Wenn du deinen Van selbst umbaust, kannst du dir auch überlegen, ob du eine Markise einbaust. Um ehrlich zu sein, habe ich solche Tage meistens im Café oder der Bibliothek verbracht. Wenn es absehbar ist, dass es einige Tage schlecht wird, kann es Sinn machen, sich mit anderen Campern auf einem Campingplatz zusammenzuschließen, um die Langeweile zu vertreiben.

Wenn du super günstig lebst, wie ich das gemacht habe, kannst du dich auch schnell einsam fühlen. Daher würde ich heute rückblickend öfter auf Campingplätze gehen oder die Facebook Kanada Gruppe (www.kanadabuch.de/gruppe) verwenden, um mich mit anderen Backpackern zu treffen.

Bonustipp: Minimalismus

"Betty" an der Grenze nach Alaska

Ähnlich wie beim Backpack, versuche so wenig wie möglich mit in dein Auto zu nehmen. Denn je mehr Dinge du besitzt, umso weniger Platz hast du im Auto, und es wird schwieriger, an bestimmte Sachen heranzukommen.
Vanlife hat mich den Minimalismus gelehrt. Weniger zu besitzen, kann oft sehr befreiend sein. Denn es kommt oft nicht auf die Dinge an, die wir besitzen, sondern mit wem wir unsere Zeit verbringen.

Bonus 2: Meine Erfahrungen nach drei Jahren Vanlife und warum auch DU es ausprobieren solltest [Video]

Auf YouTube habe ich ein Video zu meinen drei Jahren Erfahrung Vanlife erstellt. Wenn dich das Thema mehr interessiert, dann schau dir das Video an: Warum Vanlife?

▷ "Van Life: Unsere Erfahrungen nach 3 Jahren und warum auch DU es ausprobieren sollte" - www.kanadabuch.de/Warumvanlife

7.4 | Auto verkaufen

Deine Reise neigt sich dem Ende und es heißt, Abschied zu nehmen. Damit du beim Verkauf deines Autos nicht unter Zeitdruck kommst und es womöglich weit unter dem Wert verkaufen musst, solltest du dich rechtzeitig um die Inserate kümmern. Am besten sechs Wochen vor dem geplanten Verkauf. Wie früh genau, hängt von der Jahreszeit ab. Stelle die ersten Inserate schon während deines Road-Trips online. Nutze dieselben Seiten und Facebook, wie auch schon beim Kauf. Je näher der Winter rückt, desto schwieriger wird es, dein Auto zu verkaufen. Die besten Chancen sind vor allem im wärmeren Westen, am höchsten in Vancouver.

> **Tipp**
> Erstelle gute Fotos von einem sauberen und aufgeräumten Fahrzeug. Achte auf eine gute Belichtung! Schreibe alles Notwendige in die Beschreibung. Damit erhöhst du das Interesse deines Fahrzeugs.

Wenn dein Auto in gutem Zustand ist, du sogar einen Ölwechsel alle 5.000 km vorweisen kannst und das Auto einen Check oder sogar einen Out of Province Check bestanden hat, solltest dein Fahrzeug gut verkaufen können. Am einfachsten ist es, das Auto in derselben Provinz zu verkaufen, in der es zugelassen ist.

> **Was ist die Stow and Go Funktion?**
> Manche Autos haben eine Möglichkeit, die Sitze vollständig umgeklappt zu verstauen. Damit erzeugst du eine gerade Lagerfläche, auf der du dein Bettgestell platzieren kannst. Beim Verkauf lässt sich ein solcher Umbau wieder in einen Mehrsitzer umwandeln. Damit hast du höhere Chancen, einen Käufer zu finden.

Der genaue Verkaufsprozess läuft ebenso ab wie der beim Kauf. Du unterschreibst das Verkaufsdokument, schraubst die Nummernschilder ab und löst die Versicherung auf. Am besten gehst du gemeinsam mit dem Käufer zu der Autoversicherung und bringst dort den Verkauf final über die Bühne.

Kapitel 8 | Rückkehr und nützliche Tipps

8.1 | Länger in Kanada bleiben?

Du möchtest nicht sofort zurück nach Deutschland? - Kein Problem! Du hast verschiedene Möglichkeiten, um deinen Aufenthalt in Kanada zu verlängern.

Als Tourist bis zu 12 Monate

Warum nicht als Tourist auf einen weiteren Road Trip gehen?
Um ein Touristenvisum zu erhalten hast du zwei Möglichkeiten: Du fährst an die nächste Grenze und machst dort das sogenannte "flagpoling". Du verlässt Kanada nur auf dem Papier, und dir wird ein Touristenvisum ausgestellt. Diese Möglichkeit kostet dich nichts, und du kannst ein 90 Tage Visum erhalten. Oder du bewirbst dich online für bis zu 12 Monate für ein Touristenvisum. Das kostet zwar CAD 100, dafür musst du aber nicht an die Grenze fahren. Bewirb dich etwa sechs bis acht Wochen vor dem Auslaufen deines Working Holiday Visums. Das Touristenvisum wird dir an deine kanadische Adresse zugeschickt. Bei beiden Varianten musst du allerdings ausreichende finanzielle Mittel nachweisen und einen geplanten Rückflug.

> **Tipp**
> Wie beim Kapitel 6 Farm bereits erwähnt, kannst du auf nichtkommerziellen Wwoofing Farmen auch mit dem Touristenvisum arbeiten.

Ein weiteres Jahr mit dem Young Professionals Visum

Als Deutscher darfst du noch ein zweites Mal an einem der IEC Programme teilnehmen. Neben dem Working Holiday Visum gibt es das "Young Professionals" und das "International Co-op (Internship)" Visum. Ich habe mein zweites Jahr mit dem Young Professionals in Kanada verbracht. Ähnlich wie beim Working Holiday bekommst du ebenfalls ein einjähriges Visum, einzig mit der Einschränkung, dass du nur für einen Arbeitgeber arbeiten darfst. Du kannst aber, wenn du ein halbes Jahr für den Arbeitgeber arbeitest, den Rest des Jahres durch Kanada reisen.

Express Entry Canada

Außerdem hast du noch die Möglichkeit, dich auf ein reguläres Arbeitsvisum zu bewerben. Damit würdest du den Schritt zum Auswandern machen. Aber wer sagt denn, dass du auswandern musst? Mit einem regulären Arbeitsvisum darfst du bis zu fünf Jahre in Kanada bleiben. Es gibt verschiedene Möglichkeiten von Provinz Programmen, dem "Skilled Worker Visa" oder sogar dem "Sponsorship" durch eine kanadische Firma. Mit dem Working Holiday Visum hast du deinen Fuß bereits in der Tür. Du kannst während deines Jahres auch nach einem Arbeitgeber suchen, der dir hilft. Vor Ort ist das um einiges einfacher als von Deutschland aus.

8.2 | Rückkehr

Irgendwann heißt es auch für dich Abschied zu nehmen. Die Heimkehr fällt den meisten schwer. Schließlich hast du eine abenteuerliche Reise hinter dir. Auf was solltest du vor der Abreise noch so Achten? Das erfährst du in diesem Abschnitt.

8.2.1 | Die letzten Tage in Kanada

Nutze die letzten Tage, um die schönsten Dinge zu erleben, die dir in Kanada gefallen.

Hast du noch Kleidung, die du nicht mehr brauchst? Übrig gebliebene Lebensmittel? Diese kannst du in den Hostels abgeben. Dort gibt es oft ein entsprechendes Regal dafür. Andere Reisende freuen sich über kostenlosen Dinge. Gut erhaltene Kleidung kannst du in den Second Hand Shops (Value Village und Salvation Army) abgeben.

Das Wichtigste ist, dass du in den letzten Tagen dein kanadisches Bankkonto auflöst, eventuelle Abonnements und Mitgliedschaften kündigst und offene Rechnungen begleichst. Das erspart dir eine Menge Aufwand, wenn du wieder in Deutschland bist.

Zugelassenes Gepäckgewicht beim Flug

Erkundige dich vor deinem Abflug nach dem zugelassenen Gepäckgewicht. Denn Übergewicht kann ganz schön teurer werden. Verschenke Dinge, die du nicht mehr brauchst. Möglicherweise ist ein zweites Gepäckstück günstiger als für Übergepäck zu zahlen.

Tipp
Um dein Abenteuer schön ausklingen zu lassen, kannst du auf der Rückreise noch Zwischenstopps einbauen. Oft ist es nicht viel teurer oder sogar gleichpreisig, und du kannst kostengünstig andere Länder und Städte sehen. (z.B. Island)

8.2.2 | Bankkonto schließen

Bevor du Kanada verlässt, solltest du dein kanadisches Bankkonto auflösen. Dazu gehst du in eine Filiale deiner Bank. Dort brauchst du deine Bankkarte und deinen Reisepass. Du kannst vorher auch anrufen und fragen, was du alles zur Auflösung des Accounts benötigst. Dein restliches Guthaben wird dir dann entweder in bar oder als Scheck (diesen meist gegen Gebühren) ausgezahlt. Natürlich kann das Geld auch auf ein anderes Konto transferiert werden. Hierzu benötigst du die betreffende Bankverbindung. Beachte aber, dass der Transfer auf ein deutsches Konto zusätzliche Gebühren kostet. Um hier Geld zu sparen, würde ich das Geld vorher über **TransferWise** (www.kanadabuch.de/Transfer) an dein deutsches Konto überweisen.

Wie kannst du das Konto von Deutschland aus auflösen?

Wenn du bereits in Deutschland bist und möchtest dein Konto auflösen, musst du das in der Regel schriftlich beantragen. Erkundige dich auch hier nochmal direkt bei deiner Bank! Für die schriftliche Beantragung schickst du einen Brief mit deiner Auflösungserklärung, den Referenzdaten zu deinem Konto und einen Identitätsnachweis an eine zuständige Filiale in Kanada.

8.2.3 | Steuererklärung

Deine Steuererklärung (Income Tax) kannst du auch von Deutschland aus machen, oder du verwendest den von mir empfohlenen Service: Taxback (www.kanadabuch.de/taxback) Alles zur Steuer habe ich im Kapitel 6: "Steuererklärung in Kanada" genauer beschrieben.

8.2.4 | Ausreise und Zoll

Die aktuellsten Informationen zu den Bestimmungen zur Ausfuhr von Gütern aus Kanada findest du auf der Website des deutschen Zoll (www.zoll.de). Es ist verlockend, aus Kanada Kleidung, Tablets oder Smartphones in größeren Mengen mit nach Hause zu nehmen, da diese Dinge in Deutschland wegen der höheren Mehrwertsteuer wesentlich teurer sind. Aber Achtung: wenn du beim Zoll damit erwischt wirst, zahlst du am Ende sogar mehr, als hättest du es in Deutschland gekauft.

Auch ich habe mir während meine Reise Kleidung und ein neues Smartphone sowie ein neues Tablet gekauft.
Damit du keine Probleme hast, solltest du es ohne die originale Packung bei dir führen. So ist es für den Zoll schwerer, nachzuweisen, dass du es gerade erst gekauft hast. Dasselbe gilt für Kleidung. Ein oder zwei Jeans für dich, da wird keiner etwas sagen. Bringst du aber 30 Paar Levi's mit, wird der Zoll misstrauisch.

> **Mehrwertsteuer zurückerhalten?**
> Bis 2007 war eine Rückerstattung der in Kanada gezahlten Mehrwertsteuer sogar möglich. Seit 2007 ist es nicht mehr möglich.

8.2.5 | Anmelden in Deutschland

Nach deiner Rückkehr solltest du zuerst alle wichtigen Behördengänge machen. Dazu zählt die Meldung beim Einwohnermeldeamt, Arbeitsamt und der Krankenkasse. Auch zusätzliche Versicherungen, Mitgliedschaften und einen Telefonvertrag kannst du wiederaufnehmen.

8.2.6 | Die Herausforderung, nach einer Langzeitreise nach Hause zurückzukehren

Deine Reise ist zu Ende, dein Jahr in Kanada vorbei. Zurück in Deutschland scheint es,

als wäre die Zeit stehengeblieben. Nichts hat sich verändert. Alles ist noch wie vorher. Viele Heimkehrer fallen in ein Loch und wollen am liebsten gleich wieder weg. Manche sprechen vom umgekehrten Kulturschock.
Für mich war es kein Schock. Alles war vertraut. Nur irgendwie passte ich nicht mehr hinein.

Die ersten Tage sind schön. Du siehst deine Familie und Freunde wieder, und kannst Dinge machen, auf die du in Kanada verzichtet hast. Doch diese positiven Gefühle verfliegen nach ein paar Tagen, wenn du merkst dass nun alles wieder das Gleiche ist. Während deiner Abwesenheit hast du dich sicher verändert. Auf deiner Reise hast du immer wieder neue Menschen kennengelernt, neue Abenteuer erlebt und neue Landschaften gesehen. In Deutschland sind es dieselben Gesichter, dieselben Plätze und dieselben Gewohnheiten.

Von diesem Standpunkt aus ist es verständlich, dass du dich in deiner eigenen Kultur fehl am Platz fühlst. Dein Denken hat sich verändert und deine Wahrnehmung auf eine andere Perspektive eingestellt. Je länger dein Auslandsaufenthalt andauerte, desto mehr Veränderungen und neue Gewohnheiten hast du dir angeeignet.

Dann sprechen manche davon, wieder in die "Realität" zurückzukehren. Zu studieren, zu arbeiten und dem zu folgen, was die anderen als normal verstehen. Als wären Kanada und deine Reise nur ein Traum gewesen. Leider kann dieses Denken einen negativen Effekt auf dich haben. Dein Selbstwertgefühl kann sinken. Du weißt nicht, wie du deine Erfahrungen und deine neue Leidenschaft in die - meist stressige - Realität einbringen kannst.

Aber wenn du das Reisen liebst und es weiter ein wichtiger Teil deines Lebens bleiben soll, dann gibt es Wege, es in dein Leben dauerhaft zu integrieren. Viele kommen zurück und planen bereits die nächste Reise. Damit haben sie sofort ein Ziel vor Augen und fallen nicht so tief in ein Loch. Andere behalten sich einen Teil des Reise-Lifestyles und besuchen regelmäßig neue Orte in Deutschland und Europa. Wieder andere treffen sich mit ehemaligen Work and Travelern und machen das Reisen zum dauerhaften Teil ihres Lebens. Zum Beispiel als digitale Nomaden oder Wandern sogar aus. Realität ist das, was du daraus machst, und nicht das, was andere dir sagen, was es sein sollte.

Wenn du dich fehl am Platz fühlst, dann können folgende Symptome kommen:

- Langeweile, Einsamkeit
- veränderte Beziehungen
- Du fühlst dich fehl am Platz, miss- oder unverstanden.
- Gefühle von Verlust oder starker Eingeschränktheit.
- Deine neuen Fähigkeiten sind nicht anwendbar.

- Du kannst deine Erlebnisse nicht vermitteln.
- Du weißt nicht, wie es weiter gehen soll.

Was kannst du gegen diese Gefühle tun?

Noch bevor du nach Deutschland kommst, setze dir Ziele, die nichts mit dem Reisen zu tun haben. Damit wird deine Zeit in Deutschland einfacher und du fällst nicht so tief. Du stehst vor einem neuen Lebensabschnitt. Lebe nicht in der Vergangenheit, sondern mache dir Gedanken, wie dein Leben von nun an aussehen soll. Beziehungen, Menschen und du selbst verändern sich, dass ist völlig normal. Renne keinen alten Freundschaften hinterher, nur weil du Angst hast, allein zu sein. Treff dich mit neuen Menschen, die genau so denken wie du!

> **Tipp**
> Du hast doch sicher auch andere deutsche Backpacker in Kanada kennengelernt. Mach eine Rundreise durch Deutschland und besuche deine neuen Freunde! Das wird dir und auch ihnen sicher guttun.

Hier noch weitere Möglichkeiten, wenn dich die beschriebenen Probleme überwältigen können:

Der deutsche Pass ist der Wertvollste der Welt

Richtig. Mit dem deutschen Pass kannst du in die meisten Länder der Welt ohne Probleme einreisen. Außerdem kannst du dich innerhalb Europas frei bewegen und arbeiten. Work and Travel in Europa ein Leben lang. Plane doch deinen nächsten Road-Trip in Spanien, Portugal oder Osteuropa?

Stecke dir neue Ziele!

Mach dir schon während deiner Reise Gedanken! Komm mit einem Plan zurück! Ohne einen solchen, wird dir die Rückkehr schwer fallen. Plane ein Studium, eine Ausbildung oder weitere Reisen?

Besuche deine Freunde!

Es tut immer gut, mit anderen über deine Gefühle zu sprechen. Besuch die Backpacker, die du während deiner Reise kennengelernt hast und vertiefe eure Freundschaft!

Triff neue Leute!

Du glaubst nicht, wieviele Menschen sich durch ihre eigene Reise verändert haben und nun offener ist. Es gibt MeetUps für alle möglichen Gruppen. Triff dich doch mit anderen Travelern aus Deutschland, die ebenfalls Open Minded sind!

Tipp
Ich bin sogar nach München ins australische Wombat's City Hostel gefahren, nur um dort Traveler von überall auf der Welt zu treffen, die nach Europa gekommen sind.

Routine und neue Gewohnheiten

Keine Angst, dein Leben muss nicht so sein wie es vor deiner Reise war. Damit es in Deutschland einfacher ist, kannst du dir neue Gewohnheiten aneignen. Rituale, die dich an deine Reise erinnern. Dinge, die du in Kanada gemacht hast. Probiere neue Sportarten aus! Hierzu gehören auch ein Job und das Fitnessstudio. Einfach Dinge, die dich aus der Isolation und Einsamkeit herausholen.

Oder geh einfach wieder zurück nach Kanada!

Wenn du nicht willst, musst du nicht zurück nach Deutschland. Du kannst auch versuchen, auszuwandern. Dabei muss auch das nicht für immer sein. Du wirst deinen deutschen Pass nicht verlieren.

8.3 | Nützliche Tipps

Natürlich soll Work and Travel Spaß machen und dir eine unvergessliche Zeit bereiten. Trotzdem können auch negative Erfahrungen auftreten. In diesen Abschnitt gebe ich dir noch ein paar nützliche Tipps und Infos außerdem findest du Adresse, Register mit allen wichtigen Links aus dem Buch und eine Video Liste mit Videos die ich zum Thema Work and Travel in Kanada erstellt habe.

8.3.1 | Negative Erfahrungen und wie du damit umgehst

Grundsätzlich gilt Kanada als eines der sichersten Länder der Welt. Aber wie überall auf der Welt, schützt dich (und auch die anderen) vernünftiges Verhalten. Damit du nicht beklaut wirst, lasse deine Wertsachen nicht offen herumliegen. Vor allem nicht in deinem Auto. Gelegenheit macht Diebe. Kanada ist so sicher, dass die meisten ihren ihren Laptop im Café stehen lassen, wenn sie zur Toilette gehen. Trotzdem habe ich das nicht gemacht, denn wenn dein Laptop weg ist, hilft dir niemand, auch nicht die Polizei.

Sichere auf jeden Fall deine wichtigen Daten und Dokumente in einer Cloud (z.B. DropBox). Speichere zusätzlich auch die Notfall-Nummern in einer Datei. Außerdem habe ich diese Nummern auch auf einem Zettel in meinem Gepäck.

Was sollte auf dem Zettel stehen?

- Eigene Kontaktdaten
- Kopie vom Reisepass oder Reisepassnummer
- Blutgruppe
- Notfallkontakt
- Angaben der Versicherungspolicen und Hotlinenummern
- Kunden-/ Kontonummern (nicht die Geheimnummern!) deiner Bankkarten sowie Telefonnummern für Sperrung
- Ggf. Angaben zu Medikamentenallergien oder anderen Unverträglichkeiten

Dinge verlieren oder bestohlen werden

Sei dir bewusst, dass du unterwegs immer irgendwo bestohlen werden kannst. Das ist zwar nicht die Regel, aber gerade wenn dir dein Geld, Kreditkarten und Pass gestohlen wird, dann kann das eine Menge Stress erzeugen. Deshalb Sichere immer deine Dokumente wie Pass, Tickets, Work Permit als Kopie in der Cloud. Ich verwende Dropbox und habe da sogar alle meine Blogartikel und Reiseunterlagen gesichert. Damit du deine Bilder auf deinem Smartphone nicht verlierst, empfehle ich Google Photos. Wie du an Geld kommst erfährst du im nächsten Abschnitt unter den Problemen mit Kreditkarte.

Wenn lebenswichtige Dokumente (Pass, Tickets) weg sind, dann gehe zum deutschen Konsulat bzw. der deutschen Botschaft oder ruf dort an. Die sind auf solche Fälle eingestellt. Eine Liste der deutschen Botschaften in Kanada findest du bei den Wichtigen Adressen.

Wichtig
Damit deine Versicherung zahlt, wenn du beraubt oder bestohlen wurdest, musst du den Vorfall bei der örtlichen Polizei melden und außerdem deine Versicherung informieren.

Gefahren in der kanadischen Wildnis

Leider unterschätzen viele Reisende die Risiken der unberührten Natur Kanadas. Durch falsches Handeln kannst du dich und andere Menschen in ernste Gefahr bringen. Du solltest dich mit dem richtigen Verhalten in freier Wildnis vertraut machen. Du findest in jedem Nationalpark Visitor Center, wo du mehr Informationen bekommst.

Generell gilt, vermeide Trekkingtouren in unbekanntem Gelände alleine oder in einer Gruppe ohne Führer. Seriös organisierte Touren werden von jemandem geleitet, der über Ortskenntnisse verfügt und Hinweise zum korrekten Verhalten in der Wildnis geben kann.

Vielen wollen auf ihrer Reise gerne Bären sehen, vergessen aber, dass es sich bei diesem putzig und tollpatschig wirkenden Wesen um ein Raubtier handelt. Vor allem wenn sich ein Bär bedroht fühlt, oder seine Kinder schützen will, kann sich das wilde Tier sehr effektiv zur Wehr setzt. Manche sind so leichtsinnig und fahren so nah wie möglich mit dem Auto an einen ausgewachsenen Schwarzbären heran, nur um ein Foto für Instagram zu bekommen.

Siehst du ein Bär halte auf keinen Fall an und fahre weiter!

Tipp
Auf der Webseite von Parks Canada findest du Artikel zum Schwarzbär: „You Are in Black Bear Country" - www.kanadabuch.de/Schwarzbaer „Top tips to stay safe" - www.kanadabuch.de/staysafe
Außerdem auf deutsch in meinem Artikel "Sicherer Umgang mit Bären in Kanada?" - www.kanadabuch.de/baeren

Einsamkeit

Hier sind einige Tipps, die gegen die Einsamkeit helfen:

Tipp 1: Reise langsam – sehr langsam!
Wenn du nicht von Ort zu Ort hetzt, sondern dir eine bestimmte Zeit lässt, dann hast du mehr Zeit, Bekanntschaften und Freundschaften mit Einheimischen oder mit anderen Backpackern zu schließen. So bist du nur allein, wenn du es willst. Such dir eine Lieblingsbar, ein Café oder einen anderen Ort, an dem du gerne bist. Dort kannst du die Leute ansprechen, die du öfter siehst. Aus jedem Gespräch kann eine Freundschaft werden.

Tipp 2: Finde ein Hobby!
Du solltest ein Hobby oder eine Beschäftigung haben, die du liebst und gerne betreibst

und für die du niemand anderen brauchst. Sogar einfach ausgehen und durch die Stadt laufen ist besser als einsam in deinem Zimmer zu sitzen. Meine Hobbys sind die Musik und das Erstellen von Videos. So kann ich mich einfach in die Arbeit stürzen, wenn ich mich alleine fühle.

Tipp 3: Sei nicht allein!
Du musst nicht allein sein, wenn du es nicht willst. Egal wo du hingehst – du wirst andere Menschen treffen. Und wenn du sogar alleine reist, wirst du viel schneller von anderen angesprochen, als wenn du in einer Gruppe reist. Wenn du Schwierigkeiten hast, fremde Menschen anzusprechen, dann geh in eine Bar und trinke ein paar Bier. Oder halte dich öfter in den Aufenthaltsräumen der Hostels auf. Dort sind immer irgendwelche anderen Backpacker unterwegs.

Tipp 4: Übernachte in Hostels!
Wenn du Gesellschaft suchst, sind Hostels die beste Möglichkeit schnell neue Menschen kennenzulernen.

Tipp 5: Triff dich mit anderen Reisenden!
Du kannst andere auch über Couchsurfing oder den Facebook Gruppen treffen. Dort findest du für jede größere Stadt ein Forum – und fast täglich irgendwelche Treffen. Erstelle einfach selbst einen Post und frage, ob jemand was unternehmen will.

Tipp 6: Fordere dich selbst heraus!
Du weißt immer noch nicht, was du gegen die Einsamkeit tun sollst? Mach dir eine gute Zeit mit dir selbst! Ich bin mir sicher, dass du einen Traum hast, den du schon immer verwirklichen wolltest. Jetzt ist die Zeit. Verfolge deine Träume.

8.3.2 | Probleme mit der Kreditkarte

Kreditkarte verloren, was ist zu tun?

Du hast deine Kreditkarte in Kanada verloren? Eine sofortige Sperrung ist jetzt wichtig. Ruhe bewahren und schnell handeln. Wie du dich am besten in Kanada verhältst und welche Möglichkeiten du hast, erfährst du in diesem Abschnitt.

Tipp
Zentraler Sperr-Notruf aus dem Ausland **+49 116 116** (gebührenpflichtig). Damit kannst du die meisten Kreditkarten sperren lassen. Es gibt ein paar Ausnahmen, überprüfe ob deine Bank dabei ist. (DKB und Comdirect lassen sich mit dieser Nummer sperren.

Was tun beim Verlust der Kreditkarte in Kanada?

In Kanada wurde meiner damaligen Freundin der Rucksack geklaut. Während der Arbeit in Downtown Vancouver, kam ein Obdachloser ins Restaurant. Alles ging sehr schnell und die Kamera konnte den Mann nicht erkennen. Ich erinnere mich noch an ihr Gesicht. Völlig geschockt und traurig. Sie hatte so eine Erfahrung noch nie gemacht. Geld, Führerschein, Kreditkarte und Smartphone weg. Eine Situation, die wir uns am liebsten nicht vorstellen. Um den Schaden zu minimieren, haben wir die Kreditkarte sofort sperren lassen. Je nach Bank geht das heute online, per App oder telefonisch. Wenn du in dieser Situation bist, lasse deine Kreditkarte so schnell wie möglich sperren. Nur so kannst du dich vor weiteren Abbuchungen schützen und bekommst evtl. auch die missbrauchten Abbuchungen zurück. Überprüfe deine Kreditkartenumsätze. Solltest du fremde Abbuchungen feststellen, kontaktiere deine Bank. Die Abbuchungen können erst später sichtbar werden. So war es bei mir. Die Transaktionen vom Freitag sah ich wegen des Wochenendes erst am Dienstag.

> **Achtung Diebstahl**
>
> In Thailand wurde mir Geld aus meinem Rucksack gestohlen. Ich hatte meinen Umhängebeutel im Backpack vergessen. Dort war auch meine Ersatzkreditkarte von der Comdirect drin. Diese wurde zwar nicht geklaut, trotzdem habe ich sie danach sperren lassen. Nicht, dass jemand die Kartennummer abfotografiert oder sich aufgeschrieben hat.

Deutsche Karten Sperrnummern / Notfallnummern im Überblick

Über die **116 116** kannst du innerhalb von Deutschland die meisten Kreditkarten sperren lassen. Aus dem Ausland kannst du die Nummer unter der **(+49) 116 116** erreichen. Aus Kanada wählst du die 01149 oder (+49) für die deutsche Ländervorwahl. Beachte, dass aus dem Ausland gebühren anfallen.

> **Tipp**
>
> Mit Skype kannst du die Gebühren für den Anruf sparen.

- DKB: +49 30 120 300 00
- Comdirect: +49 4106 708 25 00
- Santander: +49 2161 27 29 889
- Sparkasse: +49 116 116
- Volksbank: +49 721 1209 66001
- Consorsbank: +49 69 66 57 13 33
- N26: +49 307 675 8333

Ablauf beim Sperren der DKB VISA CARD + online Beantragung der neuen Karten

Seit 2008 reise ich selbst mit der DKB Visa Card (www.kanadabuch.de/dkb). Neben dem kostenlosen Konto und dem weltweiten kosten-losen Abheben hat die DKB den besten Support. Deshalb empfehle ich dir auch die DKB als die beste Work and Travel Kreditkarte. Einen Vergleich der besten Travel-Kreditkarten findest du hier. Die DKB VISA Card kannst du entweder online, in der App oder telefisch sperren lassen. Schreib dir vor der Abreise die Sperrnummer auf. (+493012030000 oder +49116116)

Tipp
Sende dir selbst eine E-Mail mit den wichtigsten Dokumenten wie Working Holiday Visa, Versicherung, Kopie vom Reisepass und der Sperr-Nummer. Wenn du eine Cloud (Google Drive, Dropbox, iCloud) ver-wendest, kannst du die Dokumente auch dort ablegen. Die DKB kannst du mittlerweile online sperren lassen. Gleichzeitig kannst du eine neue Kreditkarte beantragen. Du kannst dir die Kreditkarte auch ins Ausland schicken lassen. Beachte aber, dass es bis zu 6 Wochen dauern kann. Christina hatte sich ihre Kreditkarte nach Vancouver schicken lassen. Bei manchen anderen Banken wird für die Ersatzkarte eine Gebühr verlangt. Alternativ kannst du auch eine Notfallkarte erhalten. Je nach Bank kann das aber um die 100€ kosten. Als Aktivkunde der DKB musst du für das Notfallpaket inkl. Notfallkarte und Notfallbargeld nichts zahlen.

Notfallpaket der DKB

Die DKB bietet beim Kartenverlust im Ausland auch ein Notfallpaket an. Innerhalb von 48 Stunden bekommst du eine Notfallkarte und Notfallgeld. Als Aktivkunde musst du für das Notfallpaket nix zahlen. Allgemein kosten Notfallpakete bei den verschiedenen Banken so um die 100 € bis 160 €. Um das Notfallpaket zu bekommen, wirst du an den Bayern Card-Service weiter gleitet. Die führen das Notfallpaket im Auftrag der DKB durch. Du kannst auch gleich beim Bayern Card-Service anrufen. Über die kannst du deine DKB Visa Card ebenfalls sperren lassen.

Die Telefonnummer ist: (+49) 89 411 116 556 (Mehr Informationen zum Ablauf des Notfallpakets findest du bei Gregor auf dem Blog „*DKB Notfallkarte: So läuft's im Ernstfall!*": www.kanadabuch.de/Notfall-Paket

Als Work and Traveler ist das Notfallpaket keine langfristige Lösung. Denn die Notfallkarte enthält keinen Chip. Damit kannst du also kein Bargeld abheben. Außerdem ist sie nur drei Monate gültig. Du kannst dir die Ersatzkreditkarte nach Kanada senden lassen.

Ich reise mit zwei Kreditkarten (Eine als Backup)

Ich empfehle dir mit zwei verschiedenen Kreditkarten nach Kanada zu reisen. Bewahre beide Karten an unterschiedlichen Orten auf. So kannst du auf deine zweite Karte zurückgreifen, wenn die erste Probleme macht oder gestohlen wurde. Aktuell reise ich sogar mit mehr als drei Kreditkarten. Neben meiner DKB Visa Card und der Barclaycard Kreditkarte (www.kanadabuch.de/Barclaycard) besitze ich noch eine kanadische Master Card.

Visa oder Master?

Ich hatte mal den Fall, dass beide VISA Karten nicht akzeptiert wurden. Die MasterCard machte keine Probleme und funktionierte. Sowas kommt sehr selten vor. Du brauchst also nicht zwingend eine Maser Card und eine Visa Card. Wenn es Probleme beim Abheben gibt, geh einfach zum nächsten ATM (Automatic Teller Machine – Geldautomat).

Geld weg: Was kann ich tun?

Es ist schlimm genug, dass deine Kreditkarte weg ist. Nun musst du bist zum Erhalt der Ersatzkarte warten. Hast du genug Geld? Welche Möglichkeiten hast du, wenn du Geld brauchst?

- Notfallpaket deiner Bank (Ersatzkarte und Geld innerhalb von 48 Stunden).
- Überweise dir Geld auf dein kanadisches Bankkonto via TransfareWise (Wenn du noch kein Konto hast, kannst du auch ein neues Konto eröffnen. Anleitung hier).
- Sende dir Geld via Western Union (innerhalb 24 Stunden)
- Sende dir Geld via MoneyGram (innerhalb 24 Stunden)
- Nimm eine zweite Kreditkarte als BackUp!
- Hab ein PayPal Konto um online zahlen zu können.
- Leih dir Geld von einem anderen Traveler.

Bargeld abheben mit Western Union oder MoneyGram

Eine weitere Möglichkeit in Kanada an Geld zu kommen, sind Western Union und MoneyGram. Beide Services bieten dir an, dass du per Online-Banking dir Geld an die

Western Union oder MoneyGram schicken kannst. Innerhalb von 24 Stunden kannst du dann das Geld persönlich an der nächste Filiale entgegennehmen. Solltest du keinen Zugriff auf dein Online-Banking haben, kannst du deine Familie oder Freunde bitten dir Geld via Western Union oder MoneyGram zu senden.

Kreditkarten-Betrug: Mir wurde Geld abgebucht

Als ich meine Kreditkarte in Bali verlor, wurden mir knapp 1.000 € abgebucht. Erst einige Tage später bemerkte ich die fünf Transaktionen mit jeweils um die 195 €. Auch wenn du deinen PIN nicht rausrückst, gibt es Möglichkeiten wie deine Kreditkarte verwendet werden kann:

- Zusammen mit der Prüfnummer kann die Karte online verwendet werden
- Beim Einkaufen reicht es manchmal aus, nur zu unterschrieben
- Durch das Kontaktloses Bezahlen „Tab-System"

Mein Kreditlimit bei der DKB ist Minus 500 €. So reguliere ich einen erhöhten finanziellen Schaden. Es war möglich 1.000 € abzubuchen, weil ich für meinen eigenen Bedarf mehr Geld vom Konto auf dem Kreditkonto hatte.

Tipp
Die DKB gleicht die Kreditkarte alle 4 Woche automatisch aus. Wenn du mal kein Geld abheben kannst, liegt es meistens daran, dass nicht genug Geld auf dem Kreditkonto ist. Im Fall eines Kreditkartenverlusts ist es wichtig, die Geldkarte unverzüglich zu sperren. Nur so hast du die Chance, kommenden Abbuchungen entgegenzuwirken und von deiner Bank unrechtmäßige Abbuchungen zurückzubekommen. Meldest du dich erst Wochen später, wird es schwierig zu beweisen, dass es sich bei der Abbuchung um einen Missbrauch handelte. In meinem Fall hat die DKB sogar selbstständig die Karte gesperrt. Denn diese fünf Transaktionen sahen bereits verdächtig aus. Trotzdem wurde mir das Geld abgebucht. Nach der Rücksprache mit der DKB musste ich ein Formular ausfüllen und den Missbrauch melden. Die unterschriebenen Dokumente musste ich über einen Online-Antrag hochladen. Via Email wurden meine Dokumente aus Sicherheitsgründen nicht akzeptiert. Das ganze dauerte ca. drei Wochen bis ich mein Geld wieder auf dem Konto hatte.

Wichtig
Wenn der Verdacht grob fahrlässigen Handelns vorliegt, du den PIN zusammen mit der Kreditkarte im Geldbeutel hattest oder die Kreditkarte offensichtlich liegen gelassen hast, dann kann es sein, dass du den Schaden

> selbst tragen musst.

ACHTUNG: Pass bei den ATM's auf!

In Deutschland, Kanada, USA, Australien und Neuseeland kommen normalerweise erst die Geldkarten aus dem Geldautomaten und dann das Geld. Vor allem in Asien ist es genau umgekehrt. Dort kommt erst Geld und dann die Kreditkarte aus dem ATM. Ich bin leider nicht der einzige, der so schon seine Kreditkarte verloren hat. Aber ... ich bin wahrscheinlich der einzige Mensch, der so gleich zwei Kreditkarten in zwei Tagen verloren hat. Wie ist das denn möglich? Nun, auf Bali merkte ich beim ersten Mal nicht, dass ich meine Kreditkarte im Automaten ließ. Zwei Tage später brauchte ich Geld um einen Taxifahrer zu bezahlen. Wir fuhren zum nächsten ATM und dort bemerkte ich, dass die Kreditkarte fehlt. Ich war im Panik-Modus: Ich benutzte meine kanadische Karte, nahm das Geld und rannte zurück zum Taxi. Ich suchte dort nach meiner ersten Kreditkarte und bezahlte den Taxifahrer. Völlig in Gedanken lief ich in Richtung Hostel. Erst zehn Minuten später fiel mir auf, dass auch die zweite Karte fehlte! In diesem Moment kam die Erkenntnis! Ich habe beide Karten in den Automaten gelassen. Die zweite Karte war nicht mehr am Bankautomaten und ich musste bis Montag warten, um die Bank zu kontaktieren. Am Wochenende war niemand zu erreichen. Leider waren beide Karten nicht mehr auffindbar und später wurden mir auch noch 1000 € abgebucht. Glücklicherweise, hatte die Bank die Buchungen selbst schon als verdächtig markiert. Sechs Abbuchungen von ca. 180 € direkt hintereinander. Das Geld wurde trotz Verdachts von meinem Konto gebucht. Ich bekam das Geld wieder zurück. Wie du dein Geld zurück bekommst siehe oben bei „Geld weg: Was kann ich tun?"

Das Problem mit den ATM's: Nachdem du dein Geld erhältst, fragt der Automat, ob du noch weitere Transaktionen vornehmen willst. Die Anzeige ist auch noch in einer anderen Sprache. Läufst du weg, kommt die Karte nach kurzer Zeit von selbst wieder raus. So besteht die Gefahr eines Diebstahls. Denn der nächste Kunde kann die Karte einfach mitnehmen. Wird die Karte nicht genommen, zieht der Automat sie wieder ein. Je nach Geldautomat wird die Kreditkarte dann entweder direkt zerstört oder bleibt im Automaten bis der nächste Service-Mitarbeiter die Karte aus dem Automaten holt. Manche ATM's besitzen eine Notfall Nummer. Du kannst diese kontaktieren, und wenn du Glück hast, kommt ein Service-Mitarbeiter direkt zum Automaten. Auch wenn sowas eher in Asien vorkommt als in Kanada, ist es gut für dich zu wissen. So kannst du darauf achten, dass du beides vom ATM mitnimmst. Geld und Geldkarte.

8.3.3 | Wichtige Adressen

Notruf, Polizei & Rettungsdienst
Bei einem Notfall wählt man in Kanada sowie in den USA die **911**. In Abgelegenen Regionen des Yukon, der Northwest Territories und in Nunavut wählst du die 0 und die Vermittlung kann dich dann an den Notdienst durchstellen.

In dringenden Fällen kannst du dich an die Deutsche Botschaft in Kanada sowie die deutschen Konsulate wenden. Du findest die aktuellen Adressen auf der Webseite der deutschen Vertretung in Kanada: www.kanadabuch.de/BotschaftinKanada

Wichtig
Die Adressen können sich nach der Veröffentlichung dieses Buchs ändern. Daher überprüfe die Adresse auf der genannten Webseite.

Deutsche Botschaft Ottawa

- **Postadresse:**
  Embassy of the Federal Republic of Germany
  P.O. Box 379, Postal Station „A"
  Ottawa, Ontario K1N 8V4, Kanada
- **Straßenanschrift:**
  1 Waverley Street
  Ottawa, Ontario K2P 0T8, Kanada
- **Telefon:** +1 613-232-1101
- **Fax:** +1 613-780-1527

Deutsches Generalkonsulat in Montreal

- **Postadresse**
  Generalkonsulat der Bundesrepublik Deutschland
  1250 René-Lévesque Boulevard West, Suite 4315
  Montreal (Québec) H3B 4W8
- **Straßenanschrift**
  Generalkonsulat der Bundesrepublik Deutschland
  1250 René-Lévesque Boulevard West, Suite 4315
  Montreal (Québec) H3B 4W8
- **Telefon:** +1 514 931-2277
- **Fax:** +1 514 931-7239

Deutsches Generalkonsulat in Toronto

- **Postadresse**
  Generalkonsulat der Bundesrepublik Deutschland
  2 Bloor Street East, 25th Floor

    Toronto, Ontario, ON M4W 1A8, Kanada.
- **Straßenanschrift**
    2 Bloor Street East, 25th Floor,
    Toronto, Ontario, M4W 1A8.
- **Telefon:** +1 416 925 28 13
- **Fax:** +1 416 925 28 18

Deutsches Generalkonsulat Vancouver

- **Postadresse**
    Consulate General of the Federal Republic of Germany,
    Suite 704, World Trade Centre, 999 Canada Place,
    Vancouver, B.C., V6C 3E1, Canada
- **Straßenanschrift**
    Suite 704, World Trade Centre, 999 Canada Place,
    Vancouver, B.C., V6C 3E1, Canada
- **Telefon:** +1 604 684 8377
- **Fax:** +1 604 684 8334

Work and Travel Kanada Community

Immer mehr Menschen wagen den Schritt in ein anderes Land. Dadurch wird Work and Travel immer beliebter. Das hat einen großen Vorteil für dich. Du kannst deine Reise gemeinsam mit anderen gleichgesinnten Travelern verbringen. Wenn du also nicht allein sein willst, musst du das auch nicht. In Kanada hast du immer die Möglichkeit, in den Aufenthaltsräumen der Hostels auf andere Traveler zu treffen.

Ich habe auf Facebook eine Work and Travel Kanada Community gegründet, damit du dich mit anderen austauschen kannst: eine Gruppe rund um das Thema Work and Travel in Kanada. Hier findest du Antworten auf Fragen zur Planung, Vorbereitung und dem Leben in Kanada. Ich lade dich ein, dieser wundervollen Kanada Community beizutreten. Achtung: Für die Aufnahme musst du ein paar Fragen beantworten. Nur wirkliche Kanada Fans werden in die Gruppe aufgenommen.

Working Holiday Kanada Gruppe
Den Link zur Kanada Gruppe findest du hier: www.Kanadabuch.de/Gruppe.

Bonusmaterial

Da ich dich mit diesem Buch bei deiner Planung unterstützen will, habe ich dir kostenlos noch eine Menge Bonusmaterial bereitgestellt. Quer durchs Buch nenne ich die einzelnen Ressourcen. Wenn du gleich alles kostenlos haben willst, dann findest du das Bonusmaterial unter www.KanadaBuch.de/Bonus.

Danke fürs Lesen meines Buches!

Wenn dir dieses Buch gefallen hat, oder helfen konnte, brauche ich deinen Input, um die nächste Version dieses Buches und meine zukünftigen Bücher besser zu machen.

Bitte hinterlasse mir doch eine hilfreiche Rezension auf Amazon und lass mich wissen, was du von diesem Buch hältst.

Vielen lieben Dank!

- Daniel Kovacs

Nützliche Links und Videos

Nützliche Videos
Hier findest du Nützlichen Videos zum Work & Travel in Kanada. Du findest diese Liste unter www.kanadabuch.de/videos.

Auflistung aller externer Internetlinks aus dem Buch
Du findest eine Auflistung aller Internetadressen auf der Webseite: www.Kanadabuch.de/Adressen